·广西社科院丛书·

GUANGXI XINHAIGEMING SHIJI
广西辛亥革命史记

沈奕巨 著

广西人民出版社

图书在版编目（CIP）数据

广西辛亥革命史记 / 沈奕巨著．—南宁：广西人民出版社，2014.10
ISBN 978-7-219-09150-0

Ⅰ.①广… Ⅱ.①沈… Ⅲ.①辛亥革命-史料-广西-1894～1913 Ⅳ.① K257.06

中国版本图书馆 CIP 数据核字（2014）第 249429 号

责任编辑：李带舅　兰　震
责任校对：韦洁琳
书名题词：钟家佐

出版发行　广西人民出版社
社　　址　广西南宁市桂春路 6 号
邮　　编　530028
印　　刷　南宁市开源彩色印刷有限公司
开　　本　787mm×1092mm　1/16
印　　张　13.375
字　　数　252 千字
版　　次　2014 年 10 月　第 1 版
印　　次　2014 年 10 月　第 1 次印刷
印　　数　1—1500 册
书　　号　ISBN 978-7-219-09150-0/K·1543
定　　价　48.00 元

版权所有　翻印必究

1907年初,孙中山、胡汉民等同盟会主要领导人到越南河内甘必达大街六十一号设立总机关:发动粤、桂、滇三省武装起义。

孙中山1907年在越南时的照片。

黄兴,湖南善化(今长沙)人,同盟会执行部庶务长,协助孙中山发动西南边境武装起义。

胡汉民,广东番禺人,同盟会执行部书记长,主持河内总机关的工作。

赵声,字伯先,江苏丹徒人。1905年受聘到广西编练新军,1906年初由黄兴介绍在桂林加入同盟会(一说在南京加入)。1907年调赴广东任新军标统,驻守钦廉,响应钦防起义未果,出走香港,成为同盟会的重要领导人,和黄兴共同领导了"三·二九"广州起义,起义失败后病死于香港,年仅三十二岁。

1905年同盟会在日本东京成立，广西籍留学生7人加入，马君武（桂林人）是同盟会章程的起草人之一、并任同盟会秘书长，另一名桂林人邓家彦被选为司法部长。左是同盟会成立时孙中山与马君武的合影。

右图是马君武的墨迹。

绍园先生

先天下之忧而忧
后天下之乐而乐

马君武

镇南关（今友谊关）是广西边境的国防要塞，形势险要，清朝驻有重兵。孙中山经过几个月的准备，决定举行镇南关起义。右是镇南关的城门，左为城垣。

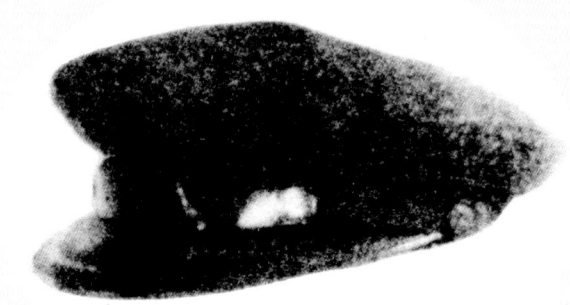

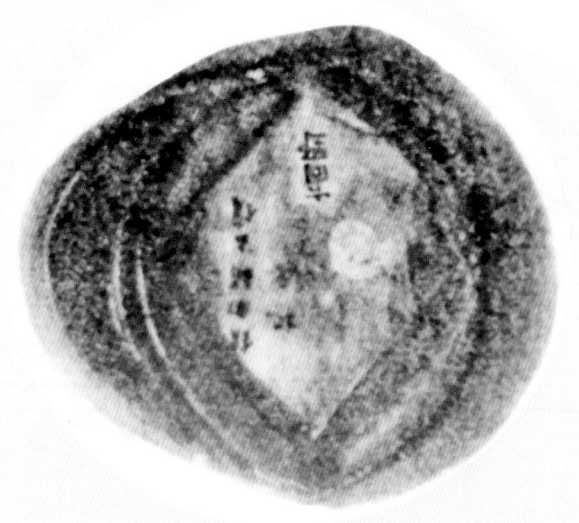

12月4日，孙中山率黄兴，胡汉民等从河内赶到镇南关，在战地上检阅队伍，犒赏将士，开炮击敌。这是孙中山在镇南关时所戴的灰色帽子（里外两张）。帽内写有"高野"的字样，是孙中山当时的化名。

黄明堂，钦州大寺人，原是广西游勇首领，1907年加入同盟会。孙中山委任他为中华国民军镇南关都督，负责指挥镇南关起义。这是黄明堂像。

王和顺，广西宣化县（今南宁市郊）人，是1902—1905年广西会党起义的首领，失败后流亡西贡。1907年加入同盟会，6月，孙中山委任他为中华国民军南军都督，入钦州三那收集抗捐武装，联络会党、民团，于9月1日率三百多人起义于钦州、防城北部的王光山。这是王和顺像。

关仁甫，广西上思人，活动在云南南部的会党首领，逃亡到越南加入同盟会。1907年8月孙中山派他回上思联络会党、民团，响应钦防起义。他组织了一百多名会党武装围攻上思，进攻东兴，后和王和顺的队伍会合。这是关仁甫像。

1908年钦防、上思之役和河口起义同盟会使用的电报密码

党员执照

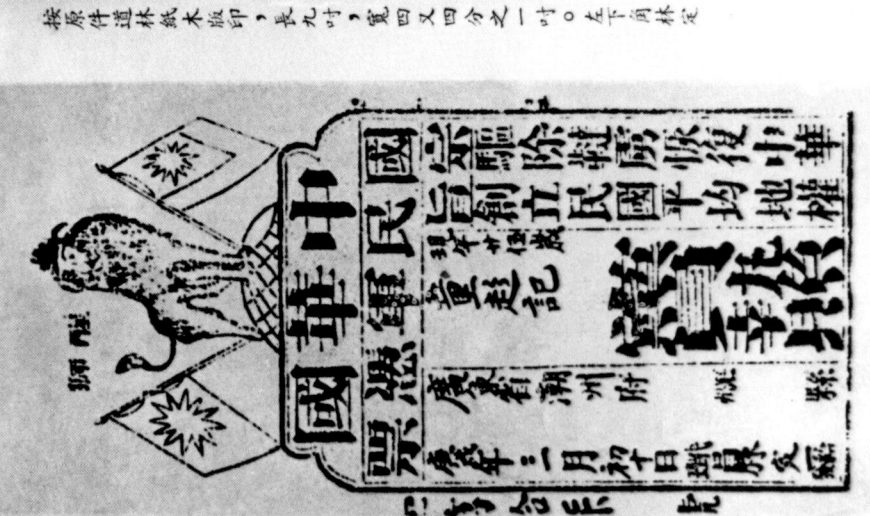

香港中国民国年中会盟同

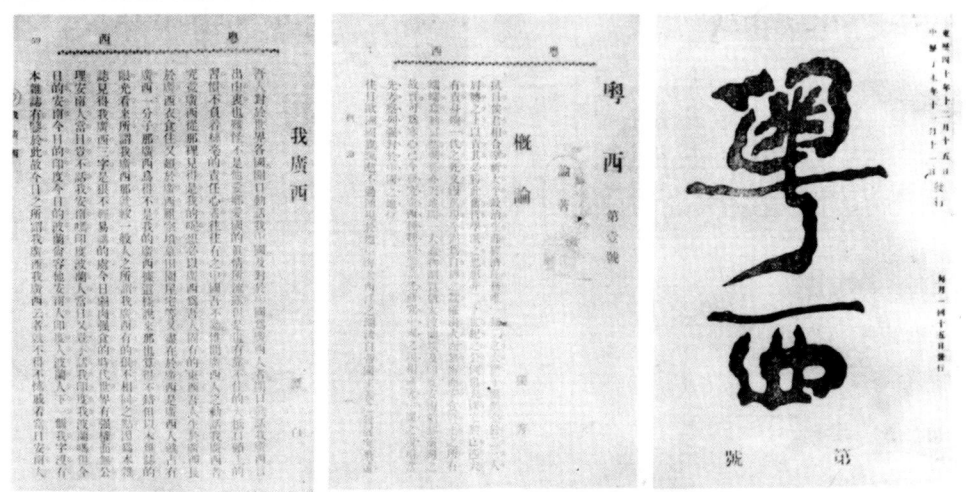

　　《粤西杂志》为1907至1908年间在日本的广西同盟会员所创办,刘崛、卜世伟主编,马君武、黄宏宪等为撰稿人,共出了七期。该杂志结合广西情况进行革命宣传,为广西最早的革命刊物。图为《粤西杂志》的封面和文照。

　　刘崛,字尊权,容县人,留学日本早稻田大学。1906年在东京参加同盟会,被指定为广西同盟会的主盟人。1911年派回广西工作,任同盟会广西分会长,他参加了"三·二九"广州起义和梧州、浔州、南宁等地的"独立"活动。辛亥革命后任南京临时政府参议。左图是刘崛像。

蔡锷,湖南宝庆人,1905年来桂,先后在龙州、南宁、桂林等地编练新军,任广西陆军小学堂监督和督练公所会办等职。1910年离桂,辛亥革命时为云南省都督。这是蔡锷像。

耿毅、何遂合照。持剑作刺杀状者为耿毅,坐椅作睥睨状者为何遂,示革命意志坚定,"威武不能屈"之意。摄影地点在桂林福堂街二号。

广西陆军干部学堂创办于1909年,是一所培养新军干部的学府。由于大批同盟会员入校任职,该校实际上为同盟会广西支部所掌握。这是陆军干部学堂全体员生合照。

桂林同盟会积极开展革命宣传工作,《南报》是他们在一九一〇年创办的报刊。该报为半月刊,由支部秘书长赵正平主笔,出版了三期,每期印数千多份。

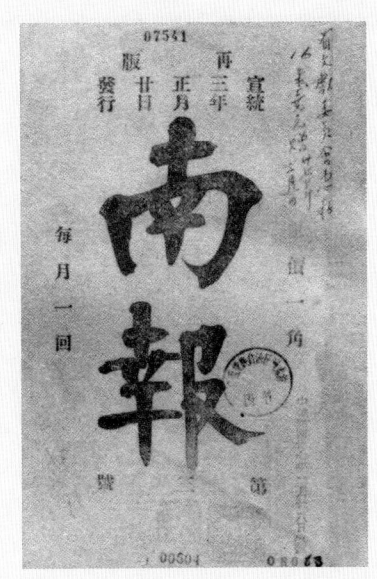

1910年《南报》被禁,易名为《南风报》继续出版,为同盟会广西支部所主办。该报配合当时形势,积极鼓吹革命。报社设于桂林福棠街二号,由同盟会员捐集经费,出版了八期,印数逾万,风行全国。

这是《南风报》的一幅插图,图中画的墨竹,枝叶内隐藏有"民族主义"四字。一只大雄鸡对着旭日高鸣,题为"雄鸡一声天下白",表示革命风暴即将来临。

沈秉堃,是清朝最后一任广西巡抚。辛亥革命他被迫宣布"独立",由咨议局推为广西都督。不久,借口北代离开广西,任湘桂联军总司令,由王芝祥代行都督职权。这是沈秉堃像。

王芝祥,清末广西布政使,是策动广西"独立"的关键人物,被推为广西副都督。因受陆荣廷地方势力所迫,率六大队旧军离桂北伐,后任南京留守使黄兴的第三军长。这是王芝祥像。

陆荣廷,广西武鸣人,游勇出身,降清后镇压会党、对抗革命甚力,逐步晋升到广西提督。辛亥广西"独立"时被举办广西副都督,他乘新军北伐和沈秉堃离去之机,提出"桂人治桂"的口号,煽动地方势力选他为广西都督。

李德山，罗城龙岸乡人，参加过1904年柳州陆亚发起义和1910年广州新军起义。"三·二九"起义前夕受刘古香之约，招平南一批志士奔赴广州，参加进攻两广总督府，转战高阳里源盛米店，坚守一昼夜，负伤被执，不屈就义，时年四十二岁。

韦云卿，永淳（今属横县）人，壮族，侨居泰国，参加过镇南关起义和河口起义。1911年初从越南奔赴广州参战，进攻总督府，转战高阳里源盛米店，被围一昼夜，清军放火烧街，云卿撞墙而出被执，供词壮烈，牺牲时三十八岁。右图是韦云卿像。

这是矗立在平南城郊的广州起义平南五烈士的纪念碑，碑基上刻有烈士韦统铃、韦统淮、韦树模、韦荣初、林盛初的籍贯、年龄和事迹。

1911年11月7日，广西巡抚沈秉望、藩司王芝祥迫于全国的革命形势和省内民军蜂起的局面，和革命党人取得协议，宣布"独立"，沈秉望任广西都督，王芝祥、陆荣廷任副都督这是广西都督，府成立时的照片。

序

我和本书作者沈奕巨先生都在广西通志馆工作过，但不同时，没能成为同事。据我所知，沈先生20世纪50年代末中山大学历史系毕业后，几十年来，一直辛勤耕耘在中国近、现代史的研究工作中。他曾对中法战争史作过深入研究，后又集中精力研究辛亥革命史和抗日战争史，出版了多种有影响的著作，发表了不少史学论文，著述颇丰，是广西史志学界知名的专家。对于他的优秀学术成果和学识，我很是钦佩。

沈先生在近代史学术研究中，选取了辛亥革命史为主要课题，是很有学术眼光的。辛亥革命是中国历史上具有划时代意义的伟大革命，它推翻了清王朝，结束了二千多年的封建王朝统治，创建了亚洲第一个民主共和政体，虽然由于中国资产阶级的软弱性，致使革命果实落入军阀手中，但它作为一次历史里程碑式的革命运动，永远屹立于中华民族的历史长河上。特别是辛亥革命对于中华民族思想意识产生了深刻变革，进行了一次资产阶级民主、自由、共和思想的洗礼，使一些先进的思想得以广泛传播，封建意识受到很大的打击和削弱。辛亥革命的伟大意义将与日月同辉。辛亥革命的伟大意义对于广西的历史也是一样的。广西因地处辛亥革命策源地的近邻，得革命风气之先，一大批革命志士参加到辛亥革命的活动中去，发挥了重要作用。广西也就成为辛亥革命很重要的活动基地，许多重要的革命活动在广西广阔的地域里进行，孙中山、黄兴亲自领导了中越边境四次武装起义。因此，研究辛亥革命史不研究广西的辛亥革命是不完整的。沈先生这个研究选题对中国近现代史以及广西地方史的研究都具有十分重要的意义。

沈先生自改革开放以来，一直潜心于广西辛亥革命史的研究工作，发表了不少有影响的论文，还在辛亥革命70周年的时候，主持了"辛亥革命在广西"的展览，主编出版《辛亥革命在广西图片集》。在这些研究的基础上，离休之后开始撰著广西辛亥革命史，耄耋之年给我们贡献了这部《广西辛亥革命史记》。这种学术精神十分可贵，值得学习。

《广西辛亥革命史记》是一部很有特色的著作。由于沈先生长期从事历史研究和地方志工作，史志兼长，历史研究功力深厚，地方志实践经验丰富。他把史志特色熔铸一炉，使得这部著作特色鲜明，出版后必将为广大不同层次、爱好的读者所欢迎。此书在叙述广西辛亥革命运动的过程时，以革命事件展开充分的记述，而且夹叙夹议，这样，既有事的记叙，又有史的评述。每节是一个完整的事件，整书看来则相互勾连，是广西辛亥革命完整的历史，结构非常得当。书的第二篇是"辛亥革命广西大事纪要"。沈先生长期研究辛亥革命，搜集了大量历史资料，用编年体和纪事本末体相结合的方法加以科学编排，可说是广西辛亥革命的一个资料库，它既可以为一般读者阅读，又方便专家学者研究参考。沈先生又继承史志人物传略的传统，辟第三篇"人物传"，为广西辛亥人物及与辛亥革命有关人物立传，各传文字简约，以证述为主，作者褒贬寓于证述之中，并与前两篇相互参照，形成统一的体系。

总而言之，沈先生把几十年研究史志的经验和丰厚的学识积淀，以坚强的毅力，在八十高龄之时，给我们贡献了这样一部有特色的、内容丰富的著作，令人感叹不已！曹孟德有云："老骥伏枥，志在千里。烈士暮年，壮心不已。"祝愿沈先生健康长寿，为史学界再做贡献！

梁超然

二〇一四年十月八日

于三书斋

（作者是广西民族大学教授，原民盟广西区主委、广西政协副主席。）

前　言

　　辛亥革命是伟大的中国资产阶级民主革命，以孙中山为首的革命派领导了这场波澜壮阔的革命运动，它的斗争矛头直接指向帝国主义的走狗和封建主义的代表——清朝政府，经过10多年艰难曲折的斗争和坚持不懈的武装起义，终于在1911年（辛亥年）10月10日发动武昌起义一举推翻清朝政府，建立"中华民国"，史称辛亥革命。由于历史条件的限制，这场革命没有触动到半封建半殖民地的社会制度，没有改变中国贫穷衰弱的地位，没有建立起独立富强的资产阶级共和国，革命中建立起来的政权拱手让给了北洋军阀袁世凯，导致了革命失败。但是，辛亥革命的历史意义是伟大的，它结束了中国两千多年的封建君主专制制度，建立起亚洲第一个民主共和国，民主共和思想深入人心，两次帝制复辟均被打倒，它给人民带来了民主共和的新鲜空气，振奋了民族精神，是中国历史的一次飞跃。特别是辛亥革命的先驱们英勇献身、前赴后继的战斗精神，是我们学习的楷模。

　　广西是辛亥革命的重要活动地区之一。广西的革命者参加了同盟会的创建，并在其中积极活动。同盟会发动10次武装起义，有3次在现今广西境内，是孙中山和黄兴亲自领导的。广西是第9个响应武昌起义的省份，使得西南和中南地区连成一片，革命阵营有了广阔的后方。广西独立后新军援鄂，振奋了苦战中的武汉军民。广西军队参加攻克南京的战斗，起了先锋作用。在"二次革命"中首举义旗和南京血战到底者,都是八桂健儿。广西人民为辛亥革命做出了历史性的贡献。

《广西辛亥革命史记》以资料性、真实性、知识性为特征,采取史志结合形式,兼顾读者各种不同要求,设立三篇。第一篇,记述广西辛亥革命发展的历程,分章立节,简明扼要,夹叙夹议,便于阅读。第二篇,收集1894—1913年广西在军事、政治、经济文化、社会、自然界各方面发生的事件,理成条文,按年月编列,便于查索。第三篇,搜集在广西辛亥革命中参加活动的本籍人士、外籍人士、省级官员,分人立传简介,以在广西活动为主。

目录

序 ··· 1
前 言 ··· 1

第一编 广西辛亥革命运动

绪 论 十九世纪末广西危机深重 ··· 3
第一章 清末广西会党大起义 ·· 5
　一、游勇回国 李立廷起义 ·· 5
　二、桂南为中心的会党大起义 ··· 7
　三、陆亚发柳州兵变，高潮再起 ··· 8
　四、广西会党对革命派的影响 ··· 10
第二章 从维新改良到民主革命 ··· 13
　一、广西维新运动的兴起 ·· 13
　二、广西留学运动和革命化 ·· 15
　三、中国同盟会和广西分会的成立 ··· 18
第三章 孙中山发动中越边境武装起义 ··· 20
　一、设立河内总机关 ··· 20
　二、防城起义 ·· 22
　三、镇南关起义 ·· 24
　四、黄兴重入钦防之役 ··· 26
　五、河口起义 ·· 28
第四章 同盟会在广西的革命活动 ·· 30
　一、同盟会在梧州的活动 ··· 30
　二、同盟会在浔州的活动 ··· 31
　三、同盟会员云集桂林 ··· 31

四、同盟会在柳州的活动……………………………………32
　　五、同盟会在南宁的活动……………………………………33
　　六、外省志士在新军的活动…………………………………34
第五章　广西人民的反帝反清斗争………………………………36
　　一、反帝爱国运动……………………………………………36
　　二、抗捐抗暴斗争……………………………………………38
　　三、广西谘议局同清吏的斗争………………………………39
第六章　广西革命者参加辛亥起义………………………………42
　　一、广州起义的广西志士……………………………………42
　　二、武昌起义的陆军中学堂广西学生………………………43
　　三、广西民军参加光复广东…………………………………45
第七章　广西辛亥革命的进程……………………………………47
　　一、梧州人民首先响应………………………………………47
　　二、桂林新军逼官易帜………………………………………48
　　三、柳州民军围城夺权………………………………………50
　　四、南宁党人促陆响应………………………………………52
　　五、浔州民军起义失败………………………………………53
　　六、钦廉驻军反正和党人举事………………………………55
第八章　广西辛亥革命的结局……………………………………57
　　一、广西出兵援鄂攻宁………………………………………57
　　二、陆荣廷桂系取得广西政权………………………………58
　　三、陆荣廷巩固统治的措施…………………………………61
　　四、投袁勾龙镇压二次革命…………………………………64
结束语　广西辛亥革命的历史意义………………………………67

第二篇　辛亥革命时期广西大事记要（1894—1913）

第一章　1894年（清光绪二十年　甲午）……………………71
第二章　1895年（清光绪二十一年　乙未）…………………75
第三章　1896年（清光绪二十二年　丙申）…………………79
第四章　1897年（清光绪二十三年　丁酉）…………………83
第五章　1898年（清光绪二十四年　戊戌）…………………87
第六章　1899年（清光绪二十五年　己亥）…………………91

第七章　1900年（清光绪二十六年　庚子）……………………… 94
第八章　1901年（清光绪二十七年　辛丑）……………………… 97
第九章　1902年（清光绪二十八年　壬寅）……………………… 100
第十章　1903年（清光绪二十九年　癸卯）……………………… 104
第十一章　1904年（清光绪三十年　甲辰）……………………… 109
第十二章　1905年（清光绪三十一年　乙巳）…………………… 115
第十三章　1906年（清光绪三十二年　丙午）…………………… 120
第十四章　1907年（清光绪三十三年　丁未）…………………… 125
第十五章　1908年（清光绪三十四年　戊申）…………………… 132
第十六章　1909年（清宣统元年　己酉）………………………… 137
第十七章　1910年（清宣统二年　庚戌）………………………… 142
第十八章　1911年（清宣统三年　辛亥）………………………… 148
第十九章　1912年（民国元年　壬子）…………………………… 157
第二十章　1913年（"民国"二年　癸丑）………………………… 164

第三编　广西辛亥革命人物传

第一章　广西籍革命者……………………………………………… 171
　一、龙泽厚………………………………………………………… 171
　二、马君武………………………………………………………… 172
　三、邓家彦………………………………………………………… 172
　四、刘　崛………………………………………………………… 173
　五、卢汝翼………………………………………………………… 174
　六、蒙　经………………………………………………………… 175
　七、曾汝璟………………………………………………………… 175
　八、曾　彦………………………………………………………… 176
　九、王和顺………………………………………………………… 177
　十、黄明堂………………………………………………………… 177
　十一、关仁甫……………………………………………………… 178
　十二、刘梅卿……………………………………………………… 179
　十三、唐浦珠……………………………………………………… 180
　十四、刘古香……………………………………………………… 180
　十五、王冠三……………………………………………………… 181

- 十六、柯汉资 ... 181
- 十七、李德山 ... 182
- 十八、罗佩珩 ... 182
- 十九、刘锡镐 ... 182
- 二十、陆宠廷 ... 183
- 二十一、刘　屹 ... 183
- 二十二、林　虎 ... 184
- 二十三、周毅夫 ... 184
- 二十四、刘震寰 ... 185

第二章　外省籍革命者 ... 187
- 一、孙中山 ... 187
- 二、黄　兴 ... 188
- 三、胡汉民 ... 189
- 四、赵　声 ... 190
- 五、蔡　锷 ... 190
- 六、庄蕴宽 ... 191
- 七、钮永建 ... 192
- 八、陈之骥 ... 192
- 九、何　遂 ... 193
- 十、耿　毅 ... 194

第三章　清朝官吏 ... 195
- 一、岑春煊 ... 195
- 二、张鸣岐 ... 196
- 三、沈秉堃 ... 196
- 四、王芝祥 ... 197
- 五、陆荣廷 ... 197
- 六、龙济光 ... 198
- 七、郭人漳 ... 199
- 八、陈炳焜 ... 199
- 九、谭浩明 ... 200
- 十、莫荣新 ... 201
- 十一、李静诚 ... 201

编后语 ... 203

第一编
广西辛亥革命运动

绪　论　十九世纪末广西危机深重

鸦片战争后，中国逐步沦为半封建半殖民地社会，到19世纪末年，发展为严重的民族危机和社会危机。广西地处祖国南疆，临边近海，比之内地更为直接明显。

第一，帝国主义侵略加深。军事侵略方面，对广西影响最大的是中法战争，两年中兴兵百营，挽运不断，耗费大量人力、物力、财力，战争以胜为败，订立不平等条约，法国占据越南，侵入中国，清政府不得不在广西沿边（包括原属广东的钦廉地区）设立边防军32营，修建大小炮台碉堡200座，每年边防军费百万两白银，占广西年度支出之半。1898年法国强租广州湾（现湛江市），把两广、云南划为势力范围，国防形势更为严重。其次是经济侵略，通过签订一系列不平等条约，先后开放北海、龙州、梧州、南宁为商埠，洋货从北海和西江运入广西，又廉价掠夺土特产输出。1897年梧州开埠半年，洋货进口144万两，土特产出口47万两，入超3倍。由于洋货大量进来，广西传统的铁器、纺织手工业纷纷破产；由于土货厘重，竞争不过洋货，传统的西米东运断绝，造成田地荒芜，农民辍耕。再次，宗教侵略，列强凭借不平等条约庇护，基督教、天主教遍布城乡，引诱群众入教，刺探情报，干涉内政，欺压百姓，教案迭起，是刺进内地的毒针。

第二，封建制度腐朽衰败。明清之世中国封建制度已到了末期，盛极而衰，由于资本主义列强入侵，呈现出崩溃之势。地主占有制是封建制度的经济基础，广西山多田少，1887年耕地面积占全省面积1/37，人均有田约1亩。土地占有名目繁多，除民田外，有官荒官田、屯田、食田、学田、庙田、族田，80%以上的土地被官僚地主占有，少量自耕农和半自耕农面临破产的命运，广大佃农要交田租、负劳役，所剩难于饱腹。军府衙门是封建制度的上层建筑，广西贫苦，官吏视为畏途，到广西为官者，以贪贿为生财之道，以虐杀为逞威之方，广西吏治腐败全国闻名。1897年永安州歉收米贵，贡生姚新泽号召民众拦阻官船运米出境，并到州署请愿，知州江鉴以造谣惑众、哄闹官署上报，清廷命严辑剿办。贵县知县陈景华，上任半年杀害无辜2000人，人呼"陈剃头"。桂平县每日处斩囚犯百名，半月杀光1500人，谓之"洗监"，因此人们把"官匪"列为广西"五匪"之首。清光绪年间，广西还有44个土司厅州县，占全省面积1/4，这种落后的封建世袭领地，比之流官更残酷，增加了对各族人民的奴役剥削。

第三，财政赤字大，苛捐杂税成灾。清代前中期，广西年财政收入约180万两白银，其中本省税收100万两、邻省协饷80万两，收支略够平衡。到宣统年间，广西年财政收入增至320万两，支出450万两，出现130万两的赤字。财政支出激增的原因是：一是中法战争后每年增加边防费100万两。二是甲午战争每年分摊给广西22.7万两；庚子赔款每年分摊给广西34万两。三是举办各种"新政"需要大量经费，单是练新军一项年需73万两。在整个财政开支中用于军事方面的有312万两，占财政支出之大半，说明清政府为了挽救摇摇欲坠的统治已不顾老百姓的死活了。

这样庞大的开支必然转嫁到人民身上，清政府想方设法，百般罗掘，增加税收，除田赋关税外，省、府、州、县层层巧立名目；百物征税，百业有捐，从烟、酒、花捐到冬笋、辣椒；一物多税，以盐为例，多达8种。税收之外，还卖官鬻爵，有实官捐、功名费，收入年达百万两。更有甚者，开赌博，贩鸦片，以征收烟、赌税，使得城镇烟馆林立，桂西罂粟花遍地，赌民如醉如痴，烟鬼骨瘦如柴，既败坏了社会风气和秩序，又使人民倾家荡产，流毒无穷。

上述几种矛盾互相交织，互为作用，造成了城乡广大的失业人群。据史籍记载：1888年广西人口750万，到1901年减至514万，这200多万人哪儿去了？除天灾人祸死亡外，大部分是不入册籍的无业游民，这100多万的失业大军，为会党的发展壮大营造了环境。清末广西社会呈现大动荡、大分化、风雨欲来的情势。

第一章　清末广西会党大起义

一、游勇回国　李立廷起义

　　游勇一部分源于越南北部的抗法武装，如黑旗军遗部就有十多支，他们多带家属，据地自养自立，约数万人，其前身是两广农民起义的难民群。另一部分是中法战后粤桂滇裁撤的清军，约六七万人，他们是沿边农民和无业者，因城乡凋敝，无家可归或有家归不得，便结伙成帮，进入越南抗法。这两部分人统称关外游勇。游勇也拜台结会，吸收会员收经费，它是会党的一个支派，是失业士兵的武装集团。

　　1894年游勇开始退回广西边界，啸聚在防城、龙州、归顺州（今靖西县、那坡县）边外，各有千数百人。苏元春招编龙州边外游勇陆亚宋（陆荣廷）等数百人为健字营，他们曾在那兰击杀法军23人而闻名。1895年3月马头山（北仑河南岸）游勇数千、广安水军（北部湾游勇）千人派代表到台北向唐景崧请缨抗日，说明游勇有强烈民族意识。

　　1896年6月签订《中法边界会巡章程》，建立对讯制度，共同对付游勇。法国集重兵扫荡，游勇不支，纷纷退入中国境内。云南招编最多，如覃修纲7营5个管带是游勇头目，苏元春招编20营，几乎和额定防军相等。但被招编的只是游勇的小部分，大部分仍是独立活动，强行入境。钦防籍的游勇进入东段十万大山，大部分游勇进入西段滇桂黔边区。

　　1896年夏大旱，钦防米贵，人多饿死，百姓纷纷参加天地会求生，东段游勇便和当地会党结合，占据十万山区各要隘，水上武装也活跃在海面上。粤军攻破马笃山，捕杀邓东良，东段游勇便把枪口转向清朝。大股结寨于叫怀岭（十万大山主峰）、马笃山、王光山，小股分别占据山峒村庄，进逼州、县城。海上游勇击毙龙门协副将，形成山海根据地。著名首领有彭十二、黄晚、滕八、林月中等。

　　西段游勇从归顺、镇安入境，进入西隆、西林、凤山、凌云山区，和当地会党、土族结合，踞山立寨，遍地皆洪。著名山寨有牛角山、牙王山、格老寨，当地官署或开门迎接，或送钱粮自保。著名首领有游维翰、李二老板、陈锦秋等。此地是滇桂黔三省交通要道，设卡收税，财源丰足，是理想的根据地。1897年4月1日，游维翰在乐里杀死3名法国传教士，震动中外，清朝严令追剿，总兵马盛治率兵围剿穷追3个月，捕杀游维翰，满足法国辑凶赔偿的要求，西段游勇便把枪口转向清朝。1898年1月，桂西游勇打过云南广南，攻占丘北县，挺进开化府，活动半年，退回广西。一部从驮卢渡过左江，转入红水河一带。

　　关外游勇打回国内，是把一团烈火投到广西灼热的土地上，有力推动了广西会党起义。他们英勇善战，枪械精良，组织严密，成为广西会党起义的骨干力量。

　　1897年广西20个州县有会党起义，说明革命形势渐趋成熟。这时桂东南灾荒严重，豪族地主霸占水源，农民辍耕逃荒，纷纷参加天地会。玉林五属会党经多年活动已联成一体，推李立廷为大哥。李立廷，陆川大园村人，太平军后代，身强艺高，豪放好客，开赌馆广交会众，约定1898年秋后举事，因其兄被诬入狱，救兄心切，乃提前于6月28日在陆川平乐圩树旗起义；廖十八、谢华轩攻占陆川，田福志、封禄阶攻占容县，刘凤云、陈建庭攻占北流，赵大寿、谢三妹攻占兴业，刘龙骨、李大广围攻博白，均采取内应奇袭办法，顺利攻占4座县城。7月初，李立廷、田福志率领各路义军数万，会攻玉林州城，因城坚无攻坚武器，义军多是新上阵的农民，围攻10日不下。

　　与玉林相邻的藤县、岑溪会党奋起围攻县城。兴业会党赵大寿北渡贵县，与贵县天地会结合，围攻县城。北流李兆卿率会党数千南下广东信宜，与当地会党会合攻打县城。平南老鸡三袭破江口镇，进入鹏化山区。

　　李立廷起义一声惊天巨雷，连占4县，围攻5城，波及两省3府10县，震动全国。清朝电令两广督抚火速派兵镇压。广东派高州镇总兵潘瀛、北海镇总兵刘帮盛率兵10营入广西，7月11日解藤县、博白之围，15日进抵玉林。起义军人数虽多，但各自为战，武器多为粉枪、刀矛，恰逢雨天，一触即溃散。广西柳庆总兵马盛治率陆荣廷等十多营，自横州、贵县南下，此时，所有城镇都被东军"收复"了。马盛治妒恨邀功，指民为匪，打村劫寨，报称"复城解围以来，攻破匪巢百余处，擒获匪首二百余名"。起义首领除李立廷逃到南洋、封禄阶不知下落外全部壮烈牺牲。陆荣廷部留下驻剿，巡抚王槐森亲到玉林、贵县清乡，扫荡龙山、太平山，搜捕会党首领200余人斩首示众。民国《陆川县志》评曰："光绪戊戌之事，匪乱不满一月，兵乱将近半年，被匪害者百分之一二，被兵害者十分之一二"。

李立廷玉林起义，被清朝调集重兵迅速镇压下去，明火扑灭了，暗火仍在蔓延，它和回国游勇揭开了清末会党大起义的序幕。

二、桂南为中心的会党大起义

1902年以南宁、思恩两府为中心的广西会党起义，有两个导因：一是天灾。1902年广西久旱无雨，桂南最烈，赤地千里，农作物颗粒无收，春耕全无，南宁5万灾民抢米，饿殍遍地，卖儿成行。桂平日杀监犯百名，任由饥民割食。《岭东日报》载，待赈者32万人，饿死3.7万人。旱灾未了，水灾又来。次年夏，黔桂边下6天暴雨，直泻柳江，柳州全城淹没，整座木屋从上流推下，灾民号哭呼救，惨不忍闻。旱灾水灾过后又发生霍乱瘟疫，人民在死亡线上挣扎，纷纷参加会党暴动。二是兵祸。苏元春招编游勇20营，清朝不发军饷，欠饷太多，士兵哄闹。为了解困，1901年11月清朝把苏元春与湖北提督对调，欠饷被赖，官兵即拿枪械衣物补偿，整营整哨散出去参加会党。云南也把覃修纲7营裁掉。滇桂散勇万余人，拥有快枪快炮，战斗力比关外游勇更强，会党更是如虎添翼。

南宁是会党起义的中心。首擎义旗者是王和顺，南宁二塘那造村人，充衙役，1901年他和李八率数十人在二塘至七塘间活动，拜台吸收会员，袭击清军夺取武器，又有游勇加入，扩大到数百人，驰骋数县。1902年他和黄五肥在隆安马鞍山，伏杀号称"屠伯"的总兵马盛治，震动朝野。1903年又在梅龟山一举打垮号称"天上雷公"的广东安勇，声势大振。王和顺、黄五肥、闭运培、陆亚发是桂南地区四大会党首领，各有数千人，战斗力很强。数百人的小股有40多支。在桂北，哥老会纷起，迫近桂林，省城月发案数十起，清朝调唐景崇回省督办团练。柳州、庆远两府会党继起，与桂南并驾齐驱。柳州知府周继仁出城剿办，被会党击毙，广西内地已无平静土。会党吸取玉林起义的教训，不攻城池，广占农村，招人入会，发给洪牌保护，扩大归洪村户，劫商收税，袭击清军，夺取武器。桂抚王之春到南宁督剿，被会党围困在城中。

以西隆、西林、泗城为基地的滇黔桂边会党，纵横数百里，收商税，购枪械，招人入会，称总统忠义全军，首领有梁振科、苏明、李二老板、陈亚秋等。1902年1月，会党利用云南绥靖军新到，袭击剥隘，张显廷全营丢枪溃散。4月陈亚秋联合沈姓土族，聚众数千，再次入滇攻破皈朝，绥靖军右营覆灭，州城变废墟。西征云南大胜后，会党又北入贵州。9月西隆会党数千乘竹筏渡南盘江，进入黔南都匀，围攻板丰碉营7天，用滚草龙法喷油火攻，清军溃围被执杀殆尽。另一路会党万人乘大雾渡河，攻破箐口团营，全歼守敌，乘胜追占义兴县城，扬言"由黔入川"，贵州大震。1903年春，清朝严令滇黔桂三省会剿，以谢汝钦为三省会剿营务处。滇军收复皈朝、普厅后，白金柱、龙济光率兵袭击西林、镇边。黔军收复义兴后，进入西隆、西林。广西提督黄承祥派军到百色合击。经旬日激战，会党损失惨重，李二老板被俘杀害。3月，桂西会党的最后基地王牙山寨被龙济光指挥各军攻破，三省边界报称肃清。

在十万大山，上思会党黄三起义，与钦州会党黎十、江州会党谢天良联合，共有七八千人，占据四乡。在十万大山南麓，彭十二由山区向平原推进，突入防城掳去150多人。广东派李家卓率4营进剿，卓勇不习山路，常吃败仗，李家卓被撤职，解散军队。

广西会党起义势如燎原，波及粤、滇、黔三省边界，1903年4月，清朝委岑春煊署理两广总督，专责镇压广西会党，整顿吏治。岑首先参革广西巡抚王之春、提督苏元春、布政使汤寿铭、按察使希贤，文武官员一百多人受到监禁、流放、革职、开缺处分。柯逢时任广西巡抚，刘光才（后为丁槐）为广西提督，起用冯子材率萃军入广西会办军务，不久死在南宁。调郑孝胥率楚军8营来驻桂边。军事部署方面，将广西划为4个战区，柳、庆为一路，南、思为一路，泗、色为一路，沿边为一路；以柳庆、南思为重点。6月岑春煊驻浔洲督剿，下令各部采取招编、诱杀的办法。左江道余诚格把受抚的李八部诱至四塘全部伏杀，杀唐弟于南宁城内。右江道王芝祥诱杀受抚之马平会党梁果周93人于道署。统领祖绳武诱杀四十八峒峒主覃老发。思恩会首闭运培被隆安知县诱骗到乔建祠堂伏杀。剩下黄五肥率部三千据永康州（在今扶绥县）。丁槐调南、思两府兵力8路围攻，黄五肥阵亡，余众奔入十万大山。岑春煊报称肃清。

三、陆亚发柳州兵变，高潮再起

当清朝奖赏镇压桂南和滇黔桂边有功文武官员时，1904年6月，陆亚发柳州兵变，石破天惊，广西会党起义再起高潮。

兵变领导者陆亚发、黄留芝、梁桂才都来自滇黔桂边游勇，1903年春夏，各率千数百人北上庆远府。他们是百战余生，英勇善战，有"马贼（骑兵）千余，均携针枪"，战斗力强，和当地会党结合。1902年5月，梁桂才占领河池。1903年4月，黄留芝攻占南丹；6月，陆亚发攻占东兰，杀知州陶其淦。清朝调桂、黔军14营合剿庆远，在强大压力下，陆亚发、黄留芝、梁桂才接受清军统领祖绳武招编，充绍字各营管带。

1904年6月陆亚发绍字4营2000人，从庆远开来柳州，奉命调往广东，定于24日起程，派定西兵轮接运。清吏大肆杀降，官兵疑惧，军心浮动，陆亚发恳求不调，遭岑春煊、祖绳武拒绝。士兵又发现，配发的子弹多是哑弹，更证实了杀降阴谋。陆亚发、黄留芝、梁桂才商量，与其束手待毙，不如造反求生。24日黎明，先锋营鸣枪占领4城门和电报局。天亮后，全军皆起，攻下道台、镇台、县署衙门和支应局，获枪械5000支、大量子弹和20万两银圆。统领祖绳武失城畏罪自杀，右江兵备道从水沟爬出城，知府、知县藏匿民家。起义者打开监狱，释放犯人，配发枪弹，城周的会党进城加入，队伍壮大到6000人，与南岸清军、定西兵轮对射。起义出于突然，没有明确目标和计划，黄留芝、梁桂才互相残杀，部众掠夺妇女财帛后撤退。27日晚，全军拜会祭旗，编为忠、义、福、禄、寿、全六军。次晨陆亚发带领全军出北门，开往东泉。7月1日，在东泉兵分两路：一路北上长安（今融安县城）受挫；一路东进雒容，围攻平山，消灭清军1营，杀提督廖景锐，围攻中渡同知雷震南，拥众逾万，连营百里。7月7日，义军攻占新宁州三隍，桂林震动。桂抚柯逢时急命右江道王芝祥统4营从中路回救省城，架大炮于抚署，引为笑话。

陆亚发没有乘胜直趋桂林，自率一军入踞四十八峒（在今鹿寨县），褚大、欧四率一军入踞思恩五十二峒（在今环江县），分军株守，失去战机。

柳、庆会党闻陆亚发起义，纷起响应，再次攻入忻城、河池。在黔南防堵的滇军达字营哗变，入踞大苗山，与进剿的粤军激战4昼夜。泗城、百色会党复起，驻平乐绥远营一哨（招安部队）杀官起事，转战凤山、武缘。桂东会党植夏元等攻扑怀集，占领万安、大冈、冷坑，并联系广东广宁、开建会党围困县城。迁江、来宾会党与进剿的丁槐所部浴血苦战。广西再次沸腾起来。

陆亚发起义震动全国，清朝下谕：命岑春煊率军西上，会同柯逢时督各军进剿，调刘春霖滇军6营、黄忠浩湘军7营火速援桂；令湘、黔防堵义军北上，派杜俞军防堵湘西；命长江水师进防宜昌、岳州，害怕重演当年太平军席卷长江故事。7月底，岑春煊到桂林，调集广西驻军陆荣廷、龙济光、王瑚、黄忠立、宋尚杰、白玉书等部40多营，云集柳、庆，加上当地军队达88营。

8月，两峒起义军分头出击。陆亚发攻占鹿寨三板圩，附近会党来投者数十股，聚众数万，绵延数百里。褚大率义军冲出梅寨，击溃王瑚军，12日攻占三防，23日攻下罗城，龙济光军赶到，在城外激战12天后，南下融、柳遇清军受挫。

10月，岑春煊派黄忠立军进攻四十八峒，大败。11月，宋尚杰军直攻陆亚发居住的油麻峒，也久攻不下。于是命杨发贵、刘成贵、刘开铭、黄忠立四路并进，将各峒攻下，派奸细混入油麻峒，里应外合，陆亚发负伤转移，被中渡团总张振德诱擒，12月17日在桂林凌迟处死，岑春煊以酒唼其血。

五十二峒义军又于11月攻思恩县城，和龙济光军激战多日。陆荣廷5营赶到河池拦截，义军被包围，血战4昼夜，死亡三四千，褚大战死，欧四被俘，清军入五十二峒搜捕余众。1905年1月，五十二峒余部与南丹会党三四千人，进入贵州都匀，被黔军逐回，遭陆荣廷部在南丹拦杀殆尽，陆亚发起义至此宣告失败。

与四十八峒、五十二峒起义军鼎足而立的是十万大山会党，在主峰叫怀岭、王冈山、马笃山扎营结寨，早晚皆吹军号，俨若水浒英雄。1905年初，广东道员秦秉直会同广西提督丁槐，利用山上缺粮，采取併村办团封锁办法，把会党长久围困在几个山寨上，使它弹尽粮绝，饿死千多人，彭十二率会党数千冒死冲下山，被占据优势的清军层层追堵，捕杀殆尽，坚持十年的十万大山基地终于陷落。

王和顺在会党全面失败时，仍率数百人潜回二塘老家，杀死挖其祖坟的团总，又在四塘击毙清军管带吴胜贵，然后乔装混出重围，到达香港转赴西贡。

广西会党起义历时十年，清政府调集了桂、粤、滇、黔、湘、鄂、皖七省数十万军队，縻饷380多万两（仅最后两年），才把起义镇压下去。这次起义规模之大、斗争之烈、时间之久，堪与太平天国时期广西农民起义相媲美，是清末震动全国最大的一次农民战争，给予清政府和封建制度沉重打击，推动了辛亥革命的进程。然而广西人民付出了巨大的牺牲，据南宁知府潘江估计，十年中死于战祸天灾达百万人，这对一个不足六百万人口的贫省是何其惨烈！

四、广西会党对革命派的影响

十九世纪末，中国资产阶级革命派登上历史舞台，起初人数少、力量小，在国内还成不了气候，它需要寻找同盟力量，广西会党起义给它提供了榜样，鼓舞了信心和勇气。兴中会缔造者孙中山，1905年在《纽约时报》上发表的《中国问题的真解决》写道："目前爱国分子在广西起义，他们距海岸非常遥远，武器弹药没有任何来源，他们得到这些物资的唯一方式是完全依靠从敌人方面去俘获。即使如此，他们也已进行了三年的战斗，并且一再打败从全国各地调来的官军对他们的屡次征讨。他们既有出奇的战斗力，如果给予足够的供给，谁还能说他们无法从中国消灭清朝的势力呢？"由此得出"全国革命时机已成熟，满清政府的垮台只是一个时机问题"的结论，从而加快了联合全国革命力量推翻清朝的步伐。光复会创始人章炳麟在《致康有为论革命书》写道："义和团初起时唯言扶清灭洋，而景廷宾之师则知扫清灭洋矣！今日广西会党则知不必开衅于西人，而先以扑灭满洲、剿灭官吏为能事矣！……人心进化，孟晋不已，以名号言，以方略言，经一竞争必有胜于前者，今日广西会党其成败虽不可知，要之继起者必视广西会党为优胜，可预言也。"章氏高度评价广西会党"以己为主体"进行反清斗争，指出广西会党在斗争策略和口号上都比义和团、景廷宾进步，他相信经过斗争锻炼的中国人民，继起者又优于广西会党，对革命前途充满了信心。吴樾烈士在绝命书中写道："观乎前日景廷宾之举，及今日广西之乱，其名皆曰'灭清兴汉'，亦可见我同胞中非无人焉！"广西会党如火如荼的反清斗争，激励着革命志士们抛头颅，洒热血，视死如归。同盟会的青天白日旗是陆皓东创制的，但另一种说法是附意于广西会党陆亚发的义旗，"青天白日旗始于兴中会。丁未之春，孙（中山）公自制百余面。孙公曰，癸卯柳州之役，先烈陆公亚发，曾以此树义，久之岑春煊破柳州，陆公不屈，而岑氏竟啖其心肝，是流血之证，不可废也"（引自《太平杂志》一卷二期"柳州义旗"）。孙中山这样解释青天白日旗，可见广西会党起义对资产阶级革命派思想影响之深。

早在1898年8月，香港兴中会机关听闻李立廷起义，曾派重要干部尤列、邓荫南、宋居仁入广西，行抵藤县，闻起义失败，不得已而折回。1902年冬，孙中山应法国印度支那总督杜美的邀请，赴河内参观博览会，向法方提出借道越南北圻运送人员武器进入中国的要求，遭到拒绝。他便在华侨中吸收会员，成立兴中会河内分会，任务之一是向粤桂边境联络会党，关仁甫、唐浦珠、刘梅卿等都是在越南加入兴中会，后来派回国的。1904年陆亚发在柳州起义，曾派人到香港寻找革命党，招纳英才，那时孙中山在美国，无人应对，联系不上，孙中山感到非常惋惜。

史料表明，兴中会对广西会党的支持，是道义上的声援，也有战略上的配合。由陈少白、郑贯公主编的香港《中国日报》，大量登载广西会党起义的消息。郑贯公等人还在《广东日报》上发表了很多评论文章，分析广西会党起义的原因和影响，揭露清政府的腐败和残忍，讥笑两广督抚们的畏葸无能。如《鸣呼广西》一文写道："广西会党之蠢动，以及年余，鹤唳风声，天荆地棘。……王之春不能平，苏元青不能靖。清廷鉴于洪杨之革命，心焉忧之，乃以狮子搏兔之全力，调数省之大兵，縻数百万之军饷，假手于我汉族同胞之岑春煊，使为两广总督，乃经年而迄无成效。……呜呼广西，以十一府六厅四十九州五十四县之土地，以五百余万之人民，自应能守此固有之锦绣河山，翩翩然竖独立之旗，铿铿然撞自由之钟，以光复汉家天下为名，继洪天王未成之大志，亦何不可为二十一行省之先声。"表现了资产阶级革命派对广西会党的殷切期望，他们这种热情颂扬的声音，在当时对会党的一片咒骂声中是难能可贵的。1903年初，兴中会策动太平天国遗将洪全福在广州起事，是因为"近以西乱有三省会剿之议，欲扰广东一路，以图牵制。"人们知道，清政府镇压广西会党起义，其军饷、军械多取给于广东，军队也从广东抽调最多。洪全福广州举事虽事泄失败，但它使清政府有了后顾之忧，不得不留下很多军队防守广东，这就在战略上牵制了敌人，支持了广西会党的斗争。

　　活动在湖南的华兴会，和广西会党互相配合，并且有一定联系。1904年5月，陆亚发在柳州起义清朝抽调湖南军队7旗（营）由黄忠浩率领入桂镇压，又把一部分湘鄂军队布防在湘桂黔边境地区，防堵广西会党突入湖南。黄兴、马福益等趁湖南省内空虚，计划在那拉氏的70岁生日（10月23日）在长沙起义，发动湘西、湘东哥老会响应，也派了万武（广西昭平人）到柳州联络广西会党。起义因事泄流产，黄兴出走上海，马福益潜逃广西。留湘的华兴会员谭人凤、邹永成等密谋到广西再举，他们想一面联络陆亚发起义军，一面策动入桂湘军阵前反正，据广西为根据地，再出湖南。邹永成到了柳州，陆亚发已兵败被杀，邹联系上了陆亚发的余部，已招编为黄忠浩军先锋营管带的李德山（后为黄花岗七十二烈士之一）、副管带苏国三，商议好了起义计划。但黄忠浩因镇压广西会党有功受到清朝升赏，洋洋得意，不再言革命事，不久黄部调离广西，华兴会联络广西会党起义的计划随之消失。

第二章 从维新改良到民主革命

一、广西维新运动的兴起

面对空前严重的民族危机和社会危机,知识分子阶层(时称士大夫)不同于农民起义,而是走维新改良到民主革命的道路。

广西维新运动的播种人是康有为,他两次来桂林讲学,起了很大的推动作用。1894年,康进京考试和上书变法不得志,其《新学伪经考》被毁版,回到广州,讲学也受限制。是时,桂林士子龙泽厚在四川做知县,请假回乡路过广州,仰慕康有为名声,便到万木草堂去拜师听课,对维新思想和新学十分信仰,便邀请康到桂林游览讲学。康有为为了冲破困境,打开维新局面,顺便游览桂林山水,访寻其叔康乃器(同治年间任广西护抚)故迹,便答应龙的邀请。桂林是广西省会,文化教育中心,各府州县士子都到省城读书应试,设有桂山、秀峰、宣成、经古四大书院,人文荟萃。1894年冬,康有为乘轮船到梧州,转搭民船溯抚河而上,饱览了漓江风光,赋诗言志;到桂林后,住进叠彩山景风阁讲学。授业的有龙泽厚、龙朝辅、况仕任、汪凤翔、龙应中、汤睿、汤铭三、林惠如、任祖安、赵治天、薛立之、程式毂、王浚中17人,都是一时名士,"来问学者履踵相接",连学童龚寿昌、龙潜也乘兴来听。讲学内容是提倡今文学,宣传孔子改制,讲解春秋公羊传,设义礼、考据、经世、文学四科。讲完回答学生提问,著有《桂学问答》传世。学生要做笔记、写日记、月考、体操等。他通过教育培养维新人才,达到振人心、图改革、挽颓势的目的。

康有为第一次来桂林活动40多天,因事回粤。期间他拜会了四大书院山长,周璜赞成维新变法,大力支持,结为知交;龙朝言、石成峰以礼相待,不冷不热;曹训则视康为异端,拒绝见面。反映了当年封建士大夫对维新运动的不同态度。尽管康有为活动时间短,范围小,但在广西知识分子中播下了维新种子,给闭塞的边省透进一股清新空气。

1895年4月，各省士子齐集北京会试，正值甲午战败，清朝被迫与日本签订《马关条约》，割台湾、澎湖和辽东半岛，赔款2亿两银，举国悲愤。会试人士轮流到都察院请愿，康有为连夜疾笔上光绪皇帝万言书，提出"拒和，迁都，变法"三主张。5月2日，康有为、梁启超召集18省应试举人开会，有1300多人签名，称"公车上书"。广西99名举人签名，居全国前列，康有为播下的种子初显威力。湖南则全部举人签名，这使他感悟到，北京、上海顽固势力大，开展活动困难，而南方边省士气奋发，人心可为，因此康、梁分赴湘、桂发动，这是康有为再次来桂的动因。

1897年初，康有为冒着寒冬凄风，乘船入桂，先到梧州在传经书院演讲维新变法，然后沿抚河而上，途中过年，可见其迫切兴奋的心情。2月到桂林，仍住叠彩山景风阁。公车上书后康有为名声大振，且是举人，受到广西官绅士人的热烈欢迎。这时主持广西政务的臬司蔡希邠思想开明，倾向维新，大力支持康有为开展活动，扎洋务局订澳门《知新报》，供各府州县官员士人阅读，以开风气。唐景崧、岑春煊因甲午战败困居桂林，把变法图强视为雪耻之方，积极参与活动。广大知识分子把康有为视为救国救民的"圣人"，趋之若鹜。康有为便把讲学扩到各个领域去。6月11日发起组织圣学会，在桂林两粤广仁善堂举行成立典礼，蔡希邠率司道府县官员出席，唐景崧、岑春煊、周璜等名绅及先进知识分子、求解放的妇女200多人入会参加，奏乐鸣炮，仪式隆重热烈。蔡为圣学会作序，宣布开会宗旨。康起草圣学会缘起，宣读会章，确定庚子拜经、广购图书、出版报纸、设立义学、翻译西书五项任务。5月《广仁报》出版，附设在圣学会内，经费由各方捐赠，唐、岑赞助最多。编辑由康门弟子曹硕、龙应中、况仕任等担任。该报是旬刊一册，设论说、时事、要闻、译述、杂论、短评等栏目，内容是宣传内忧外患、维新变法、救亡图存，是广西最早的报刊，人们耳目一新。6月广仁学堂开学，巡抚、臬司拨款万元购置图书和开办费，招生40人，况仕任、陈文、靳永祺、龚寿昌、何少川等人入学。课程有经学、中西历史、地理、宋元学案、朱子语录。学生日有课程，月有考核，年有甄别，曹硕主持教务，教员由康门弟子派充，这是广西新式学堂的开端。康有为在桂林半年，办了这些事后，便于7月回粤。他两次来桂，全省知识分子多成康、梁的信徒，促进了广西维新运动的全面开展。

1898年6月11日，光绪皇帝下诏变法，起用康有为、梁启超等主持其事，各种变法旨令接踵而下，史称百日维新。广西巡抚黄槐森执行最力。在教育方面：把经古书院改为广西体用学堂，以唐景崧为总教习，改革课程，增设政治、数学、英文，著名同盟会员马君武、邓家彦、曾汝璟、刘崛等多人都是该校学子；又改秀峰书院为育才馆，改宣成书院为临江小学堂。梧州也办起了广仁学堂。各府州县的新式中小学堂如雨后春笋般出现。黄槐森又改革武制，将五金、煤炭、铁路招商集股开办。先后开办了贺县银矿、桂林机器局及大批农艺场、林场。裁绿营，减水师，练新军也开始了。广西知识分子对维新运动热情十分高涨。1898年4月，各省士子在北京会试，愤于胶州、旅顺之丧失，康有为倡开保国会，到会二百多人，广西举人龙焕伦、况仕任、龙应中、汪鸾翔、程式谷等9人参会并提名，而众多的康门弟子回到原籍，不遗余力地推行维新，苍梧陈太龙、容县陈祖虞、桂平程式谷、马平王浚中等都大力宣传维新变法，举办新学，开工矿农林场，使得风气闭塞的广西成为维新运动的重要基地，与全国一道汇成一股强大的社会潮流。

  1898年9月11日，以慈禧为首的顽固派突然发动政变，幽禁下诏变法的光绪帝，杀害谭嗣同六名维新志士，康有为、梁启超逃亡日本，与康有为同住一室的桂平举人程式谷也被捕入狱。消息传来，广西省吏立即自动封闭学堂、报馆，解散学会团体，焚烧维新报刊书籍，轰轰烈烈的维新运动顿时鸦雀无声，那些参加签名入会者惶惶不可终日，恐遭劫难。但是暴力镇压只能起到暂时的恐吓作用，不能消灭人的思想，反而暴露了顽固派的狰狞面目，把失望的知识分子推向保皇和革命一边。如学子马君武就在熊熊烈火中，抢出不少维新书籍收藏起来。有些人下南洋，找康、梁，参加保皇派活动；有些人东渡日本，寻找救亡图存之方。

二、广西留学运动和革命化

  1900年爆发义和团运动，慈禧顽固派指使他们进攻外国使馆，引来八国联军攻占北京，强迫清朝签订《辛丑条约》，比之中日《马关条约》更为苛刻耻辱。摆在中国人民面前，怎样才能挽救迫在眉睫的亡国惨祸？广大知识分子和维新派认为，学习西方才能使国家起死回生，这种舆论成为全国人民的共识，形成一股强大的留学救国的社会潮流。祸首慈禧挟持光绪帝逃到西安后，为了逃避国人的惩罚，于1901年发布"新政"诏令，谕令各省督抚筹集官费选派学生出洋留学，按照不同学科等级，授予贡生、举人、翰林等头衔，同时废除科举考试制度，堵死了士大夫通过科举进士的道路，这种奖留学、诱于官禄的政策推动了留学高潮的兴起。外部环境也给留学运动造成条件。日本政府为了"感化中国的新人才，使清国政治、军事日本化"，1898年致函清政府，愿出资接受中国二百名留学生,并设立各种接待中国留学生的补习学校,拨给经费建校舍。中国留学生便潮水般涌向日本,引起了美国的妒忌,为争夺对华影响培植亲美势力,美国用减少庚子赔款用作中国留美学生的经费,每年接受中国留美生一百名,五年后增到150名。清朝学部将这些名额按各省分担赔款数目分配。但是留学运动仍以日本为理想国,因为中国维新变法是以日本为榜样;中日近邻,旅费少,费用廉,低于留欧美1/3;日文源于中国,学日文比西文容易。由于这些原因,大多数中国留学生到日本,少数往欧美各国。20世纪初年,中国出现"父遣其子,兄勉其弟,航海负笈,络绎不绝"的留学热潮,有1万多人出国留学,自费生多于官费生。

同全国热气腾腾的留学运动相比,广西逊色得多。原因是十九、二十世纪之交,广西爆发会党大起义,四位巡抚因镇压不力而被革职,清朝颁布办武备学堂、派留学、练兵、开矿等各种政令多不实施,直到1905年把起义镇压下去,才起步追赶。再有广西经济、文化落后,康有为来桂后1899年才成立桂林体用学堂和梧州中西学堂,有100多名新式学生,不能为出国留学提供足够生源,留学者多是科举出身的知识分子。由于这些因素的制约,广西的留学运动出现了几个特点。

第一,起步晚,高潮短。在清朝将留学办法颁布后,1901年8月桂林马君武自费到日本西京帝国大学学习工科,10月桂林周家彦获四川官费赴东京帝国大学学习法科,成为广西留学运动的带头人,1903年有6人留学,三年只有8个人,这时全国留学生已有一千多人,起步晚了三年。到1904年留学有46人,1905年111人,1906年57人,这三年是高潮期。但到1907年下降到15人,1908年4人,1909年4人,1910年8人。为什么起步晚、高潮短?这是因为战乱、文化落后、经济破坏所致。为什么1907年后人数急剧减少?因为1906年清政府察觉到留日学生受革命影响和出国生文化水平低,故采取严格政治审查和考试措施,不再准许学习政法和师范速成的人出国。而广西兴学晚,有文凭的人少,学生文化水平低,往往以此类为热门,一旦废除,便断了许多人的路。

第二,人数少,地区悬殊。清末广西留学人数有姓名可考者377人,当然还有遗漏,大概是400多人,不但与先进地区相差甚远,还少于云南、贵州,当时广西在册五百多万人口,简直是沧海一粟。留学生以容县、桂平、贵县、藤县、临桂(包括桂林)最多,都在30人以上,少的如平乐、贺县、柳城、象州、上思等县仅1人,差别很大;有留学生的州县34个,仅占广西1/3,大部分州县空白。从广西留学生籍贯看,显示出有三个留学圈:一是以桂林为主的桂北地区,原来文化比较发达,地居省会,近水楼台,以各种官费生居多。二是桂东南地区，经济比较发达，富室多，受粤港影响，留学成风，大多数是自费生。三是以龙州为中心边疆地区，虽然经济、文化落后，但1903-1908年两任广西边防督办郑孝胥、庄蕴宽思想开明，设学社，开风气，动用边防经费选送了沿边州县四五十名优秀士子出国留学。

第三，学习科目以政法、师范、警务居多，次为农桑、理化、陆军、工矿、体育、铁路、商、医等。因为前三科要求程度低，是预科、中专性质，时间短，国内正办新政，容易找到工作，这就吸引着众多学生。而攻读自然科学困难多，人数自然偏少。广西留学生虽少，它是全国留学运动的组成部分，是破天荒的大事。

这400多人发挥了巨大的能量，成为广西各项新政的骨干力量、广西辛亥革命运动的火种。因为广西留学生多数是为寻求救国救亡真理而负笈出洋的，如刘崛离开容县家乡时曾赋诗："埋骨何须归故土，人间无处不青山"。就是少数为利禄仕途留学的人，或埋头读书的中间派，在亡国惨祸即将降临之际，思想也会发生变化的。当时出国留学的情景十分动人，临桂邓家彦身无分文，提着一箱旧书，冒险上船，到日本后靠卖文苦读，成为同盟会的高级领导者。容县少女陆书蕉热爱新学，又善骑马鸣枪，冲破重重束缚，东渡日本留学，参加革命，人称侠女。

日本的环境给留学生思想变化提供了条件。首先，他们受到了爱国思想的强烈感染。邓家彦初到日本经过马关时，同车中国学生高喊："那是李鸿章卖国乞和处，国耻地也"。不少留学生流下眼泪，他写下"可怜万古伤心地，第一难忘是此关"（邓家彦《少年困学忆述》）。身处异国的留学生，看见日本由弱变强，国势蒸蒸日上，反观祖国每况愈下，国已不国，都决心为振兴中华而献身。其次，他们接触到一个学术自由、思想活跃的环境。这时日本大隈重信内阁标榜民主，留学生组织了各种团体，出版各种刊物，大量翻译西方的政治学说，长期生活在封建专制下的留学生感到十分新鲜，于是跑书店，听演讲，参加讨论会，接触到各种思想主张，学习到各种新知识，促进了思想的飞跃。再次，广西学生大量东渡之日，正是革命派和保皇派关于中国命运大论战之时，要不要进行反清革命？要不要建立民主共和国？要不要取消封建帝制？保皇派节节败退，革命派大获全胜。本来广西知识分子受改良主义影响甚深，出国前只知康、梁，不知革命，到日本后革命思想正占上风，他们听了双方的论点，看了革命的书报，大多数人重新思考对比，放弃了改良立场，赞成革命，广西留日学生是革命化最高的省份，马君武、邓家彦、黄宏宪、刘崛等都是由康有为的信徒转变成为孙中山坚定的追随者，就是典型的例子。

三、中国同盟会和广西分会的成立

1905年是不平凡的一年。这一年广西学生赴日达到了顶峰，国内革命团体也汇集到了海外革命中心——东京。孙中山重到日本，中国革命出现了生机。7月30日，兴中会、华兴会、光复会分头串联17省留日学生和华侨70多人，在日本东京举行成立革命政党的筹备会，广西留学生应邀参加的有马君武、邓家彦和桂平的卢汝翼、朱金钟、兰德中、谭鸾翰、曾龙章七人，占与会人数十分之一。会议确定党的名称叫中国同盟会，通过"驱除鞑虏，恢复中华，创立民国，平均地权"的政治纲领，选举孙中山为总理，指定马君武、陈天华、宋教仁、汪精卫起草中国同盟会章程。与会者当即宣誓入盟，由孙中山授给联络暗号，这些人便成为中国第一个资产阶级革命政党的创始人。马君武七人是广西首批中国同盟会员。

8月20日，中国同盟会在东京召开成立大会，到会约100人，广西留学生除参加筹备会的七人外，靖西的曾彦、藤县的欧冕也参加了会议。大会通过同盟会章程，决定总部设在东京，按三权分立原则设执行部、司法部、评议部，邓家彦被选为司法部判事长（部长），马君武被选为执行部书记科长（秘书长），广西留学生在同盟会中担任着重要职务。曾彦、欧冕就在这次入会，成为广西第二批中国同盟会员。

同盟会成立后，指示各省加盟的留学生会员在东京设立省分会。同盟会广西分会最初推马君武为会长，马以入学功课忙辞去，孙中山即指派刘崛为广西分会会长兼主盟人。估计同盟会广西分会是1906年下半年成立的，因为刘崛在当年5月31日才入盟。广西分会第一个任务是发展组织，从1905年7月到1906年底，广西留日学生相继加入同盟会，据当事人回忆有六七十人，据册簿记载有姓名、时间者44人，按籍贯分：容县18人、桂平9人、藤县5人、靖西3人、桂林2人、昭平2人、象州1人、雒容1人、柳城1人、修仁1人、平南1人，根据同盟会成立初期（乙巳、丙午年）会员名册。广西留日学生少于各省，而参加同盟会人数占第八位，多于江浙、直隶（河北）、云南、贵州、陕西、河南、江西、福建。据刘崛回忆，他任会长期间（1906-1908年）"吸收盟员80多人，其后（卢汝翼、曾彦继任会长）发展到120人。"如果此数正确，那么400名广西留日学生中就有100多名同盟会员，革命化程度是很高的。广西分会第二项任务是开展革命宣传，起初仅把《革命军》、《猛回头》、《警世钟》、《驳康有为论革命书》、《民报》等用各种方法寄回国内，由于《民报》目标大、查禁严，同盟会总部号召各省留学生会员筹办地方刊物，便于对国内宣传，于是1906—1908年掀起省办杂志的浪潮。广西留日学生不居人后，凑钱办了《粤西杂志》。刘崛说出了7期，但我们现在看到只有1-4期，时间从1907年11月创刊到1908年5月，是双月刊，铅印本，刘崛任主笔，作者全用笔名。文章内容多是抨击广西政治腐败和官吏丑闻，揭露英法侵略广西的野心，支持收回筑铁路、航运利权运动，报道地方新闻，鼓吹革命排满，思想性、针对性都很强，由华侨和留学生秘密带回国内传播，引起清吏警觉，两广督抚下令严禁革命书刊入境，在广州、梧州设卡搜查。

同盟会成立，《民报》出版，清政府大为恐慌，要求日本政府镇压革命运动。1905年12月日本文部省颁布《取缔清韩留学生规则》，禁止留学生开会、结社和言论自由，激起全体中国留学生八千人总罢课。《朝日新闻》评论说："此即中国人特有之放纵卑劣民族性所致"。陈天华受到莫大刺激，连夜写了《绝命书》，自沉于东京大森湾。《绝命书》呼吁同胞勿忘"放纵卑劣"四字，"坚忍奉公，力学爱国"。留学生情绪更为激烈，遂提议全体退学回国，把总部迁往上海，发动反清革命；一派主张和平解决，坚忍留下完成学业，不放弃《民报》阵地。后一种意见占了上风，但八千留学生中已有两千多人回国了。广西留学生全部参加罢课，也有一部分人回国。马君武是回国派的急进分子，主张立即回国加快革命，并主动担任回国留学生纠察队长，带领同学回上海，创办中国公学，任总教习（教务长）兼理化教授。据零星报载，有十多名广西留日学生，经香港回桂。如藤县留日同盟会员苏炜，为抗议取缔案愤然回国，在家乡创办崇德女学，为地方之倡。容县留日同盟会员封祝椿，回乡被推为容县劝学公所所长，兴办新学为全省之冠。据说桂林首次出版革命报纸《漓江潮》、《独秀峰》，是回国同盟会员藤县蒙经、昭平万武等人创办的。

同盟会广西分会成立，标志着广西的革命斗争由旧式农民战争转变为资产阶级民主革命，它把资产阶级民主革命思想传播到广西灼热的土地上，使之开花结果。它造就了大批革命骨干，派回广西各地建立同盟会组织和开展革命斗争。广西的辛亥革命运动和全国步调一致，在同盟会领导下正式开始了。此前的会党起义和维新运动，是辛亥革命的酝酿和前奏。

第三章 孙中山发动中越边境武装起义

一、设立河内总机关

广西辛亥革命开展的另一条途径,是同盟会领袖们亲自发动的中越边境反清武装起义。同盟会成立次年,入盟者已逾万人,分会遍及全国各省和亚、欧、美三大洲。同时国内的群众斗争和会党起义风起云涌,客观形势促使同盟会把武装起义提到议事日程上来,同盟会的领袖们为此作了规划和准备:①确定武装起义的战略方针——"两广首义,各省响应"。②制订《革命方略》,包括"军政府宣言"、"军队之编制"、"安民布告"、"对外宣言"、"招降满洲将士布告"等11个文件,发给各地革命党人作为武装起义的准则和文告。③派员调查两广、川、滇和长江各省,收集情报,联络驻军。④派遣同盟会员回国返籍联络会党,运动清军,发动武装起义。

1906年12月,回国的同盟会员发动湘赣哥老会举行萍乡、浏阳、醴陵起义。事前同盟会总部并不知道,待消息传到东京,同盟会员纷纷到总部请缨回国杀敌,有痛哭流涕者。自经此役,同盟会员回国发动武装起义者已相望于道。这种情况说明,同盟会总部设在东京,已落在形势后面,不能就近领导国内革命,必须把指挥机关移近国内。

1907年3月,日本政府应清政府的请求,"礼送"孙中山出境。孙中山遂调集黄兴、胡汉民、汪精卫、黎锡勇、胡毅生等一批重要干部先后到达越南,在河内甘必达大街61号设立总机关,策动粤桂滇三省武装起义。

孙中山为什么把起义总机关设在河内呢?①河内接近中国广东、广西、云南三省,东出东兴可沿海岸到广东,"北越"镇南关可入广西,西经河口可达云南,是贯彻"两广首义"战略方针的理想出击地。②法国政府曾表示过赞助中国革命,孙中山把总部设在河内,以为会得到法国的庇护,以为可以利用越南北方运送武器、人员到起义地点。③两广会党英勇善战，特别是广西会党起义使孙中山赞叹不已，总部设在河内，可以就近联络广西会党发动武装起义。④同盟会在越南华侨中工作基础好，越南华侨热心支持革命。

当时，河内总机关计划在潮州、惠州、钦廉、镇南关四地同时举义。为了领导方便，潮州、惠州的军事委托同盟会香港分会冯自由负责，钦廉、镇南关起义则由孙中山、黄兴亲自领导，目标是夺取南宁建立军政府，然后"北取桂林，以出湖南；东取梧州，以出广东。……有两广为根本，治军北上，长江南北和黄河南北诸同志必齐起响应。"（1907年10月8日孙中山致邓泽如等函）

为了筹集武装起义的经费和武器，河内总机关在越南华侨中进行大量宣传、组织、募捐和购运武器工作。先把华侨中28个天地会堂口统一起来，集体参加同盟会；发展工商学界知名人士为会员，充任各分会领导；改兴中会河内分会为同盟会河内分会，又在海防、西贡、堤岸、顺化和靠近中国的谅山、芒街、老街建立分会，形成严密的组织系统。其中"海防一埠华侨工商不到三千人，一晚捐资得万余元；河内一埠华侨不满千人，所捐亦得八千余元。彼等一闻义师之起，则争先恐后，从军者有人，出钱者有人。"（1907年10月15日孙中山复张永福等函）。河内、海防成了支撑起义的两大基地。越南华侨中涌现一批热心革命、共赴时艰的积极分子。河内黄隆生多次接受任务，运粮济款上前线，不避艰危，后被驱逐出境，毁家纾难。西贡银行买办曾锡周、马培生，有求必应，毫不吝啬，多次捐献巨款，为南洋华侨之冠。海防分会会长刘岐山，购运革命军枪械，招呼过往同志，尽心尽力，人称"小孟尝"。堤岸卖豆芽小贩黄景南每天把所得积存起来，倾其一生积蓄献给革命，时人义之。黑旗军遗将梁正理据越南左州自主，黄明堂到其辖地设机关招得同志数百，梁借枪械武装革命军。越南华侨为中越边境武装起义提供了财政、兵员、军需购运、通讯联络等多方面的援助。

为了建立武装起义队伍，河内总机关大力招募广西会党流亡人员和游勇。1905年广西会党大起义失败后，一部分残存的游勇武装转移到边界两侧，一些幸存的会党首领逃往越南。这些人流浪海外，生活无着，同清朝官绅结下血海深仇，复仇思想强烈，极易接受革命宣传。而他们都是清朝的在逃犯，虎口余生，身经百战，熟悉内地情况，勇敢彪悍，正是同盟会需要的战斗人员。而联络会党是当时革命党人的方针。胡汉民说："河内地界于两广、云南，故会党游勇之头目多流寓于此，王和顺外，黄明堂、梁兰泉、关仁甫、梁少廷等，皆出入边界有名声能咆哮者也。河内同志以先生（指孙中山）字逸仙为日新楼，为饮食营业，乃不啻招纳亡命之所。……先生乃使予与汪精卫为诸人演讲革命宗旨，指导其各种任务。对于会党，则晓以革命军纪，纠正其恶习，复审查其性质与所有实力，而分别使用之。"（《胡汉民自传》十一节）。引文记载了同盟会招募训练会党的情况，文中提到的几个人身份如下：王和顺，南宁二塘人，广西著名会党首领，起义失败后避居西贡，孙中山招他来河内以上宾待之。黄明堂，钦州大寺人，边界游勇头目，孙中山派人到那模村招抚他。关仁甫，上思人，滇南会党首领，越狱逃到河内。梁兰泉，龙州人，游勇头目，受抚任清军管带，惧清朝杀降逃往越南。梁少廷，钦州那蒙人，清军哨官，获罪入狱，流浪越境。这些人都是1907年初孙中山到河内招抚的，并加入了同盟会，得到任用。河内总机关通过他们去召集会党游勇，组成起义队伍，担任侦察敌情、联络乡团、策反清军、突击作战等任务。

中越边境全长一千三百多公里，多是崇山峻岭。只有河内有铁路达云南河口和广西镇南关，海防有轮船通芒街，经东兴入钦廉，这三地是交通便捷的边防要塞，成了革命党人的进攻目标，因而发生了防城起义、镇南关起义、钦防上思之役、河口起义，统称中越边境武装起义。

二、防城起义

正当河内总机关厉兵秣马准备武装起义的时候，廉州府城发生群众抢粮风潮。钦州"三那"爆发激烈的抗糖捐斗争，后者成了起义的直接导火线。

1907年春，廉钦道王秉恩以办政法学堂为由，布告征收糖捐，激起州人的反对。尤以盛产蔗糖的那彭、那丽、那思三乡反对最烈。"三那"人民公举刘思裕为首领，成立"万人会"，歃血为盟，抗捐到底。其时，同盟会员邝敬川、梁少廷、梁建葵从越南潜入"三那"鼓动，群众反抗愈烈，武装对抗清军数月，调解无效。6月，粤督周馥奏准痛剿"三那"，调郭人漳率兵三营、赵声率新军一营附炮队，乘轮船从北海登陆，袭击"三那"。群众遭到残酷烧杀，刘思裕阵亡。一部分抗捐武装走上十万大山隐伏，派邝敬川、梁少廷为代表到河内向孙中山求援。孙中山认为是绝好时机，一有民兵武装主动请战，二有受革命影响的郭、赵两部驻扎在钦廉。武装起义的计划形成了：委托日本友人宫崎寅藏从日本购运枪械，"占据防城至东兴沿海之地，为组织军队之用。武器一到，可成正式军队二千余人，然后集会钦州各乡团勇六七千人，而后邀约郭人漳、赵伯先二人所带之新军六千余人，便可成一声势甚大之军队，稍加训练，当成劲旅"（孙文《革命源起》）。起义以后，"全军北趋，以取南宁"（1907年9月13日孙中山致宫崎寅藏函）为革命根据地。

孙中山委王和顺为中华国民军南军都督，入"三那"收集抗捐武装，负责指挥起义。命黄兴入郭人漳营，胡毅生入廉州赵声营，运动郭、赵响应，均得到首肯。派梁兰泉占领防城海面的白龙尾，以接运武器。又派人到各乡联络团练配合。布置已定，王和顺化名张德馨，由海防渡北海，入赵声军中商量起兵韬略，赵声开军事委员的证明送王入"三那"，"三那"父老像亲人一样迎接王和顺。先期入"三那"的梁少廷、梁建葵率部来会，刘思裕之侄刘渊明也率部来归，共得几百人枪，在群众掩护下潜伏等待战机三个月。

"三那"抗捐时，广西派三营清军"越境助剿"，事平留一营驻在与越南交界的防城县。该营官兵多招自绿林，左右哨长刘廷辉、李耀堂和县署亲兵接受革命运动，愿做内应。孙中山批准王和顺攻取防城的起义计划。1907年9月1日，二百多革命军在钦、防、上思交界的王岗山树旗起义。防城知县宋渐元向廉钦道王瑚告急请兵，王复电令镇静，有"贼到兵亦到"之语。4日，革命军奔袭防城。防城是新建的县，无城池，县署有两座炮楼，由亲兵把守。桂军两哨驻在县署两旁。革命军在刘廷辉、李耀堂和团总唐珠甫（秘密同盟会员）的接应下进攻县署，亲兵不抵抗，遂破之。杀知县宋渐元、管带王裕懿以下16人，开监狱释放犯人。王和顺以中华国民军南军都督名义，发布《告粤省同胞书》《告海外同胞书》《招降满洲将士布告》，阐明同盟会"驱除鞑虏，恢复中华，建立民国，平均地权"的纲领，宣布革命军的宗旨和政策。洋洋万言，人民耳目一新。有一老妇人问：这是什么军队？破城不掳财，不拉妇女。众曰这是革命军。民国《防城县志稿》载："是役王和顺为党军都督，梁瑞阳为副，梁少廷佐之。王和顺变名张德馨，布告安民，秋毫无犯，商民感张都督纪律严肃，醵资宰猪，备海产酒食礼物，献张都督犒军。"市民满街燃爆竹欢迎，各乡群众纷纷携械进城投军。

另一路起义部队是关仁甫、詹岐山在上思组织了400多人，开去接收边镇东兴。东兴驻有清军两营，受同盟会芒街分会的运动，树青天白日旗表示举义。但关仁甫不能依约交给奖银，起义官兵疑悔，放枪降旗，伪报赶走革命党收复东兴。关仁甫接应不成，拉队伍到防城和唐珠甫合队。

革命军占领防城后，从日本购置的武器没有运到，王和顺不气馁，留下邝敬川、唐珠甫守防城，5日自率大队千人（枪一半）冒雨向钦州进军，扎营于离城二十里的涌口，等待郭人漳响应。郭临阵变卦，唆使革命军去打南宁。黄兴借名出巡见王和顺转达郭意。王和顺认为南宁没有内应，攻坚徒取失败，坚持要打钦州。黄兴只好答应内应，回到城中，紧急布置郭军中的革命同志王德润、陶表封、曾传范等半夜打开城门迎接革命军。廉钦道王瑚发现郭军不稳，亲自加兵把守城垣，调郭军出城外。王和顺领兵来到，看见城上灯火辉煌，知有变故。

不久黄兴派人密报城中有备，请王另打下一二重地，期赵声响应，以带动郭部继起。王和顺探得灵山城空虚，欲取之，就主动撤离钦州。哪知郭人漳乘机派兵攻陷防城，抢报头功；并杀害同盟会员霍时安以灭口，掩盖他和革命党人的关系。黄兴机智地逃离郭营，返回河内。

9月8日，革命军向灵山挺进，"沿途民团加入作战者三四千人，有张拾义之妻亦率数十人来会合。军行所至，鸡犬无惊，所经乡村，争备粥饭，以故军粮无匮"（邓慕韩《书丁未防城革命军事》）。9日，革命军抵灵山，敌先占了城外六峰山炮台和环秀桥，革命军只有三架云梯攻城，折了两架，勇士刘梅卿率二三十名突击队先冲进城内，后续部队进不来，他们据屋巷战了两昼夜。城外部队猛烈攻城三天不下。赵声奉清吏命率军救灵山，他怕同革命军遭遇，战则自相残杀，遂改走山路，用心十分良苦。由于敌援大集，革命军退过灵山河南，向官屯、渌水撤退，经廉属北通、花会厂、五王山，绕回钦州罗蒙、小董。王和顺把队伍分散，各乡团散归原地，梁瑞阳、刘廷辉、李耀堂各率数百人上十万大山驻扎待命。王和顺回河内向孙中山请示报告，再不回来，防城起义告一段落。

王和顺离去后，革命军和群众武装在十万大山的那勤、大菉，在钦东"三那"，钦西那桑、那棉，在灵山那楼，同清军浴血苦战了半年，一直坚持到次年黄兴率军再入钦防，但已经损失得几乎殆尽，这是防城起义的余波。

防城起义是由群众的抗捐斗争发展起来的，起义队伍也基本上由抗捐武装组成，在起义中一定程度地发动群众参战，应该说在同盟会十次武装起义中，防城起义是最有群众基础的一次，本来可以建立根据地，来长期进行革命战争的。可惜王和顺过早遣散队伍，轻易退出革命基础好的钦廉地区，致使群众武装失去领导，各自为战，被清军各个击破。

三、镇南关起义

防城起义的硝烟未散，镇南关起义的战鼓又响了。镇南关在广西南部，扼中越交通的咽喉，地势险要，四周山头都筑有炮台，沿线路隘都设有关卡。关城右侧的右辅山耸立在群山之上，长达三华里，山上有炮台三座，曰镇北、镇中、镇南炮台，瞰制着关道进出。陆荣廷的10营荣字军驻守在镇南关到凭祥一线，是广西清军的精锐部队。

河内总机关设立后，即以镇南关作为主要攻击目标。1907年7月间，孙中山派游勇头目关仁甫、梁兰泉入关运动清军，联络民团，被驻龙州的龙济光军破获，起义流产。9月防城起义失败后，王和顺返回河内，孙中山委王为镇南关都督，负责策动镇南关起义。王和顺是广西会党首领，游勇不听他指挥，他辞去都督之职。孙中山改委游勇首领黄明堂为镇南关都督，从越南左州率队伍到镇南关附近的大沟村集结，同活动在那模村的李幼卿、何伍的游勇会合，还有越南革命党盘公仪率领八十多人和菲律宾独立军三十多人参战，总数约四百人。王和顺则在平而关、水口一带配合行动。

右辅山驻有清军陈炳焜部两哨，哨长李福南受革命党人的运动愿为回应，多数士兵暗中参加了革命。革命军派了三人到炮台工作，准备12月1日晚上里应外合。孙中山批准了黄明堂的起义计划。

1907年12月2日零时，全军集合在越南卜溪村，以那模村游勇八十多人打先锋，越过国境，从西面爬登镇南关右辅山，起义官兵半路迎接，分三路扑向镇北、镇中、镇南炮台，顺利占领之，缴获16生的大炮4门、7生的大炮10门、步枪400多支和大量弹药。为了迷惑敌人，革命军演了一场激烈的枪战，把纸炮放进煤油桶内燃烧喊杀连天，惊醒了沉睡的边关敌人，茫然不知所措。曙光初照，右辅山上飘扬着青天白日旗，三炮台互打旗语祝贺。百里边关一片欢腾。

孙中山接到攻占镇南关的密电，于4日晨率黄兴、胡汉民、胡毅生、日本人池亨吉、法国退伍炮兵上尉狄氏等多人，从河内乘火车到同登，连夜点火把攀登右辅山。黄明堂列队欢迎革命领袖的到来。孙中山在鼓乐声中检阅了起义队伍，发表振奋人心的讲话，犒赏将士，群情雀跃，在这炮火纷飞的山上出现了热烈动人的场面。

5日清晨，孙中山巡视阵地，命令各炮向敌营地轰击，孙中山参加开炮，打得清军无招架之力，伤亡六十多人。陆荣廷派樵妇带信上山刺探虚实。信中表示，他屈居清朝为不得已和仰慕革命之意，曰："今朝受到激烈的炮声，是认为孙统领亲自监军，机会已到，我等愿投君之麾下。……明日自凭祥有五百援军开来，明后日又有龙州二千大兵开来，祈君等自重。"（录自日人池亨吉《"支那"革命实况记》）。陆荣廷的意图是，如果清朝杀陈炳焜，他即率部投奔革命军；如果革命军撤退，他即虚报收复炮台。这是孙中山首次亲上战场。他激动地写道："余自乙未广州失败以来，历十有四年，至是始得履故国之土地，与将士宣力行阵间"（孙文《革命源起》）。表现了一位伟大革命家的爱国情怀和战斗豪情。革命军虽然占领了镇南关的制高点，但山上缺少枪弹和粮食，镇南关守将黄福廷爽约，杀死了军使，据关城对抗。陆荣廷、陈炳焜陈兵隘口，堵塞了革命军前进的道路。孙中山、黄兴等决定回河内筹饷运械，调集援军，嘱黄明堂坚守五天待援。怎知孙中山在返河内途中被法探发现，勒令限期离开越南，遂破坏了增援镇南关的计划。

6日，清朝下令把广西巡抚张鸣岐交部议处，悬重赏，责令前线将领限期收复右辅山炮台。龙济光、陆荣廷两部清军四千多人，三面逼攻右辅山，革命军顽强坚守，打退清军多次冲锋，毙伤清军四百多人，革命军牺牲二十多人、负伤六十多人，阵地屹然不动。但革命军经七昼夜血战、弹药打光、粮水俱缺、完成坚守任务后，于9日晚全军三百多人安全撤退下山，集结在越南燕子山休整。撤退时，忘记把镇南炮台上的青天白日旗取下。12岁小战士冯细说，军旗是一军之生命，不能丢失，乃独自上山取回旗子，全军喝彩。而龙济光、陆荣廷乘革命军主动撤退，伪造战场，谎报血战夺回镇南关炮台，骗取清朝奖赏和提升。

镇南关起义是以奇兵突袭和内部接应而取胜，但不能突破敌人的围堵，没能得到内地军民的响应，陷入孤军作战的局面，在清军优势兵力的久攻下失败了。但它的政治影响是巨大的，号称南疆天险要塞的镇南关被一举攻破，数百革命军和十倍于己的敌人血战七昼夜，经过香港和法国报纸报道，震惊了世界，鼓舞了全国人民，提高了革命党人的声威和士气，震慑了清朝政府。

四、黄兴重入钦防之役

1908年3月，法国迫于清政府的外交压力，将孙中山驱逐出越南。孙移驻新加坡，把中越边境武装起义交由黄兴、胡汉民负责。临行前孙中山制订了谋取滇粤之策：一路由黄兴筹备再入钦廉，取南宁为革命基地；一路由黄明堂等攻略河口，图取云南。革命军为什么要重入钦廉呢？第一。钦廉会党英勇善战，群众基础较好。第二，防城起义的余部多隐伏在十万大山中，许多革命村庄正在武装反抗清乡。第三，钦防是清军郭人漳部的驻地，黄兴在郭军中发展了一批同盟会员，可望得到帮助。

黄兴在越南芒街设立机关，派人过东兴联络郭人漳反戈，郭答应以弹药暗助。黄兴通过香港、海防同盟会组织，购运了数十支新式自动驳壳枪和一批炸弹（手雷），迅速装备了部队。3月27日，黄兴率黎勇锡、梁少廷、梁建葵、詹岐山等钦防起义余众和越南华侨二百多人，高举青天白日旗，列队吹号由东兴附近大路村跨过北仑河进入国境防城，到处张贴中华国民军南军总司令黄兴的布告，群众燃鞭炮欢迎。

29日革命军行抵小峰，乔装清军，驻军出迎全部被俘。敌军一营追来被击溃，剩下五十多名逃卒，首战告捷。30日在途中与清军一营相遇，敌败入踞民村，黄兴喝令投炸弹将敌攻破。31日革命军在大桥，两营敌军追来，革命军以排枪击倒营官,两营皆溃。自此,清军遇革命军即逃避。这些清军都是郭人漳的部队,郭恼羞成怒,不但不遵约资送弹药,反而调兵相攻。

4月3日,革命军在钦州马笃山居高临下,击败清军督带龙某,大败三营郭军,缴获甚丰,为入境以来之大捷。正想乘胜入广西,郭人漳、王有宏率三千人马追来,黄兴派敢死队夜袭郭营投炸弹,敌军大溃,缴获郭的军旗和坐骑。黄兴致信郭人漳说:"君与吾党主义本表同情,徒以误会而相战,亦属不得已之举。军旗关于君之责任綦重,故特奉还,聊补缺憾,而申友谊。马则暂请兄赐耳。"(刘揆一《黄兴传记》)。接着,革命军在大寺的龙王岭和那蒙的绿留村两役大挫清军,钦州人梁少廷、梁建葵出力尤多。

革命军七战七捷,缴获快枪四百多枝,队伍发展到六百多人,纵横于十万大山南北间,如入无人之境。孙中山赞道:"克强以二百余人出安南,横行于钦廉上思一带,转战数月,所向无敌,敌人闻而生畏,克强之英名因而大著"(孙文《革命源起》)。

为了配合黄兴在钦防的军事行动,负责河内总机关工作的胡汉民,以中华国民军南军大营的名义,分别致书于荣军统领陆荣廷、帮统陈炳焜,晓以民族大义,敦促他们诛龙济光,据龙州起义,以实践其赞助革命之诺言。因去冬陆荣廷派陈炳焜、林绍斐秘密赴河内会见胡汉民,表示向革命输诚的意愿。林绍斐"畅谈时事及光复宗旨,极表同情。终则以陆亚发柳州之役,不能乘时共起为革命军憾。……日本留学生以服官满洲者为奴隶,而知自许国民;国民、奴隶待判决于将来"。陈炳焜说:"统领陆公素有大志,同镇斌相交莫逆,中国有事,边防之军必不为天下后。"(引自胡汉民致林竹君、陈舜卿书,载台湾《开国文献》第一编第十三册320-321页、327-328页)胡汉民的信发出后没有回音,也不见陆、陈有任何行动,但在钦防上思之役中荣军保持壁上观的态度,相遇也不开枪。

黄兴革命军转战钦防四十多天,没有根据地休整补充,弹药逐渐耗尽,将士疲惫,战斗力大减。5月2日,革命军进抵小董以北一带,前有龙济光重兵截堵,后有郭人漳跟尾紧追,被敌重兵包围冲散。黎勇锡、梁少廷、詹岐山各带少数部队,沿着十万大山小路潜返越南,越界河时被法军捕杀不少。黄兴和部队失去联系,带着三十多人北行绕过南宁,准备去湖南,后分散在七塘折下广州湾(今湛江市),乘轮船抵越南海防,5月9日脱险回到河内。这位忠勇的革命家还未洗去征途的灰尘,接到孙中山的急电,又于11日赶赴河口督师。

钦防上思之役是同盟会十次武装起义中打得最漂亮的一役,革命军人少械精,锐不可当,数万清军闻风而逃,表现了革命党人以一胜百的英雄主义。但他们没有根据地依托，流动作战，部队得不到休整，以致久战力尽，全军解体，教训十分深刻。

五、河口起义

河口在云南省南部，居红河上游，隔河是越南老街，二十世纪初已有滇越铁路通达，是中越边境西侧的国防重镇。清朝设有对汛督办，驻有清军两营，一扎市内，一扎后山炮台，还有警察、汛兵等。

1908年3月，根据孙中山分图滇粤之策，黄明堂、王和顺、关仁甫率领参加镇南关起义之众三百多人，趁法国招工修筑滇越铁路之机，潜赴老街，运动了清军管带黄元祯、守备熊通为内应，防营和警察约二百人也倾向革命。为了配合黄兴在钦防的军事行动，胡汉民力催黄明堂举事。但当时只有起义经费数百元，长短枪四十多支，不敢发动。正在此时，清督办王玉藩以劫案照会老街法国当局，逮捕了革命党多人；黄元祯也有调省查办之令，事急，黄明堂等决定立即起义。

4月30日凌晨二时，革命军从老街分两队出动，手枪队二十余人冲过铁桥，在警察的接应下，迅速控制了河口市区；步枪队二十余人乘夜渡河，袭击林胜安部驻守的炮台。天亮后猛攻后山炮台，黄元祯在山顶炮台上树起白旗，王玉藩据半山炮台顽抗，并杀死前来招降的军使。熊通击毙王玉藩，革命军遂占领河口，全歼守敌，缴获十响毛瑟枪二千余支、子弹二十多万发。黄明堂以中华国民军南军都督名义发布对外宣言和安民告示。革命军举行庄严的入城仪式，王和顺在七十名仪仗队护卫下，骑马过桥，授都督印给关仁甫，鼓乐齐鸣，纪律严明，秋毫无犯，法报记者称革命军"举止文明，行动合法"，继镇南关后又一次为世界瞩目。

河口起义后，本应乘清朝恐慌之机直捣蒙自，夺取军械库，但革命军缺饷缺粮，在河口募捐得三千多元，河内总机关送来四千多元。革命军得款后计划兵分两路：一路由关仁甫率四百多人沿红河西上，经蛮耗取固旧，欲联合临安周迎祥的余部袭击蒙自；一路由王和顺率主力六百多人由滇越铁路北上，直取蒙自。5月3日关部到坝沙，清管带何德兴响应；4日至田防，清管带项显反正；5日到安定，哨官岑德明投降；遂进攻新街，督带韦高魁坚拒，其部众纷树白旗请降；韦急走蛮耗，与督带柯积臣会合，柯派百余人来伪降，关仁甫遂进军蛮耗，相持半月，降兵哗变而受挫。5月3日王和顺率六百多人为正兵，沿滇越铁路北上攻蒙自，黄元祯已写信劝驻铁路沿线的清军反正，李甫亭率全营来降；5月5

日克南溪，胡华甫、王玉珠各率一哨来降；6日进至铁路78公里处，收降黄茂兰部两哨。这时清开化总兵白金柱率兵出八寨，从东面威胁革命军。7日王和顺分兵袭古林菁，率制白军，收降百余人，又派精兵二百日夜兼程北上，到徵江附近翔溪涧大败清军杨士雄部，惜兵少无援而不能进攻蒙自。至此，降军已达三千多人，需饷更巨，粮食不继，东西两路的攻势都停止下来。

孙中山在新加坡接到胡汉民的报告，知道云南局势大有可为，但急需军饷十万，还要有大将统一指挥。孙中山在南洋华侨中尽力捐借，一时集不起巨款。适黄兴脱险回到河内，即委任黄兴为云南国民军总司令。5月7日黄兴赶到河口，筑坛誓师，降军闹饷索粮，不肯前进。9日黄兴返回河内准备组织基干队伍，被法国驱逐出境，致使河口革命军失去主帅。

正当革命军迁延时日的时候，清朝倾全力反扑过来，拨款五十万两给云南作军费，命粤、鄂、江督解饷济械，调川、桂、黔军入滇，云贵总督锡良亲驻通海居中指挥。5月中旬清军大集，分军三路。中路由王正雅率领沿滇越铁路南下；东路由白金柱率领，由开化攻击革命军的后路；西路由方宏伦率领沿红河而下。王和顺设大营于泥巴黑，同东路、中路清军相持二十多日，弹粮告尽，退守南溪。西路关仁甫也受挫，连失新街、田防。5月22日王和顺回河口与黄明堂商量，计划放弃河口，向西开赴普洱，攻取思茅为根据地，徐图昆明。黄明堂率军到坝沙遇敌受挫，全军退回河口，法军封锁不准运粮过界，革命军遂断粮，26日放弃河口，全军六百多人退入越南边界活动，支持越南人民反法，被法军解除武装，押送往新加坡安置。而支持革命的华侨领袖黄隆生、刘岐山等也被驱逐出境，经此打击，中越边境武装起义基本结束。

革命军到达新加坡时，英国总督不准登岸，经同盟会人疏通和法印支总督证明是革命党始准入境。孙中山决意保存他们，待机再回国起义，商请侨领陈楚楠、张永福、林顺义购买几座石山，开场采石出卖，做苦工度日，大多数人团结不散，也有个别离去者。

第四章 同盟会在广西的革命活动

同盟会在广西的革命活动有两种情况：第一类是广西知识分子到东京、中国香港、广州、上海读书，参加了同盟会，返回广西原籍工作，进行革命活动。第二类是外省革命者受聘到广西编练新军，互相邀引，结伙而来，服职在军界机关、学校和部队中。

一、同盟会在梧州的活动

同盟会成立前，梧州地区的革命志士已进行活动了。1904年容县陈祖虞在梧州首创私立国民学校，聘请有革命思想的黄宏宪、刘崛等任教员，讲授新学，鼓吹革命，学生180人，均剪辫穿制服。适胡汉民受聘任梧州中学堂总教习兼师范传习所所长。他们志趣相投，结为同志，开展反对知府程道源的斗争，梧州保守势力向两广学务处控告胡汉民等宣传革命，伤风败俗，胡愤然辞职归粤，国民学堂被解散。梧州学生罢课，派代表到学务处要求撤程挽胡。

由于梧州革命基础好，又是广西的门户，浔梧地区富庶，出省出国求学人数多，入盟者众，故1906年初同盟会香港分会派韦立权、刘培锁、谭剑英到梧州大南门外文明书阁和浔州大湟江埠广亨号设立通讯机关，发展会员，联络各方同志。这时，广西外出求学的学生先后学成回籍，有些加入同盟会受组织派遣，回国发动革命，很多人都在梧州驻足，参加各种活动。如1907年9月留日同盟会员甘乃纲、刘玉山、苏无涯、陈勉生、戴日初、周仲良等返抵香港，闻知刘古香在梧州活动，便入梧州，设机关于三角咀西医院。半年后赴濛江、太平、蒙山、修仁、荔浦，联络了武装民团两千多人，在桂东地区打下了武力基础，并与柳州同盟会建立联系。1907—1908年大批留日学生回国，与梧州同盟会员掀起收回西江航权的斗争，集资开办西江航运公司，成立梧州铁路公所筹筑铁路，兴办新式学堂等，发挥了骨干作用。1908年同盟会总部派广西同盟分会会长刘崛回广西发动武装起义，在梧州三角咀西医院召集党人密商，决定梧州发难，浔州、柳州、玉林并举，事为梧州知府李开侁侦知，捕杀党人吴观洲、黄存爱、莫如三，刘崛脱险逃到香港。

梧州党人很注重舆论宣传，蒙经初到梧州，便和甘德蕃、陈太龙（保皇派）合办《广西新报》，三报一致宣传革命，占领了舆论阵地。梧州多粤商，讲粤语，1911年，同盟会员梁莲溪、甘建斋、钱秀斋创立《优胜者剧社》，参加者二三十人，分别担任角色和剧务，演出节目多是宣传民族气节的传统粤剧，暗示反清革命，为市民喜闻乐见，街坊传唱。

1911年4月刘崛重回梧州，设同盟会广西分会于鼓街梁厚相家，徐志翔任主任秘书。分会只是梧州地区性组织，有会员四五十人，除留学生，还有绅商和师范学生，经常到三角咀等处秘密开会，传达接受任务。由于梧州的地理位置及掌握了舆论话语权，后来成为广西首先响应辛亥革命的城市。

二、同盟会在浔州的活动

浔州府领桂平、贵县、武宣、平南、藤县，居浔黔两江汇流处，地区富庶，风气开通，外出留学及入盟人数甚多。领军者为罗佩珩，浔州中学学生，1904年入日本东京同文学校，后加入同盟会，1908年受总部派遣回国发动革命，与卢云川等在浔州城设立机关，派黄熊祥、曾启先、袁思荣分赴桂平、武宣、平南、贵县、藤县宣传三民主义，联络进步人士和会党、绿林，于是革命火种遍布。5月，其他留日同盟会员回籍后，如桂平劝学所长朱励修、桂平中学监督李应元、武宣刘玉山、藤县苏元涯，工作也很出色，声誉甚高。在他们共同努力配合下，浔州地区成为实力雄厚的革命基地。1911年4月当同盟会准备发动各地辛亥起义时，《南风报》主笔赵正平、编辑雷沛鸿转到浔州中学堂任监督和教员，以加强该地工作。同月，刘崛入梧州建立广州同盟会分会后，便上桂平以浔州中学为落脚点，通过藤县温良才儿子的关系，进入大瑶山联络上郭伯牧、陈亚杠等数十支绿林武装，后到象州被捕，得当地同盟会员营救脱险，逃到香港，才没有参加后来的浔州五县大起义。

三、同盟会员云集桂林

桂林是当时广西省会，1905年后清朝在广西逐步推行"新政"，兴学堂，派留学，练新军，办宪政，1906年后，广西外出留学学生学成回国，不少人参加了同盟会,便先后到各新政机构工作。如临桂何少川任新军混成协、学兵营的营房建筑师,后来主办工业学堂。容县封祝椿调到桂林筹办政法学堂,聘请盟员黄玉信、姚芳南(桂平人)担任教员,训练后补官绅推行新政。李镜堂(贵县)、刘屹(容县)在优级师范任国文、体育教员,培养中小学师资。蒋敦世(修仁)、谭鸾翰(桂平)、叶国军(容县)、杨步衡(藤县)在自治讲习所工作,姚芳荣(桂平)为官书局坐办,封祝椿调广西高等学堂任教员。上述各人都是广西留日同盟会员,他们一面工作,一面宣传革命,有事即招用,没有固定组织任务。

1909年广西成立咨议局,各府州县选举议员,同盟会员黄宏宪当选为咨议局副议长,蒙经为驻局委员,卢汝翼、朱景辉为议员,蒋敦世为秘书长,封祝椿为秘书,局中共有十多名同盟会员,成立同盟会咨议局分部,由蒙经负责。在桂林的同盟会广西分会领导下,提出了迁省南宁提案,开展反对禁烟展期的议员总辞职,弹劾蔡锷徇私案等,这些斗争下面有专节涉及,这里不作介绍。总之桂林同盟会的活动以外籍志士在军界为主,本籍同盟会则参加其活动。

四、同盟会在柳州的活动

1904年为镇压陆亚发起义,清军云集柳州,事平后军中一批革命志士以经商为名在柳州进行革命活动。张铁臣(江西人)、卢涛在柳州河南和罗城开设樟脑公司,后改硝烟局,秘密制造火药,黄岱(湖南永州人)在雒容高岭塘开办垦殖公司,由魏文伯主持,派士兵轮流垦种,成为掩护革命活动的秘密基地。陈晓峰(四川人)在柳州四码头开设富贵陛客栈,招呼联络过往同志。他们都是为联络会党、组织民军,准备武装起义的。正好柳州同盟会员王冠三在安徽参加徐锡麟、秋瑾起义失败,潜回柳州;马平宋兴洲从日本啣命回籍发动革命,两人便于908年组织"一乐也"俱乐部,以联络当地驻军,于是本籍、外籍革命者汇合在一起。

同盟会在柳州地区的革命活动领军者首推刘古香,他是庚辛科举人,1905年考入广东虎门将弁学堂,加入同盟会。1906年受同盟会香港分会派遣回柳州开展革命工作,刘首先与邓承绪创设"龙城求是学会",广泛接触绅商学界人士。1907年后次第开办柳郡中学堂、柳郡师范、马(平)邑两等小学堂和养蒙学堂,并兼任马平劝学所总董,掌管教育行政。由于办学成绩斐然,桃李满八属,声誉日隆,仰慕者众。1907年吸收柯汉资、李德山、梁润生、熊少丞等多人入盟,建立起柳州同盟会组织。1909年夏,刘古香、甘乃纲再入柳州,在高岭塘垦殖公司开会,派柯汉资、许仲山调集四十八峒会党绿林千余人集中在柳州太平,清军激战四昼夜失败，樟脑公司被封，陈晓峰愤而自杀，张铁臣走广州，刘古香、甘乃纲走香港。

柳州工作由王冠三主持，与吕士宾、莫显成、王干廷等坚持斗争，保护了高岭塘垦殖公司在城郊的活动基地，又在城内筹资开设莫权利鞋店秘密活动机关，工作逐步恢复。1910年同盟会南方支部派在广东入盟的刘震寰回柳州工作，他年方二十，敢作敢为，卖掉田产做经费，联络了柳州各属的绿林武装曾绍廷、兰八、陶二、廖六、宋五、韩彩凤等数百人枪，很受民军尊敬。王冠三、莫显成也联络了沈鸿英、李天民两部百多人枪，因此柳州成为广西同盟会掌握武装最多的地区。

五、同盟会在南宁的活动

南宁是广西会党大起义的中心地区，起义失败还保存着牛捐局、四利米店等秘密据点，1905年河内兴中会分会黄隆生曾来联络过。1907年王和顺受命发动钦防起义，曾派窑头村莫继甫（塾师）、大塘黄亚贵来后府街中法文书院建立通讯机关，联络驻军和会党响应，因革命军没打到南宁，所以没有重大行动。

1905年，南宁学生雷沛鸿、梁史、葛定章等到广州求学，入虎门将弁学堂，参加了同盟会。雷沛鸿在假期回邕，发展其堂兄雷在汉入盟，在汉是热情勤奋的革命者，活动能力强，吸收粤商挚友周仲岐、周君实、潘赋西入会，1908年成立同盟会南宁支部，雷在汉任支部长。起初以邕北铁路局办事处和南宁阅报社为秘密机关，因往来人员复杂，城厢绅商多为立宪派，遂移至仑西门"恒益经纪行"，雷在汉在该商店任司经，便于联络和掩蔽。

同盟会支部成立后，开展了几项工作：①在商界和知识分子中发展组织，先后吸收了莫继甫、杜佑臣、梁少廷、林百中、梁衡舫、黄简初（罗阳土司）等，盟员有二三十人。②联络会党。南宁多王和顺、滕正宜旧部，莫继甫负责联络市郊的会党，黄简初负责联络左右江的会党。③运动清军。南宁是广西提督龙济光驻地，清朝拟从济军中抽编新军一标（团），由蔡锷办讲武堂训练士官，同盟会员谭昌、王金波、葛定章被聘为教官，所以由谭、王、葛负责运动新军。④兴办实业。南宁同盟会多工商人士，故在郊区创办"崇实种植公司"，垦荒种树，有利地方。他们努力发动商界参加收回西江航权运动，积极劝股集资开设"西江航业公司"，购置轮船与英轮竞争；倡修邕北铁路，拒收法股。⑤加强各地联络。由施正甫和香港、广州联络，施敬廷同桂林联络，谭昌同柳州联络，谭剑英同梧州联络，黎契侯和龙州联络。⑥准备武装起义。计划以讲武堂学生和测量队为主力，调集郊区和左右江会党进城，内外结合，攻占南宁。

由此我们看到，广西同盟会组织遍布五个地区，拥有一定数量的会员，掌握一部分新军和会党武装，同各省相比，实力还是比较雄厚的。但存在缺点：全省没有统一领导机关和领袖，各个地区虽有联系，但各自为政；组织松散，会员素质不高，战斗力不强。广西的辛亥革命是在理论准备和组织准备不足的情况下到来的。

六、外省志士在新军的活动

1903年清政府颁布全国编练新军三十六镇（师），定广西一镇，限二年至五年练成。广西省吏为了引进新军人才，在日本和国内军事学校毕业生中招聘。这些人或是同盟会员，或是热情的革命者，他们志同道合，互相介绍，结伴来广西搞革命。

1905年，广西巡抚李经羲奏调江西防军统领郭人漳来广西，练新军一标（团），郭以林虎为督练官，并邀请留日同学赵声和蔡锷到桂林担任新军营长和随营学堂监督，练成新军二营。与此同时，广西边防对汛督办庄蕴宽也倡练新军，邀请其江苏同乡、留日学生钮永建、覃毓鎏来龙州办将弁学堂和教导团，钮又邀请福建的留日同盟会员陈裕时、王孝镇一起工作。这是首批进入广西的外省籍革命分子，因而1906年初黄兴从香港秘密来广西，在桂林劝说郭人漳据广西起义，郭推说与蔡锷不睦，婉拒之。黄兴即在郭军将佐中吸收郭人漳、赵声、蔡锷、林虎等九人入会，建立起革命组织（有学者考证，该组织叫兴汉会，是同盟会的外围）。黄兴又南下龙州策动钮永建、覃毓鎏，推动庄蕴宽率边防军举事，钮、覃告以庄蕴宽缺乏实力，乃罢。黄兴经越南回香港。但不久，林绍年接任广西巡抚，为防范革命，停止练新军，解散随营学堂，将已练的二营新军由郭人漳、赵声率领调往广东，革命党人在广西的工作基础遂流失，后这批新军移驻钦廉地区。

第二批进入广西的是湘省革命志士。1905年蔡锷到桂林办随营学堂，把湖南武备学堂的进步学生雷飚、岳森、谭道源、彭新民等十多人带来，在随营学堂和测绘学堂任教。1907年广西巡抚张鸣岐拟定在龙济光、陆荣廷两部巡防，各抽练一标（团）新军，合成一镇，派蔡锷到南宁、龙州办讲武学堂和学兵营，营中培养邕、龙标新军军官和士官。后调蔡回桂林编练新军。湘省同盟会员曾广轼、苏鹏、石陶钧、杨源浚、袁华选、梅霓仙等十多人先后来桂，任职于讲武学堂、巡警学堂、测量局等处。

第三批进入广西的是留日士官生和保定陆军军官学校毕业生。1908年张鸣岐奏调庄蕴宽任兵备处督办，钮永建为帮办，决定加练新军桂林混成协（旅），派王孝缜到北京，聘请留日士官生李书诚、陈之骥、赵恒惕、尹昌衡、孙孟戟、孔庚、刘洪基、钟鼎基、雷寿荣等和保定陆军军官学校毕业生何遂、耿毅、冷遹、刘建藩、吕公望、杨明远等，共七八十人来桂，服职于兵备道、陆军干部学堂、陆军小学堂和学兵营。其时广西新军人才济济，为各省之冠，桂林成为革命中心之一。但青年人缺乏处世经验，办《武学报》、《军国指南报》，锋芒毕露；又发动驱逐陆小监督蒋尊簋（革命党人）的学潮；特别是在张鸣岐招待的宴会上言行失检，倡言排满，鸣枪示威，遂不容于当局。1910年初，张鸣岐参奏庄蕴宽招纳革命党人而庄去职，外省籍志士多人被扣上"浮躁成性"的罪名予以驱逐或撤职，逼走了一大半人。张鸣岐即委蒋尊簋为兵备处总办，调蔡锷回桂林任干部学堂监督和学兵营营长，依靠蒋、蔡掌握新军。

留下来的外省籍志士人数虽少，但工作卓有成效。1910年8月，在桂林军、政、学界的同盟会员二十多人，联合成立同盟会广西支部，选耿毅为支部长、何遂为总参议、赵正平为秘书长、刘建藩为学兵营分部长、杨明远为干部学堂分部长、蒙经为谘议局分部长。组织建立后，发展会员。据当事者回忆：学兵营有一百多会员，陆军小学（李宗仁、黄绍竑、白崇禧等新桂系首领都是陆小学生和盟员）五十多人，干部学堂三十多人、谘议局十多人。桂林新军基本上掌握在同盟会手中。

为了开展革命宣传，同盟会支部在1910年冬创办《南报》，出版了三期即被禁止；1911年改为《南风报》出版八期。《南报》和《南风报》都是半月刊，有社论、纪事、译述、文艺、传记等栏，内容革命，题材新颖，文笔流畅，为人们喜闻乐看的革命刊物，发行量从二千份增至一万份，风行全国，影响极大。

同盟会支部还开展驱逐蔡锷的斗争。蔡锷本是资深的革命者，他城府甚深，不易为人察觉，被误认为是张鸣岐的大红人。为了夺取新军领导权，同盟会抓住蔡锷甄别学生一事，说他任用湖南人、排斥广西人，发动干部学堂、陆军小学堂罢课，学兵营罢操。继而扩大到社会上，各校罢课，商会罢市，谘议局出面弹劾，蔡锷被迫离开广西受聘去了云南。临行前他告诫革命党人好自为之。

桂林同盟会支部同柳州的革命党人、浔梧邕的革命势力都有合作联系，又派专人联络桂林附近的会党。同盟会南方支部指定冷遹为桂林军事负责人。

外省籍的革命志士是一批很有才干、很活跃的青年，很多人后来成为辛亥革命的风云人物，李书城是黄兴在武昌的参谋长，庄蕴宽任江苏代都督，蔡锷任云南都督，蒋尊簋任浙江都督，尹昌衡任四川都督，赵恒惕任湖南都督……他们和本省籍的同盟会员构成了广西辛亥革命的中流砥柱，特别在培养革命武力方面，功不可没。

第五章　广西人民的反帝反清斗争

一、反帝爱国运动

清朝末年，由于帝国主义侵略，民族危机严重。在同盟会、留学生的带动下，广西人民掀起了一系列反帝爱国运动。

1903年4月，日本报纸载，广西巡抚王之春借法兵平定广西会党，以开铁路矿山作报酬。留日学生齐集东京锦辉会馆，致电清政府拒法惩王。25日广西兴中会员龙泽厚在上海张园发起集会，绅商学界四百多人参加，名士马君武、蔡元培、吴稚晖相继发言，决议力阻借法兵法款，号召罢工罢市，两广商会当场捐款上千元。广州、杭州、香港纷纷集会抗议，形成声势浩大的拒法运动，后来报纸更正消息，风波始息。

1905年为反对美国禁止和虐待华工，群情激愤。上海商会发起抵制美货运动，两广是侨乡，率先响应。6月，梧州成立拒约会，与广东一致行动，全市商店签订抵制美货公约，设调查员，秘密查出数宗贩运美国煤油、面粉、胶鞋案，公告全市制裁，店主道歉认罚。桂林、南宁仿效，认真执行，坚持数月，美货绝迹，迫使美国改变排华政策。

1905年，法国公使向清政府提议，如果中法合办广西的铁路、矿山，法国则将庚子赔款每年减少十分之三。1906年，清政府成立广西铁路公司，筹筑广西境内铁路，法国援引1898年永安教案有中法合办铁路之约，坚请合办北海至南宁铁路，清政府被迫同意，但遭到两广人民的强烈反对，发起收回路权运动。广西留日学生致电清朝外务部，力请挽回国权，并印发传单寄回国内，说明法国控制铁路的祸害，号召大家起来抗争。两广代表在广州成立粤桂铁路公司，自行招股建筑。南宁商界人士成立邕北铁路局邕局办事处，筹划对策，派人到各县宣传集股。桂林商学界在官府出示禁阻下，仍成立广西铁路办事处，作为全省联络集议之所。廉州绅商开会决定修筑邕北铁路合灵段，不收洋股。法国提出抗议，说违背条约，两广当局以民间自筑驳回。由于当时两广人民财力不够，邕北铁路没有修成，但阻止了法国的掠夺，表现了广西人民强烈的民族意识和发展现代交通的愿望。

一波未平，一波又起。梧州开埠后成了英国入侵广西的据点。1902年至1903年，英商在梧州成立"渣甸"、"天和"、"人和"三洋行的分公司，各自购置水位码头和建立水筏货仓，拥有客货轮船九艘，航行在梧州—香港、梧州—广州、梧州—贵县—南宁各线上。新式轮船的出现把中国的木船完全排斥掉，英国垄断了西江航运。这不但方便了英国商品的输入和掠夺广西的土特产、矿产，而且中国人搭船运货，受尽了欺凌和刁难。1905年后，广西商人奋起集资成立公司，购置浅水轮船，经营客货运输业务，但只能在左右江、柳江等支流上航行，无法在大江中与英船匹敌。

1907年11月，英轮"西南"号在广东肇庆河面被劫，英国医生麦璐德被杀。英国以此事为借口，说中国没有缉捕能力，派缉捕船四艘给梧州海关税务司（英人）指挥，负责缉捕。两广绅商学界群起反对，认为海关已为外人控制，缉捕归海关，就是把警察权让给外人。在人民的压力下，两广督抚拒绝了英国的要求。英国遂从香港派"摩轩"、"摩明"兵舰和鱼雷艇多艘强入西江，横冲直撞，拦截中国船只，喝令停船搜查旅客货物，拘留船主和护勇，收缴船上的自卫武器，击沉中国拖轮"广西"号。12月8日英国水兵在梧州登岸，三五成群，荷枪入市，到处寻衅。英舰的海盗行径激起了中国人民的无比愤慨。两广留日学生连日在东京集会，致电清政府、两广总督和广州商界，反对英国夺取西江缉捕权，派六名代表回国联络。广州商、学、妇女各界纷纷通电反对，组织"国权挽救会"。梧州各界成立自治会，团结一致，力挽国权。桂林、南宁、浔州也纷纷行动起来，参加斗争。海外华侨函电交驰，声援祖国人民的斗争。清政府和英国交涉，提出解决办法：中国加强水师缉捕，中国船只悬挂龙旗与悬挂英旗同等对待；海关对中国船只不准扣留刁难，商船可向关署控告。英国慑于群众的威力，取得协议后，1908年1月英舰退出西江。

在反对英舰入侵西江的斗争中，梧州商会、自治会倡议集资购船来抵制英国对西江航运的垄断，计划发行六十万股，每股五元，共集资三百万元。梧州旬日间便集得十多万元，南宁和沿江各埠也积极购股，很快集足了资本。1908年夏，在梧州成立西江航业有限公司，购置轮船八艘，航行于梧港、梧穗、梧邕等线，号召"中国人搭中国船"，得到同胞的广泛支持，业务蒸蒸日上。而英轮无人问津，一落千丈，三洋行相继倒闭，西江航运回到了中国人手中。

广西人民经过拒法惩王、抵制美货、收回路权和航权的反帝斗争，提高了思想觉悟，振奋了民政精神。一批同盟会员在其中积极宣传发动，成为广西辛亥革命运动的组成部分。

二、抗捐抗暴斗争

清代广西财政年收入约一百八十万两，税收一百万两，邻省协饷八十万两，勉够支出。1858年清朝为镇压太平天国筹军费创设厘金，在通道设卡收土货过境税，一卡一收，事平数十年照收如故。广西年厘税达百万两，历任省吏顶住不减。1904年桂抚柯逢时为镇压会党军费无着，废厘金，行统税，把征收的土货过境税统计一次交清。全省大哗，左右江市镇最先罢市；桂林、柳州、浔州商店闭门；梧州反对最烈，停船进货，2月25日罢市，要求取消统税。柯逢时不让步，罢市坚持近月，采取折中办法：税收减成，先收半税，商人同意开市。1905年8月，白马卡统税委员胡大庚贪污勒索，增订苛章，引起公愤，桂平、柳州、贵县、南宁各埠商人一致停运谷米百货，联名控告，江口商人罢行罢市，订立15条公约，要求罢胡减税。行统税一年，比厘金增收70%，连同其他赔款税、新政税，不一而足。一物多税，名目繁多，令人瞠目。

广西地瘠民贫，又经十多年镇压会党游勇起义，十室九空，清政府竭泽而渔的做法，激起城乡人民的反抗，在农村表现为大规模的抗捐抗暴斗争，辛亥革命前一年达到高潮。

1910年2月4日，南丹土州因调查户口和钉门牌，人民疑虑是征税，惶恐不安，土族杨天喜、客户沈槐山、亲兵韦有秀率众攻入衙署，杀官焚档，占领州城。清吏右江道沈秉炎、庆远知府李春溥、河池知州塞先陶各率防营，分路进攻南丹，捕杀杨天喜、沈槐山、韦有秀等二十六人示众。

5月，永淳县官府出布告征收酒锅、油榨、糖榨等捐税。化龙村民黄朝吉、黄有绍聚众抗捐，知县张融带兵来弹压，被击败回城，抗捐群众遂围困县城，砍断电线，断绝交通。邻近各县闻风而起，约期来会。广西提督龙济光从南宁率军到永淳攻破化龙、木塘等村，威迫抗捐村屯赔偿损失，出花红缉拿首要，捕捉六十多人，杀害黄朝吉、黄有绍等二十多名抗捐骨干。

与此同时，南宁府属六万多群众参加抗新捐，各持枪械，对抗清军。龙济光督派军队分赴各出事地点，攻战数昼夜，杀死抗捐群众十多人，捕捉六十多人。柳州、百色等地也乘机并起，龙济光派兵驰援，又杀害抗捐群众三十多人。

6月，归顺（靖西）、镇边（那坡）、天保（德保）等地，因查户口钉门牌，群众疑是收身税。倪昌辉、赵中成招人入会，号召"安国灭洋"，率数百群众围扑归顺州城，被击散后，旋又复聚围攻镇边县城，谭浩明率边防军赶到，开炮轰击，民兵武装败散。知县许克骧带兵搜捕，被群众围困在深山，险些丧命。清方照会法方对汛配合搜捕。

怀远（今三江）盛产油茶，知县石家鉴加收油捐，激起121村群众团结抗捐。6月，左江道沈秉炎来处理，将石撤职调回省，以平民愤，有103村同意停止抗捐，而古宜18村坚持不解散，殴死亲兵。沈请兵痛剿，清军炮击，把18村夷为平地。

8月，全州知州周岸登派巡检曹骏带兵清乡，敲诈勒索，纵兵扰民。8月10日行抵万乡亭子江，数千群众将曹围住，周岸登带兵来救不了，群众聚集到二千多人，把周吓跑，把曹装进猪笼游村，然后缚解上省交官治罪，一千多群众护送，每人插一竹片，写着"官逼民反，绅逼民死"。10月省方把周岸登撤职，全州群众又集结二千多人，放火焚烧助周为虐的劣绅二十六家，扬言要杀周岸登。清吏慑于群众威力不敢动武，事件和平解决，群众扬眉吐气。

岑溪县令尹正举勾结劣绅，以办新政为名，遇物抽捐，人民怨声载道。3月，古万村举人陈荣安为民请命，组织崇正团，发布抗捐檄文，提出"抗捐税，解民悬"的口号。岑溪、苍梧、广东罗定等地参团人数达一万多。梧州知府志踪派兵到岑溪威吓。群众自带粮食趋赴古万村，挖壕筑栅，打刀备械，誓死抵抗。从3月相持到6月，清朝派林俊廷、莫荣新率军用开花大炮强攻古万村不下，转为围困。7月，村内弹尽粮绝，陈荣安叫儿子率三千群众突围逃生，自己坐守村寨，清军破寨后把村内的人全部杀死，只活捉陈荣安一人报功。

辛亥革命前夜，广西人民自发的抗捐抗暴斗争此起彼伏，连绵不断，有力地冲击了清朝的反动统治，标志着人民不愿在旧的统治制度下生活，革命时机成熟，呈现出山雨欲来风满楼的情势。

三、广西谘议局同清吏的斗争

清朝末年，清政府为了阻止革命，欺骗人民，玩弄立宪骗局，在各省设立谘议局，作为民意机关和咨询机构。实际大权掌握在省行政长官之手。但是事与愿违，广西谘议局没有成为清政府的点缀品，却作为反对派对立面出现，这是什么原因呢？考查广西谘议局57名议员，其社会经济地位多属"士绅"出身，代表着资产阶级中下层和中小地主阶级，是对清政府失望的一群。而且半数议员受过新式学堂教育（包括留学和出国考察），接触过西方的自由、民主、共和，思想比较开明，大多倾向立宪改良。何况谘议局中，还有同盟会分部的秘密组织在起推动作用。

1909年10月14日，广西谘议局正式成立，举行第一次全会。广西同盟会发动1511人士签名上书谘议局，要求把广西省会从桂林迁到南宁。理由是桂林偏居东北，交通不便，不能驾驭全省。南宁地点适中，交通便利，物产丰富，又接近边防，应作为全省的政治中心。同盟会此举是为削弱清朝控制，把省会迁到接近海外的地方。但是，清政府认为桂林接近湘楚，易于控制，桂林城坚，易于防守。广西谘议局通过了这个提案，无异于摸老虎屁股。广西巡抚张鸣岐利用审批权，否决了迁省提案，引起了议员们的普遍不满。

广西谘议局积极参加立宪派发动的国会请愿运动。1909年12月派议员吴赐龄为代表出席上海14省谘议局联合会议，决定各省派代表分路进京请愿，要求速开国会。为了配合议员进京请愿，广西谘议局发动广西教育会和柳州、梧州、南宁的商务总会联合发电为之声援。1910年6月第二次请愿时，广西又派吴赐龄、蒙经、朱景辉、古济勋四名议员参加各省谘议局代表大会，要求缩短预备立宪期限，速开国会。广西谘议局通过了《呈请代奏即开国会案》，措辞十分激烈。议员陈树勋、秦步衡还发动8758人签名呈请即开国会，形成了群众性的请愿运动。清政府在强大压力下，宣布立宪期限由九年缩短至五年。1911年5月，议长甘德蕃、议员蒙经、吴赐龄入京参加谘议局联合会，组织宪友会，要求改组皇族内阁。在向清政府施加压力中，广西谘议局和广西代表表现得非常积极和急进。

广西谘议局在"指陈通省利弊"方面没有对清政府歌功颂德、粉饰太平，而是深刻揭露了广西政治腐败、官吏贪酷、捐税如毛、苛政似虎的事实，反映了广西人民的痛苦和呼声，勇敢地抨击了那些山高皇帝远、胡作非为的官吏和劣绅。还通过一系列革除弊政的议案，如《整顿胥吏案》，对24名官吏进行弹劾，迫使巡抚处分他们。《革除地方苛政案》废除了扰民最烈的七项苛政。《整顿统税案》对病商病民的统税法进行了抨击，确定量物定额、依法征税的原则。《革除税契积弊案》要求公布税章，纳税给票，禁止苛收和勒索。在人民无权的封建专制时代，广西谘议局作为抨击时政的讲坛对清朝的暴政起了一定的制约作用。

广西谘议局对清朝的斗争，以禁烟展期案引发议员总辞职达到高峰。1909年10月谘议局通过禁烟决议案，限定次年五月一律禁绝广西的烟店。会后广西巡抚张鸣岐以本省财力支绌，难筹别款抵补烟税，改为分期分区禁售，展限五个月，并公布全省施行。其实，广西官吏接受了烟商的贿赂而推翻谘议局原案。1910年10月广西谘议局开第二次全会，认为巡抚此举践踏法律、侵犯谘议局的职权，不能妥协。一面向省抚院提出最强硬的抗议，一面致电北京资政院和各省谘议局，宣布广西全体议员总辞职。最后资政院议决照原议案执行，并请旨批准；还迫使广西护抚魏景桐自请"交部议处"。斗争取得完全胜利后，议员才返局复会，这是对清朝皇权的勇敢挑战，在全国没有先例。

广西谘议局存在的两年中，在一系列关系到国计民生的问题上，同清朝的地方官吏进行不妥协的斗争，说明了一群有文化、有社会地位的缙绅们在人民革命高潮到来之际，背弃了清朝；也说明了清政府这时已处在失道寡助、众叛亲离的境地。

第六章　广西革命者参加辛亥起义

一、广州起义的广西志士

1911年"三二九"广州起义,是同盟会集中全党财力人力,以非凡的决心、周密的计划、充分的准备进行背水一战。广西同盟会组织和革命党人,在不同的岗位参与和支持了这一惊人壮举。

这次起义定在广州,而发动面波及半个中国,准备会师长江。故在起义领导机关统筹部下面,专设交通课(由赵声兼任课长),掌管江、浙、皖、鄂、湘、桂、闽、滇八省的联络工作。广西方面,指定方君瑛、曾醒、严骥、李恢负责,往来于香港、桂林间,与桂林军界领导人耿毅、冷遹、何遂、方声洞、赵正平、刘建藩等联系。定于农历四月初一日在广州起义,要求广西响应。桂林同盟会支部进行了研究,决定和广州同时起义。南宁同盟会支部接到桂林的来函,告以四月初一广州起义的消息,决定和桂林一致行动,谭昌、宋星洲率新军为起义主力,在南宁城内外租民房多处作为队伍的集结地。柳州方面,刘古香派柯汉资、王冠三、甘乃纲赶回柳州高岭塘垦殖公司,与黄岱等筹划按时响应事宜,事毕柯、王、甘赶回广州参战。浔州方面,南方支部派遣留日学生贵县的罗佩珩、藤县的苏无涯、武宣的刘玉山各回本县活动,准备响应,由罗佩珩负责浔州五县的工作。但是广州起义提前到三月廿九日发动,而且很快失败了,广西各地接到败讯后,取消了起义计划。

广州起义计划以新军为主力,策动防营、会党、巡警、水师配合。鉴于历次起义失败的教训,必须组织敢死队担任发动才能成功,故准备招收"选锋"800人。其中饬刘古香从广西招收20人,刘的助手李德山曾在平南县丹竹乡设立过拳馆,有一批徒弟,李便通过会党兄弟韦五洲在平南物色串联20名有胆识的敢死之士,三月中旬乘船到广州,住在旧仓巷容福里五号(刘古香的机关)和双底门兴隆客栈待命。由于情况突变，敌情险恶，黄兴决定提前到三月廿九日起事，临时集中得130多人，刘古香的广西分队在其中。下午四时，黄兴率队从小东门出发，手扎白巾，荷枪执弹，吹号前进，广西分队居前，冲进两广督署，张鸣岐越墙逃跑，起义者放火焚署后兵分三路：一攻水师督练公所，一攻小北门迎接新军，一攻大南门迎接防营。这时大队清军闻警进城，与各路革命军相遇，在黑暗中混战，队伍冲散，李德山带着广西分队约十人，与徐维扬的花县同志、韦云卿（越南华侨）相遇，约二十人转战至小北门，与大队清军相遇，天色已亮，遂退入高阳里盛源米店，以米袋筑垒，顽强坚守，弹无虚发，毙伤清军甚多，坚守到中午，清军不敢接近，放火烧街，火光冲天，前屋起火，勇士们破后墙冲出，有的当场牺牲，有的受伤被执。广州起义随着高阳里枪声停息而结束。

广州起义死难烈士尸体有姓名可稽查者七十二具（其实不止此数），合葬在黄花岗，称黄花岗七十二烈士。其中广西烈士七名，仅少于广东和福建，他们的姓名是李德山（罗城人）、韦云卿（永淳人）、韦统铃、韦统淮、韦荣初、韦树模、林盛初（均为平南人）。其中韦统铃、韦统淮、韦荣初、韦树模是在坚守盛源米店的激战中阵亡的，林盛初是在清军搜查时被俘杀害的，李德山、韦云卿是在盛源米店突围时力竭被俘的。李德山就义前痛骂清吏："大丈夫为国捐躯，分内事也。我岂不能致富贵者，特不能如汝辈认贼作父、不知道羞耻耳！"韦云卿的供词慷慨壮烈，自言"听孙文演说革命道理，如大梦初醒，遂投入革党。本年三月在安南闻召赴义，参加攻督署，且战且退，入米店抗拒，后见起火，撞墙逃出被拿。我以今日身既许国，精神更壮"。

参加广州起义，或负责后勤联络工作，或被阻于城外，或失去联系，未能参战的广西同志有刘崛（容县人）、施正甫（宾阳人）、雷沛鸿（南宁人）、柯汉资、钱权（柳州人）、苏慎初（合浦人）、王冠三（马平人）、韦统武、韦不吕（平南人）。桂林新军有数人秘密参战，脱险后归队。来广西联络四人，牺牲三人，一个躲藏三天后逃出香港。

二、武昌起义的陆军中学堂广西学生

武昌起义一声炮响，全国各地纷纷响应，敲响了清朝政府的丧钟，迎来了辛亥革命推翻帝制的胜利。在这具有划时代历史意义的事件中，武昌陆军第三中学堂广西学生一百六十多人参加了武昌首义。

清政府为了培养新军的下级军官，1907年在桂林设立广西陆军小学堂，招收知识青年入学。1910年陆小第一期学生毕业，选送进武昌陆军第三中学堂学习；1911年7月陆小第二期学生毕业，也输送到该学堂学习。这两期学生共一百六十多人，他们在桂林受过蔡锷、蒋尊簋的严格军事训练，受过同盟会的宣传教育，学员一般都具有革命思想，素质很好。到了武昌，陆中的革命气氛十分浓厚，有些人秘密加入同盟会。

陆军中学堂在武昌城外十里的南湖。武昌起义前夜，瑞澂大肆搜捕革命党人。白色恐怖笼罩着陆中，堂门紧闭，不准学生出入，也不准互相来往，因而失去同外界的联系。10月10日晚，武昌城内炮声隆隆，火光冲天，学堂总办逃跑了，丢下教官和学生。师生因情况不明，一直等到天明，见一军官骑马飞奔而来，学生打开堂门迎入，使者宣读革命总部的文告，要求陆中同学参加首义，立即整队进城。上午九时陆中学生约一千人，分为十队，荷枪列队进中和门，先到楚望台弹药库领足子弹（原来每人只有十发练习弹）。当晚占领武昌的革命军只有两千多人，立足未稳，得到这批训练有素的军校学生投入，大大增强了革命实力。总部当即分配陆中学生警卫谘议局（起义总机关，后为都督府）、湖北藩库、官钱局、造币厂等重要机关。当时武昌秩序很乱，人心惶惶，数百清士兵攻袭都督府，匪徒乘机肆劫藩库，幸得陆中学生赶来镇压，保卫了首脑机关和几百万军饷。陆中学生还分散到武汉的街头巷口，演讲革命军的宗旨和军政府的命令，使得武汉三镇很快恢复了秩序，秋毫无犯，人民热烈拥护革命军，外国人也刮目相看，笼罩着一片镇肃悲壮的革命景象。人们说："武汉所赖以镇定者，都督虚名及陆军中学耳。"

广西学生任道芳，平乐人，才华出众，长于交际，成为广西学生的代表，经常出席总部会议。他和另一广西学生李晋阶参加说服黎元洪出任都督的工作。湖北军政府成立后，选派一批陆军中学堂学生作联络代表，赴各省发动起义响应，每省两名，来广西的是任道芳和李作励。任、李先到桂林，向新军和谘议局报告武昌起义的经过，转达湖北军政府共襄举义之意；然后到南宁，策动陆荣廷响应。

武昌起义后，清政府派荫昌率北洋军南下，命萨镇冰率海军沿长江西上，水陆进攻武汉。为了保卫新生的革命政权，军政府决定扩充革命军四协（旅），武汉人民热烈应募，五天便足额成军。新兵大增，未经训练，需要大批干部。一部分陆军中学堂学生到指挥机构工作，广西学生黄剑鸣、朱良琪、李孟庸、陆德馨、李毅在总司令部任参谋，尹承纲、韦华龄在军务处服职。另外，成立学生团，作为临时督战官到各连队辅助指挥作战。编队甫定，就渡江参加汉口保卫战。

汉口失守，黄兴赶到武昌登台拜将，士气为之一振。陆中学生组织学生军（广西学生编为一队），随黄兴反攻汉口和保卫汉阳，是役广西学生李孟庸、卢华、周树孝、黄绍锦光荣负伤。

汉口、汉阳失守，形成隔江对峙的局面。陆中的西南各省学生向军政府建议，与其株守武昌，不如让他们回本省联络政府、组织军队再来前方，作用更大。军政府接受建议，发给旅费，每人携一支步枪，并嘱沿途军警放行。这次返回广西的学生有李品仙、叶琪、廖磊、李先复、赵长庚、尹承纲、徐启明、张任民、杨瑞麟、严兆丰等二十多人，11月初由武昌南下，途中遇上广西新军混成协北伐援鄂，有些人参加北伐军折返，有些人到了桂林，参加王芝祥的巡防六大队，作为第二批援鄂北伐军。陆军中学堂的广西学生和其他革命者继续和北军进行殊死战斗，直至推翻清朝政府。

三、广西民军参加光复广东

1908年云南河口起义失败，黄明堂、王和顺、关仁甫、杨万夫（驮卢人，在今广西大新县）率六百多名将士退入越南，被法军包围缴械，以国事犯押送至新加坡安置，度过三年艰苦劳工生活。1911年初同盟会决定在广州发动大起义，从西南起义将士中先后挑选110名先锋，全体雀跃报名参战，只能抽签决定，落选者惋惜痛哭。当他们到香港时起义提前发动并已失败，含恨而回。

及至武昌起义爆发，西南将士云集香港回国参战。广东本是革命策源地，而响应"独立"却落在他省之后，因为广东是清朝重兵防守的地区，驻有新军、防营、水师、巡警百多营，陆路提督秦炳直驻粤东惠州，侧卫广州，水师提督李准驻虎门，控制粤海和珠江三角洲，新军统制龙济光领12营滇桂旧部卫戍省垣，两广总督张鸣岐老奸巨猾，由这些反动悍将组成的反动机器不用暴力是不垮台的。于是南方支部派遣同盟会员分头潜入广东各地，运动新军，组织民军，广西籍的西南起义将士起了重大作用。王和顺自筹饷械，潜入惠旧淡水，组织起惠军数千，会同陈炯明部进攻惠州，与清军血战飞鹅岭七昼夜，迫使秦炳直献城投降，从东江进逼广州。黄明堂潜入四会，与当地革命者组织数千民军，号称明字顺军，兵不血刃占领江门、新会，收编缉私船队，沿西江直抵广州。关仁甫、杨万夫也潜入广州邻县，组织民军千数百人，称仁字军、协字军。由于全省民军蜂起，形成合围广州的态势，蒋尊簋、姚雨平等策动新军反正，促使发动营垒瓦解，李准向同盟会南方支部输诚，张鸣岐弃广州宵遁，龙济光被迫参加"独立"，广东便于11月9日光复，举胡汉民为广东省都督。

广州光复后，李准、龙济光降军充斥省城。刘永福任民团总长，召集各地民军开进广州捍卫政府,进驻的民军数十支不下十万人,著名的有陈炯明循军、王和顺惠军、林顺义香军、黄明堂明字军、关仁甫仁字营、李福林福字营、陆蓝清蓝字营等,其中以惠军势力最大,约万人,编列十七营,军纪亦佳。广州东、南、西、北四关,则由参加西南起义的广西民军驻守,起到威慑降军、维护社会秩序的作用。

广西四大民军统领革命热情旺盛,多次电请孙中山北伐,反对南北和议,并贷款购械,加紧训练待命。但是都督胡汉民、副都督陈炯明对会党存有偏见,认为这些民军居功跋扈,糜饷难制。民军则认为当局招降纳叛,在饷械上歧视他们。不久,胡汉民调南京,陈炯明当上都督,以黄世仲任民团总长,骗截王和顺购买的步枪、军服,挑起事端,然后以有碍军令为名,1912年春节,派兵包围王和顺、关仁甫、杨万夫三部,在长堤、禺东、乌涌一带繁华之区激战三天,王等不忍地方糜烂,弃军明志,三军即被缴械,其他民军除李福林部外,全部给资遣散。这虽然是陈炯明的个人行为,但南京政府默认了,标志着革命党人在推翻清朝后,与盟友会党的决裂,相反却保留放纵龙济光悍军,种下二次革命广东失败的祸害。

第七章 广西辛亥革命的进程

一、梧州人民首先响应

武昌起义的冲击波在全国引起连锁反应,广西最先响应的是梧州。为什么?原因有三:①梧州交通便利,轮船通港、穗,朝发夕至,消息灵通。梧州商人大多来自广东,广州发生的事情反应最迅速。10月29日,广东绅商工学各界代表集议于文澜书院,倡议"独立",广州市民自动张灯挂旗庆贺,旋被两广总督张鸣岐下令取消。这桩被压制了的群众运动却成了梧州独立的活样板。②同盟会南方支部派遣刘崛回梧州主持武装起义,由陆爱唐、刘玉山联络了西江沿岸上万绿林武装,控制了梧州到江口的水路。藤县会党纷起,赶跑县令。苍梧安平、思德、戎圩为民军控制。怀集、贺县会党进逼县城。梧州呈现出被包围的态势。③梧州清吏兵力单薄,仅有宋安枢巡防营,盐法道沈林一懦弱无能,地方政权极度动摇。

10月31日,同盟会员区笠翁在《梧江日报》上刊登"京临帝崩"的号外。这则假消息使全城骚动,清吏茫然不知所措。保皇党人林绎携炸弹入道署,要求沈林一宣布独立。沈弄不清情况,听任群众所为。梧州各界代表在同盟会主持下开会决议独立,随即在梧郡中学堂广场召开群众大会,宣布梧州独立。梧州居民悬白旗,挂灯笼,满城燃放鞭炮庆祝独立。("独立"一词,当时意指脱离清朝,归附革命。)

梧州一"独立",立宪保皇派同旧官僚、旧势力勾结起来,共同对付同盟会和革命群众。他们截留税款,挪用教育经费,购置枪械,很快组织起官团、商团四百人。11月3日保皇派假借县议会名义,秘密策划成立保安公所和保安民团,选林绎为所长、钟蕚为团长。4日陆荣廷派任福黎率新军一营到梧州,加强了反动力量。同盟会发现反动派篡权磨刀,则在四乡调集民军,在城内发动市民抗议。11日保安公所宣布成立,军警荷枪实弹,如临大敌,群众愤怒包围会场,攀满栏栅,手持炸弹示威,要求道署交出财政和释放监犯。沈林一当场宣布把海关、常关税交给保安公所。由于梧州城乡群众斗争的威力,林绎躲进了思达医院,陈树勋、关广槐逃到香港,梁廷栋称病不出,沈林一受到广东军政府警告,也不敢把税款交给保安公所,保安公所实际上名存实亡。

11月18日,广东都城民军应梧州商会之请,派巫其祥率民军三百人乘船来到梧州,一是支援梧州革命,二是驻梧就地筹款。民军宿在船上,派代表上岸洽商进城问题。梧州的保皇派、旧官僚、反动军人互相勾结,乘夜伏兵于大河两岸。第二天突然开枪射击,当场击毙二百余人,帆船起火,尸浮满江,巫其祥乘鱼雷艇逃脱,被俘四十余人全部枪毙,制造了广西辛亥革命的第一桩大血案。

巫其祥事件打乱了同盟会的夺权计划,安平、赤水、藤县二百多民军在开进梧州途中闻变折返。同盟会员和积极分子隐藏起来,不敢公开活动。梧州居民害怕广东民军报复,搬迁一空。旧官僚、旧势力在血泊中抢夺革命果实。21日,梧州绅商集会,假借奉广西军政府之命(按:11月7日桂林独立,建立了全省军政府),成立梧州军政分府,推沈林一为总管,规定各部部长由总管委任,各科员由部长挑选,把革命党人完全排斥,建立起保皇派和旧官僚的联合政权。

保皇派和旧官僚篡夺梧州政权后,同盟会在梧州仍有很大势力,四乡则有众多民军。巫其祥事件受到广东军政府严责,要求赔偿辑凶,并风传广东派兵报复。梧州擅自成立军政分府,广西军政府和议院责其破坏统一,要它自行取消。但是挂名军政府副都督的陆荣廷却支持和庇护梧州保守势力,避免了追究罪责和保住军政分府。这便成了梧州保守势力投靠陆荣廷军阀集团的契机。

梧州首倡独立,表现了同盟会和人民群众的革命胆略和革命热情,其在广西的首义之功不可磨灭。但梧州独立对广西全省没有起到引爆作用,主要原因是保皇派、旧官僚杂处其中,玩弄群众,模糊了革命性质,没有同清廷割断关系。龙济光、陆荣廷的军队照常通过和驻扎,"独立"的梧州竟要求清朝巡抚批准其截留缉捕经费和挪用教育经费办团练,以对抗革命。同盟会则认为梧州是保皇派、旧官僚搞的假独立,不予承认。梧州独立连通电也没有发表,消息被封锁,没能起到推动全省的作用。

二、桂林新军逼官易帜

桂林是广西省会,也是同盟会和新军最集中的地方,桂林的动向决定着广西辛亥革命的命运和面貌。武昌起义的消息传来,革命和反革命两方都在作应变准备。

10月13日,广西巡抚沈秉堃把武昌起义的情况通报龙州、南宁、梧州、柳州的军政头目,要他们严密查防,共扶危局;并准备招兵三营,开赴长沙,援湘保桂。军队还没成立,湖南于10月22日起义。沈秉堃大呼广西危急,要求清廷拨款五十万两作军费,要求广东派兵和饷械支援广西。粤督自顾不暇,拒绝应援,指出广西有二百万铁路股款可用;清廷焦头烂额,哪顾得上边远省份?广西官吏争取外援绝望了,只好设法自救。他们把桂林新军调往全州,以去心腹之患,任命布政使王芝祥总统广西新旧各军,把六个巡防营和抚河水师调进桂林,准备做垂死挣扎。

桂林同盟会支部多次研究响应武昌起义,集中会员和新军进行动员准备,及闻清军进逼武汉,鄂省告急,更加速了武装起义的步伐。桂林新军混成协(旅)有二千人,装备精良,士气高涨,就是没有子弹。官兵们以局势危急为词,骗取了协统胡景伊发下子弹。新军如鱼得水,磨刀擦枪,练武打靶,跃跃欲试,吓得胡景伊告假溜走,新军的领导权完全落入同盟会手中,决定在10月30日晚由混成协、陆军干部学堂、陆军小学堂分头进城,攻打巡抚衙门、藩署和镇压旧军。不料当天下暴雨,将军桥水深数尺,新军进不了城,起义受阻。清吏闻讯丧胆,发现自己坐在火药桶上。

到了11月初,响应武昌起义的省市已有湘、赣、陕、晋、滇、黔、沪、浙、苏九个,广东虽未独立,但全省民军蜂起,烈火燎原。广西实际上处在四面被包围之中。云南都督蔡锷致电沈秉堃:"广西僻在边隅,民穷势塞,外无应援,内乏饷械,邻封悉竖汉帜,一隅何能孤守?如能拨赵易汉,顺天应人,两粤传檄可定。若复意存观望,勉支目前,结怨同胞,无补清室,为公危之!"这些话句句珠玑,击中要害。湖南独立后派专使罗松涛五天赶到桂林,以湘人之谊,策动沈秉堃和赵恒惕(新军协统,同盟会员)。湖南都督谭延闿、名绅刘人熙(王芝祥的姐夫,恩师)致电广西藩台:"现在人心思汉,与满人势不两立,苟非伟人豪杰,共襄大义,兵连祸结,外人干涉,随之中国何堪设想。桂本湘屏,连合甚便,公等夙抱改革,雄心拯弱救焚,千载一时,瞻顾一日,多累同胞一日,利害昭然,敢为同胞请命。"王芝祥回电"千里一堂",暗示随湖南一致行动。

在省内,广西同盟会各地代表聚集于柳州高岭塘总机关,密议响应武昌起义,"决于九月十九日(新历11月9日)柳州、桂林、梧州同时举义。议毕各自分头预备。"于是,10月30日数千民军武装起于湘桂黔边,占领怀远,打败桂林开来的巡防营。10月31日同盟会广西分会会长刘崛领导梧州人民宣布独立,决议"以梧州为广西独立自治总机关,不纳税,不缴款给北京政府和桂抚,通省公举最有势力之人总理其事"。11月5日平南起义，攻占县城，浔州五县民军万人向府城集结。

桂林同盟会深入分析了广西当局的孤立处境和当权者的情况，认为巡抚沈秉堃新到广西，没有实力；大权操在布政使王芝祥之手，王有野心，标榜开明，受姐夫刘人熙影响甚大。于是同盟会支部改变方针，把武装起义改为逼清吏宣布独立，重点作王芝祥的工作。一方面由谘议局作为民意机关，派副议长黄宏宪、议员蒙经、陈太龙率领各界代表百人，向王芝祥请愿独立，说明邻省都已独立，协饷停止，广西无法生存；而内部危机四伏，柳北民军已起，桂林新军箭在弦上，平南已经起义，如果稍有迟疑，内战立即爆发，全省糜烂，官吏身家性命难保。这些话打动了王芝祥，他答应找巡抚商量。另一方面由同盟会支部长耿毅去和王芝祥谈判，提出"广西独立，新军援鄂，举沈秉堃为都督"作为交换条件。王芝祥把同盟会的条件转告沈秉堃，取得同意。当晚（11月6日晚）王芝祥赶制黄旗数百面，书写"大汉广西全省国民军恭请沈都督宣布独立，广西前途万岁！"乘夜插满全城大街小巷。

11月7日天明，人们看见满城坚着独立标语，接着新军整队进城，先到藩署和抚院迎接沈秉堃、王芝祥到谘议局开会。全体议员一致通过广西独立，选举沈秉堃为军政府都督、王芝祥和陆荣廷为副都督。中午在谘议局门前的广场上开群众大会，有新军、旧军、绅商学各界代表二千多人参加，沈秉堃率领各司道头目到会。他们穿着清朝官服，拖着辫子，引起群众反感，新军怀疑他们搞假独立，差点动武。沈秉堃在紧张气氛中发表简短演说，宣布广西独立、脱离清朝、归附革命，提出独立后八条办法：①改抚院为军政府，改谘议局为议院；②广西境内各省人民一律承认为广西国民；③洋商教堂一律保护；④行政机关和税制暂照旧；⑤广西军队一律改为广西国民军；⑥由议院和各地参事会更换行政人员；⑦派军队北伐；⑧促令各省督抚独立，共组临时政府。接着各界代表致辞，与会者振臂高呼："独立万岁！""广西万岁！"欢声雷动。

当天谘议局、沈秉堃、王芝祥分别向广西各道府厅州县和军队、税卡发出独立通电，要求全省改制易帜。又以广西军政府名义向全国发出通电："广西军民要求，已于今日宣布独立，敢请各省督抚一律宣布独立，共谋组织联邦政府"。

三、柳州民军围城夺权

1911年"三二九"广州起义后，同盟会南方支部委刘古香、刘锡镐为广西特派员，负责联络和指导。刘古香召集在香港的柳州同志开会，说明柳州经多年工作基础甚好，号召大家返回原地革命，决定派王冠三、刘震寰、刘锡镐、柯汉资、刘世名、王干臣潜回柳州，组织国民军总机关，联络会党绿林，运动防营水师，会合胡岱铭（川人）驻军，共同举义，再联合桂林同盟会，光复广西。

10月10日武昌起义消息传来，群众革命情绪高涨，会党到处活动，竟在柳州谷埠街拜台，被清吏捕杀九人示众，群众益愤。柳州同盟会看见革命时机成熟，由秘密转向公开，加快起义步伐。首先调集已联络好的会党绿林武装曾超廷、兰八、陶二、宋五、廖六、沈鸿英、李天民、杨荣廷、曾祖显、冯有信、刘麻六、刘成甫、张三嫂等十余股，一千多人枪，号称民军，进逼柳州，扬言不日攻城。柳州是桂中重镇，驻有清朝文官右江道、武官右江镇总兵，领十一个巡防大队，约四千人。柳州同盟会乘革命声威大振之时，策动了防营分统陈朝政、帮统刘炳宇倾向革命，右江镇总兵兼统领陈仲宾更加孤立动摇。

11月7日广西独立通电传到柳州，革命党人王冠三、宋星洲、郭干臣、王干廷等手执武器，直入道、府、县署和总兵衙门，威迫清吏退位交权，右江镇总兵陈仲宾愿意交出军队，右江道沈秉炎、柳州知府高墨霖、马平知县万荣龄等无心恋位，只求脱身而去。于是柳州的军政大权完全落入同盟会手中。

11月9日同盟会在柳郡中学堂召开柳州各界民众大会，宣布柳州独立，废除清帝年号，改用黄帝元朔，发出独立通电，电请刘古香回柳主持工作，宣布地方军民财政概由右江国民军总机关主持，允许清朝文武官员离境。陈朝政、刘炳宇、刘月卿留下任用，陈仲宾、沈秉炎、高墨霖、万荣龄等掩面痛哭，携印往桂林缴销。柳州全城欢腾，挂旗燃炮庆祝数昼夜。

右江国民军总机关设在柳郡中学堂，王冠三为司令官，周焕章为秘书长，邓先仿为参谋长，刘绍周为军法长，柯汉资为执法官，王干廷为交通长，韦伯荣为军需长，郭干臣为军械长。民军不进城集中在城外马厂，整编为两个支队，每支队三团，刘震寰、宋星洲任支队司令，胡岱铭等任团长，刘月卿为水师统领，陈朝政、刘炳宇仍统领原六营巡防队，改称国民军。参加革命的一百多名干部分别任用，人才济济，声势大盛。

这时广西虽然宣布全省独立，但是各地官吏有的观望徘徊，有的阳奉阴违，有的压制群众。右江国民军总机关派蔡劲伯往宜山，说服防营督带莫荣新反正，庆远府宣布独立。派郭干臣、邓士瞻率一军南下，援助浔州民军进攻府城，途中闻民军失败乃折返。派陈绍虞率一军北上，支援融县起义者攻打县署，知县张干礼投河自杀；复上三江运动县警起义，赶跑知县刘壬滨；并在古宜击败王芝祥派来威胁柳州的曾钦尧部。柳北一带完全落入右江国民军之手。

11月28日陆荣廷接任广西都督，在南宁、梧州、柳州、龙州设立军政分府，委刘古香为柳州军政分府总长。1912年元旦刘古香回柳州就职，带回一百多人的炸弹队，以此为基础扩充到五百人，成立北伐大队，以邓拔（粤人）为司令，严兆丰（回桂陆中学生）为总教练，刘震寰为帮统，准备出兵北伐，因南北和议成乃止。又把国民军编为八个大队，以曾超廷、沈鸿英为督带。同时任命了迁江、融县、罗城、三江、马平等县县长，成为同盟会在广西唯一掌权的地区。但是此时危机已现，一是刘古香任用从香港带回的王狮灵（粤人）为分府参谋长，奸佞揽权，引发内讧；二是对陆荣廷消灭民军的野心认识不足，过分顺从，埋下政权倾覆的隐患。

四、南宁党人促陆响应

武昌起义后，南宁同盟会进行了武装起义的准备，一是依靠驻南宁的邕标新军，二是联络会党武装，但是缺少经费和弹药，所以等待从香港运进十万发子弹和桂林首先发难，但两处均无消息，武装起义不能发动。

南宁是南疆重镇和开放商埠，广西提督陆荣廷的驻地。陆领有二十五个巡防大队和邕、龙两标新军，是广西最有实力的人物，因此广西同盟会的活动分子不约而同来到南宁：李应元、雷沛鸿从桂平来，刘崛、罗佩珩、苏无涯从梧州来，陆爱唐从容县来，曾庸丞从南洋来，加上本地雷在汉、周君实、莫继甫、杜少廷、张文灿、班香圃、王金波、谭昌、葛定章等，成了广西革命党人的大聚会。他们的共同目标是争取陆荣廷反正，宣布广西独立，这样可以扩大影响，促使清廷彻底孤立；同时陆荣廷有几万军队，可出兵北伐。而新军中的同盟会员谭昌、王金波力主武装起义，无须仰陆之鼻息，但多数革命党人追求廉价的胜利，放弃了武装起义。

11月7日广西独立通电传到南宁，同盟会派曾庸丞、何治方、雷沛鸿、雷在汉、李应元、苏无涯等十多人为代表，于次日进入提督署，面见陆荣廷。只见谭浩明持大刀在旁，如临大敌。陆拿独立通电给大家传阅，不表态。代表们分析形势、晓以大义、说明利害后，陆顺从舆情，同意宣布独立，但对于剪辫保留意见。大家满意告辞。据说当晚陆荣廷身穿官服，焚香秉烛，向北三跪九叩，痛哭说："今日之事，老臣罪该万死，将来必报圣恩。"（雷在汉《辛亥广西革命纪事》）

11月9日中午，南宁官绅商学兵各界五千多人在北校场（今南宁市五中）举行独立大会，会场悬挂"中华民国"旗帜和独立标语，参加大会的有新军、防营、民军、商会、各校学生，以及清朝驻南宁的文武官员。会议由刘崛、雷在汉主持，宣布独立大纲：①脱离清朝关系；②一致拥护"中华民国"和广西临时革命政府；

③"中华民国"之男子即日剪辫;④由党人组织广西军政府;⑤派军队北伐等。黄榜标代表陆荣廷致辞表示赞同,全场起立宣誓,气氛十分热烈,群情振奋。左江道纪堪谨穿着清朝官袍,拖着辫子,雷在汉把他的辫子剪掉,他抱头痛哭,群众喝彩。

当晚新军回营,目睹清朝官吏的恶劣表演,非常气愤,认为是假独立,酝酿起事。新军标统龙觏光即来训话,说今日之事是敷衍时会,要大家遵守清廷军令,否则军法从事。谭昌带领官兵把龙捉住,本想杀他,但念及龙是陆荣廷的姻亲,恐事情闹大,将他轰出营门。龙觏光便去向陆荣廷哭诉,说新军谋反,要求陆解散新军和逮捕为首者。12日陆荣廷调兵包围新军驻地,在城北望仙坡(今人民公园炮台)架炮指向标营,冲突一触即发。时邕标新军只有两营人,每人子弹两颗,无法抵抗,经雷在汉奔走调解,新军自动缴械。陆荣廷解散新军,逮捕谭昌,搜查同盟会的机关,党人四散逃避,白色恐怖笼罩着邕城。适龙州道李开侁、龙州新军标统陈裕时到南宁,认为陆解散新军之举有逆时代潮流,会威胁到副都督位置,劝陆设法补救。陆荣廷自觉鲁莽,于15日释放谭昌,恢复原职,召回新军解散人员,发回枪械,派去北伐,以除心腹之患。又因祸起于龙觏光,把龙调往贵县监视下游的反陆活动,以消党人的不平之气。陆荣廷这些举措,是想利用同盟会支持他当广西都督。

龙州边疆一带也是陆荣廷的地盘。太平思顺道李开侁、新军标统陈炳焜、旧军统领谭浩明,都是陆荣廷的军师或爱将,故龙州的动向以陆荣廷的意志为转移。11月7日桂林的独立通电到龙州,人们以为陆荣廷当上副都督已经同意独立。但第二天陆荣廷来电声明:广西独立,事前没有同他商量,他要等候两广总督张鸣岐的答复,才决定是否参加革命。这充分暴露了陆荣廷对桂林"独立"的心态。直至11月9日南宁独立的消息传到龙州,龙州的军政官员才跟着宣布独立。

五、浔州民军起义失败

浔州府领桂平、平南、藤县、贵县、武宣五县,这地区在穗求学和留日学生较多,各县都有一批革命骨干,如贵县的罗佩珩、潘乃德、卢志轩,桂平的曹启光、黄熊祥、徐启祥,平南的卢殿林、袁恩荣,藤县的苏无涯,武宣的刘玉山、廖和卿等,总的领导人是留日同盟会员罗佩珩。罗受同盟会总部和香港南方支部的派遣,从1908年开始在浔州建立革命机关,联合五县革命志士,发展组织,联络绿林武装,有较好的工作基础。1911年"三二九"广州起义,他们来不及响应,都在摩拳擦掌等待时机。广州起义后,龙济光率领十营清军入粤,广西空虚，浔、梧一带风声鹤唳，一日数惊，盛传革命党人要大举。浔州革命者认为时机成熟，急催罗佩珩从梧州赶回浔州，主持武装起义。他们从三方面进行准备：①筹款，向海外华侨和各县人士捐得八万多元，是一笔不小的数目。②购械，从香港购买枪支弹药，出高价给外国航船偷运入境，再用木船运赴目的地，共运进驳壳枪一百多支和大批弹药。③秘密组织民军，联络了绿林武装数千人，以供给子弹为条件。

　　武昌起义后，罗佩珩、陈志轩、徐启祥、卢殿林、廖和卿由香港返回浔州，先到平南设立办事处，布置武装起义。通知贵县、桂平、武宣、藤县各处机关加紧联络进步人士、团练、会党、绿林，组织民军，约定于11月9日为总起义日期。计划先取平南为根据地，然后西上会攻浔州，得浔州后出武宣，和柳州同盟会合军进攻桂林。公推罗佩珩为民军总司令，曹启光为总指挥，袁思荣为副总指挥，黄熊祥、徐启祥为前敌指挥，周毅夫为参谋长，骆乔翔为副参谋长。

　　在桂林"独立"的前两天（即11月5日），浔州革命党人在平南起义，由卢殿林负责，参加起义的有：徐启祥联络的桂山、八洞、鹏化一带的绿林千余人；卢殿林率领的安怀乡团练和甘健斋率领的六陈乡团练各数百人；警长方星桥掌握的两个游击队数百人；还有平南县武装巡警六十多人。分途向县城进军，巡警内应，知县蹇先陶弃城逃走，起义军兵不血刃占领县城，成立平南军政府和县议会，卢殿林任县长。

　　平南起义成功后，起义军和苏无涯从藤县带来的民军集中在县城整编，由罗佩珩、周毅夫率领，分北河、南河、水路三路向浔州进军。桂平各地民军纷起配合，陈志轩、潘法卿在贵县组织的民军和刘玉山、廖和卿在武宣组织的民军都向浔州集结。五县的起义军一万多人，其中团练万人、绿林一二千人。正当五县民军准备攻打浔州的时候，广西于11月7日宣布独立，起义者内部意见分歧，有人认为既然独立了，不必打浔州，应把队伍转向北伐。罗佩珩赶往梧州和同盟会领导人密商，他们分析了形势，认为广西独立靠不住，政权掌握在旧官僚手中，主张彻底革命，仍按原计划攻占浔州，取得粮饷补给，再图进取。

　　浔洲知府贺源清是个守旧顽固官僚，他既没有能力对抗革命，也不肯背弃清廷，把桂林独立通电扣压不宣布，民情汹涌。桂平知县刘樑见此情形，半夜潜行。11月16日革命党人曹启光入府署命贺源清交出官印，贺不给。那时，黄熊祥在浔洲城内已运动好了浔洲府署和桂平县署的警兵内应，策动水师左军统领陈治源率巡船归附革命，又联络城内绅士迎接革命军进城。11月20日，罗佩珩、曹启光、黄熊祥、周毅夫、袁恩荣、骆乔翔等率起义军屯兵于浔洲城外蝴蝶岭一带，本想以兵威迫走贺源清，没有作攻城准备。贺源清闭城不出战，与保皇派绅士程大璋勾结，禁止警兵和群众开城门迎接革命军，并急电陆荣廷请兵救援。时有反动军人马统领，率清兵二百从北河入城，极力主战，开枪射击民军，战斗遂起。

11月21日，罗佩珩下令攻城，但没有火炮、炸药、云梯，只用土炮、步枪遥击，浔洲城高坚厚，无济于事。清军害怕民军接近城垣，把大小南门外的商店铺屋焚毁，变成一片开阔地。民军用土枪土炮，肉搏攻城，猛攻五昼夜不下。

陆荣廷得报即派龙觐光率左江巡防队沿江东下，11月26日到达贵县，前锋进占下湾，离浔洲数十里，派两名代表以调解双方停战为名，压迫民军撤围，并以重用起义领导人为条件，提出解散民军。罗佩珩等在陆荣廷的威迫利诱下，答应从浔洲撤退解散民军。27日晚，龙觐光的军队乘民军撤退之机冒雨夜袭民军，冲进浔洲城内。民军沿江东到石咀、江口集结，粮饷匮缺，队伍不稳。此时广西临时议会派欧晃、蒋敦世调查浔洲"官民冲突"，从梧州道库拨两千两给民军作遣散费，一场轰轰烈烈的武装起义烟消云散了。12月5日龙觐光派兵攻破石咀，屯兵清乡，捕杀黄熊祥等起义人员。罗佩珩解散队伍后去当怀集县长，不久被陆荣廷杀害。

浔洲起义是辛亥革命时期广西一次规模最大的武装起义，是浔梧革命党人长期工作、武装夺权的尝试，值得表扬。由于领导人缺乏斗争经验和队伍复杂，经不起敌人的威迫利诱而解除武装，是资产阶级革命派软弱妥协性的表现。

六、钦廉驻军反正和党人举事

钦廉地区清代属广东省，设兵备道，辖一府一直隶州三县，由钦廉边防督办郭人漳兼署道员，统率二十个巡防营，曾镇压两次革命起义，兵力雄厚。1911年11月12日广东独立，军政府都督胡汉民通电各属归顺。13日北海接到通电，市民即燃放鞭炮，挂新旗，群众纷纷剪辫，表示拥护革命。北海镇总兵陆建章、廉州知府许莹章企图联合郭人漳割据钦廉，对抗军政府，廉州群众起来包围府署，强迫其挂革命旗。钦廉道员郭人漳见大势所趋，又得到黄兴嘱其出师援鄂的电报，便于14日在钦州召集地方官绅，集会于两等小学堂宣布独立，即席剪辫，成立钦廉军政府，自任一等行政官。称廉州府、钦州直隶州为二等行政府；称合浦县、灵山县、防城县为三等协政府；称各府经、州判、州同、县丞、县吏、典史等为四等布政府。限令各埠厘金、关卡将征收税银一律解缴钦州，以资薪饷和行政之用。陆建章、许莹章不服郭人漳所为，但又无力反抗，于16日解职离去。郭人漳派分统杨尊任接统陆建章的五营军队，委杨为廉州军政分府二等行政官。钦廉地区表面上独立了，但是香港南方支部系统的同盟会员却不承认钦廉军政府，先后在合浦、钦防举事。

此前，苏慎初（合浦人）受同盟会派遣在高雷一带活动，派其兄苏乾初和罗侃廷回合浦设立秘密机关，联络同志。及闻武昌起义，他们发动组织了四百多农民武装，运动清军巡防营内应，于11月17日攻占廉州府城，捕杀杨尊任，成立廉州都督分府，罗侃廷任都督，出示安民，派兵进驻北海，维持治安。这样，钦廉地区出现了廉州都督分府和钦廉军政府两个同属民国而对立的政权。廉州都督分府本身缺乏实力，只有数百农民武装，五营降兵不听指挥，叛相毕露；他们更害怕郭人漳举兵报仇，谣言四起，居民搬迁一空，廉州都督分府自动解散，罗侃廷赴省求援。苏乾初、丁守臣、卜汉池各率百人开赴高州，同苏慎初会合，廉州陷入无政府状态。12月2日第二十四营降军暴乱，抢劫商店，放火烧街，全城遭劫。

在钦州的钦廉军政府，郭人漳抽调外省籍官兵一千七百多人组成北伐军，编为二个步兵营、二个机枪连、一个炮兵连，准备离开钦州北上，剩下的军队交给本地土霸冯相荣（冯子材的三儿子，赋闲在籍道员）。及闻廉州事变杨尊任被杀，本想举兵报仇，但害怕贻误军事行动和开罪于广东军政府，只扬言铲平合浦，并没有行动。12月北伐军由林虎（陆川人）带赴南京，编为临时政府陆军部警卫团，林虎任团长。郭人漳告假回湖南老家。

曾经参加1907年钦防起义的老同盟会员唐浦珠避居越南，曾派人回钦防活动。及闻武昌起义，他经香港潜入广州，假道梧州返回钦州，到横县组织了一百多民军开回钦州，行至灵山沙坪与郭人漳的北伐部队相遇。郭军不恋战，夺路而过，民军顺利开抵钦州，钦州知州欢迎民军进城。唐浦珠自任钦州民团部长兼荣字全军统领，出示安民，宣告接管钦州，开庆祝大会，派女宣传队员登台讲演，群众聚听如山。土霸冯相荣伪装和平，不同民军对垒，但拒绝交出军队，把三营布置在钦州周围，把三营交给潘荫棠驻防东兴，成为掎角之势。唐浦珠只有一营新兵，力量悬殊，为了缓和矛盾，唐把民军开到防城驻扎。1911年末，冯相荣借口缉拿杀人凶手，派兵袭击唐浦珠在钦州的统领部，又派潘荫棠率兵从东兴进攻防城，唐浦珠退回大箓老家，被潘军冲散。唐浦珠带几个骨干乘搭民船逃往北海。那时，广东军政府派黄济川为安抚使，率协字军乘军舰到北海登陆，威慑住降军兵变；又派徐维杨为善后督办进驻廉州，结束了廉州、北海的无政府状态。但黄济川兵力单薄，无法援助唐浦珠，唐只得到广州向孙中山报告钦防事变经过。

冯相荣拥兵自重，后来投靠袁世凯、龙济光，当上广东钦防边防督办，民国初年钦廉地区遂为冯相荣所统治。

第八章 广西辛亥革命的结局

一、广西出兵援鄂攻宁

武昌起义各省纷起响应时，清廷被迫请出袁世凯任内阁总理去镇压革命。为迫使革命党人就范，袁派冯国璋率三万北洋军进攻武汉，占领了汉口，窥伺汉阳，黄兴在前线苦战经旬，屡电独立各省派兵支援。与此同时，上海、浙江、江苏相继独立，组织江浙沪联军进攻南京。革命和反革命在长江中下游进行决战。广西11月7日独立后，全省传檄而定，迅速实现了和平易帜，有可能出兵援鄂攻宁。在北伐问题上，当时有几种不同考虑：新军中的外省籍同盟会员认为，保卫武汉事关革命大局，必须迅速出兵援鄂，打垮清朝政府，革命才能成功。但是谘议局的议员们身为广西人士，不愿意新军离开广西，担心失去武力依靠，害怕旧官僚复辟，但又不好阻止北伐。广西都督沈秉堃是湖南人，早萌退志，主张新军北伐，随队离开广西。王芝祥、陆荣廷想把有革命思想的新军送出广西，去掉障碍，由旧军把持天下。同盟会和都督们的想法虽不相同，但出兵北伐是一致的，因此做出派遣新军分路北伐的决定。

第一批北伐军是桂林新军混成协二千人，和桂林各学校组织的北伐学生敢死队一百多人（白崇禧、黄绍竑、夏威、俞作柏、梁瀚嵩、伍廷扬、吕焕炎、黄梦年等新桂系高级将领都是该队队员），由同盟会员赵恒惕（协统）、冷遹（帮统）、耿毅（参谋长）率领，沈秉堃也随队离开广西。该军于11月下旬从桂林出发，步行出全州，取道湖南永州、衡阳到长沙集中，与湖南独立第二协组成湘桂联军，推沈秉堃为总司令。当时汉阳失陷，前线情况不明，派耿毅先到武昌联络。大队于12月20日从长沙乘船沿湘江入洞庭湖，出长江，12月25日到达武汉西南六十公里的金口镇登陆，成为武汉战区的左翼军。当时南北和议，武汉停战期满，广西新军奉命出击，12月31日渡过长江，进攻蔡甸，北洋军放弃汉口、汉阳北撤，该军向孝感方向追击，武汉三镇解除威胁。

第二批北伐军是同盟会员陈裕时（标统）率领的邕龙标新军一千人，集中到南宁编为六个中队，称广西新军邕龙援队（陆荣廷以时局不稳为由，把标统陈炳焜、龙觐光和主力留下）。于12月5日从南宁乘轮船沿西江东下，同先期到梧州的任福黎一营新军会合，开抵广州黄埔港候船。1912年1月4日由黄埔乘海轮航行四昼夜到上海，时南京已被联军攻克，该军遂开赴南京待命。

第三批北伐军是王芝祥率领的巡防营六个大队，约三千人。王芝祥是河北人，有镇压会党历史，沈秉堃离去后同陆荣廷争当广西都督，为桂省人士不容，被迫离开广西找出路。1912年初当陆荣廷兵临桂林城下接任广西都督时，他率兵离桂林北上，不与陆见面，沿着第一批北伐军的进军路线前进。该军到达武汉时战争已经停止，与桂林新军共同驻守武汉，黎元洪任王芝祥为第三军军长，领左路军。

在江浙沪联军进攻南京中，有一支英勇善战的广西军队被誉为联军之冠，这是黎天才率领的六百桂军。该军是"三二九"广州起义后龙济光带到广东十营桂军之一营。保路运动爆发，清廷调该营随岑春煊入川，在吴淞口待命，适逢上海独立，遂归附革命，参加进攻南京，自请担任先锋攻占乌龙山、幕府山炮台，打开南京的门户。复在幕府山架炮击南京城，命中北极阁，吓得在此观战的清督张人骏、将军铁良弃城而逃，张勋兵溃。这支铁军首先从仪凤门攻入南京城，锐不可当，黎天才遂有"黎老虎"之称。

还有梧州、浔洲、柳州、南宁的同盟会成立民军征集所，动员会党武装从军，组织学生参加北伐敢死队，共征集到数千人，日夜训练，准备为北伐之继。因南北和议，陆荣廷不发给军饷，被迫解散。以上事实说明，广西革命者和广西人民为北伐推翻清朝，完成革命大业是全力以赴的。

1912年2月南北和议成，广西三支北伐军调到南京，因军费不敷，巡防六大队纪律欠佳，遣散回乡。王芝祥被任命为南京留守处第三军军长。广西新军混成协和邕龙标新军合编为中央陆军第八师，师长陈之骥，旅长为赵恒惕和陈裕时，编制足额，武器精良，为南京政府的柱石。

二、陆荣廷桂系取得广西政权

广西独立时沈秉堃表示暂充都督，不久留。副都督王芝祥掌握实权，陆荣廷驻南宁，副都督挂名而已。陆荣廷无文化，靠战功发迹，貌似老实，工于心计，善纳谋士之言。他对这样的安排很不满意，在部属的推动下，开展了争夺广西都督位置的活动。

机会来了。11月11日晚上，桂林人民游行庆祝"独立"，旧军因剪辫哗变，叛兵劫藩库，毁电局，攻议院，议员逃跑有跌伤者。叛兵冲上街见剪辫者即射杀，新军营长田遇东（外籍同盟会员）死于乱枪中，沈秉堃藏匿不知去向。王芝祥调兵把叛乱镇压下去，翌日桂林恢复平静。可是桂林兵变消息传出，全省震动，谣言四起，人心惶惶。龙州道李开侁、龙州新军标统陈炳焜抓住时机，于12日致电广西议院，以沈秉堃下落不明，省政不能一日无主，推举陆荣廷为广西都督。同日，有人用广西军商学各界名义向全国通电："各省军政府鉴：广西篠日宣布独立，原公举沈秉堃为大都督，昨日桂林兵变，沈都督不知下落，现在全省公推陆公荣廷为桂省大都督，军政府即设南宁，为全省总机关。"同日，陆荣廷通电就都督职："各省军政府鉴：现承桂省人民公举荣廷为全省都督，自愧德薄能鲜，惟顾念大局，保持治安，不得不免其责。"一日三电，从推荐、公举到就职，显然是事先准备好的。

不出两天，沈秉堃出现了，仍回都督府视事。这样，广西出现两个都督的局面，究竟哪个算数？如果陆荣廷有谦让之心，可用误会取消都督，但他假戏真唱，志在必得。沈秉堃早有退意，看见广西政情险恶，更为不安，便借口北伐辞去都督职，议院补选陆荣廷为都督，陆未到前由王芝祥代，电催陆荣廷到桂林接印。

沈秉堃11月25日离开桂林，王芝祥掌管着军政府大权。陆荣廷借助同盟会帮他达到目的。派李开侁、陈裕时、何治方、廖祖寿、任墨经为代表，与同盟会代表雷在汉、李应元、雷沛鸿、曾天翔、任铁民谈判，11月20日在提督署成立广西军民联席会，"以广西者广西人之广西"为主张，决议：①推定陆荣廷为广西大都督；②军政府设于南宁；③军政府由党人组织；④征集省内民军以靖地方；⑤陆率兵北伐；⑥由民党通电促王芝祥离桂。这个协议看来双方都互相利用，后来同盟会帮助赶走王芝祥，迁省南宁，扶陆上马。而促陆率兵北伐，党人组织政府，却没有兑现，缺乏政治斗争经验的革命党人上了大当。

王芝祥虽在广西独立中起重大作用，但历年"剿匪"杀人多，有民愤。在陆荣廷的暗中支持和同盟会的作用下，全省掀起驱王风潮，说他野心揽权、任用旧人、取消独立，于是议会责难，报纸攻击，各界通电反对，王芝祥不能立足，决意率6个巡防队北伐，电促陆荣廷来桂林接任。陆荣廷屡电挽留，百般解释，也解不开死结。1912年1月21日，陆荣廷到达桂林，当天清晨王芝祥即率兵从北门出城，不与陆见面，带着满腹委屈离开广西。

陆荣廷当上广西都督，除时机、人气和权谋外，他还有两大优势：①有实力，陆荣廷坐镇桂南数十州县，领有左江、边关31个巡防队（营）和邕标龙标新军，两万余人,以善战著称,桂林新军出省北伐了,在广西无人能与他对抗,同盟会就是看中他的实力才拥戴他的。辛亥革命前十年,广西会党起义,兵灾民变濒仍,人心思治渴望有铁腕强人能使天下太平,陆荣廷就成了偶像。②是桂人,清朝实行地方主管官外籍制,本省人不得当省、府、州、县官,特别是太平天国后,为加强控制广西,大批湖南人来广西当官,民间盛传受湖南人统治。辛亥革命打破了枷锁,接过资产阶级的自治口号,演绎为"广西者广西人之广西",桂人治桂成为当时的社会观念。沈秉堃、王芝祥是外省籍的清吏,不容于桂人;陆荣廷是广西人,得到桂人的拥护。

广西独立之初,清朝的法制失效,民国法规未立,组织政府、用人行政都没有准绳,省临时议会中的同盟会员蒙经、卢汝翼组织十多名法律人士,起草法律法令,主要有《广西临时约法》、《广西官制大纲》、《广西地方官暂行章程》、《广西官俸暂行简章》等,赶在陆荣廷到桂林时颁布,图以法令限制都督权力。陆完全同意,于1912年2月25日以军政府一、二、三号法令公布。

《广西临时约法》分7章58条,按照三权分立的原则,规定都督代表广西政府,总揽政务;政务司执行政务,分科治事;议会是民选立法机构,监督政府,审查预标;法院独立审判民刑诉讼。特别是人民权利达15条:从人人平等,享有居住迁徙、言论出版、集会结社、请愿、诉讼、营业、信教、通讯等自由,人身财产不受侵犯,有选举权和被选举权,得任官吏公职等,体现了资产阶级民主主义的精神。虽然这些纸上的东西还未得到落实,但对刚刚摆脱两千多年封建帝制专政的人民来说,是闻所未闻的新鲜事,是历史的大进步。它振奋了人民的民族精神,爱国热情空前高涨,出现青年参军、学生讲演、商人义捐、群众剪辫、妇女演戏的热潮。在言论出版自由的推动下,广西报刊如雨后春笋,主要大报有桂林《独立报》、梧州《广西新报》、南宁《西江报》,社会舆论非常活跃。集会结社受到法律保护,同盟会改为国民党,进步人士纷纷参加,成为广西第一大党。立宪派和旧势力也成立民主党、统一党、共和党,然后合并为进步党与国民党竞争,出现了民初政党政治的雏形。这些新事物是辛亥革命斗争的成果,《广西临时约法》用法律形式把它固定下来。

《广西官制大纲》是军政府的组织法,分都督官房和政务司两个机构。都督官房是直接协助都督的办公厅,设秘书厅、法制局(局长蒙经)、铨叙局(局长卢汝翼)、印铸局、统计局、会计处、庶务处。政务司是行政机关,也称六司:军政司(陈炳焜)、民政司(陈树勋,前咨议局议长)、财政司(严端,同盟会员)、司法司(张仁普,同盟会员)、教育司(唐钟元,倾向旧派)、实业司(韦锦恩,共和党员)。军政府在陆荣廷的领导下新派旧派都有,同盟会员占较大比重,都是当时的名士，体现他"招才纳贤"的方针，比清朝的抚、藩、臬衙门简明得多。

《广西地方官暂行章程》是省的地方制度，废除清朝设立的道，保留府、县两级，直隶州、厅改为府，普通州、厅改为县，府、县同城，裁县归府。各府、县设首长1人，由都督任命；府、县设佐治员6人，分理总务、民事、教育、财务、司法、典狱事物，由府、县长择委。比之清朝的行政区划层次减少，称谓统一，人员也精简了。

陆荣廷还公布孙中山对官吏提出十条诫禁，如：不准拥兵自卫；地方各事须召集绅民协议，取决多数；对党人的禁令一律废除；出门不得乘轿，逐日须出办事，不得深居简出；地方办事各款须交地方团体主管，由官监督；民事诉讼不得跪讯；抢劫、凶杀须禀军政府惩办，不得生杀自由；严惩差役需索等。新的行政体制展现了新政府的革新风貌。

1911年11月30日，陆荣廷得知清军攻占汉阳，武昌危急，即发出率师北伐通电。三天内后，他以局势缓解，通电取消北伐。1912年初，袁世凯推翻和谈协议，1月13日陆荣廷致电大总统孙中山和各省都督："袁贼居心狡诈……我万不可再受其愚，应请各省都督同心协力，拨队继进。……桂省援军先后四发，荣廷尚有边防旧部万人，皆悍勇惯战之士。……务恳大总统通盘统筹，能拨小口径枪1万杆，川资90万两，荣廷当即驰回邕龙，分途召集，亲率北伐。"其时南京政府财政困难，孙中山回电劝止："执事勇敢无前，贵部亦早有名誉，若得为国前驱，满虏当不足平。惟西粤倚执事为长城，或不必亲行，只遣精队北伐，亦足于张我军旅。"同年2月，孙中山让位给袁世凯，粤督陈炯明建议新总统必须到南京就职，但袁坚持建都北京。3月4日陆荣廷通电各省："迁都北京如果实行，荣廷当率精兵百队，随陈粤后克日出发，与各都督会师中原。"他又致电孙中山："国都地点现在必定南京，袁公未到南京之前，孙大总统万万不可退位。"后来袁制造北京兵变，南迁之争乃息。陆荣廷三次请缨北伐均未成，很会敷衍应付同盟会，猎取全国英名。但在南北斗争的重大问题上，陆荣廷支持武汉、南京革命政府，人们把广西看作坚强后盾，客观上增加了革命阵营的分量。

三、陆荣廷巩固统治的措施

辛亥革命的大潮将陆荣廷推上了广西都督的位置，他是从清朝二品武官转变而来的军阀，尽管他颁布过共和约法和民主法令，那是虚应时代潮流，其本质是拥兵割据，所以他采取了一系列措施，巩固桂系集团在广西的统治。

（一）控制梧州

广西军政府和议会电催陆荣廷赴桂林接任，陆不走柳州直到桂林，而是乘船东下，在梧州停留二十多天，再溯抚河而上，1912年1月24日到达桂林。陆荣廷为什么不计时日走弯路呢？因为他要控制梧州，委任亲信黄榜标为梧州军政分府总长，命姻亲龙觐光率部进驻梧州，配合梧防统领宋安枢控制梧、浔地区。因为：①梧州为财富之区，占广西进出口货物80%以上，黄榜标兼梧州海关监督，以图取得关税。但梧税务司已接总税务司英人安格联密令，拒绝把关税交给当地政府，陆荣廷率军到梧州交涉，也毫无办法，只好电告南京临时政府外交部。帝国主义强夺中国关税，对陆荣廷是重大打击。②梧州是交通咽喉，陆荣廷要堵住广东革命党人入境。陆未到前（11月18日）梧州发生伏杀民军巫其祥事件，广东都督胡汉民屡电严责，陆荣廷以误会解释，发五千元抚恤金，派黄榜标到河边祭奠亡魂了事。当时，有广西同盟会员到广州请惠军统领王和顺回广西当都督，王志在北伐，但也以人员和武器支援家乡斗争。王和顺是同盟会元勋，是陆荣廷的宿敌，陆最怕王回桂威胁其都督位置，所以严查从广东来的人，剪发可疑者格杀勿论。

（二）消灭民军

民军是同盟会招编会党绿林组成的武装力量，认为广西是假独立，贵县、柳州更打出反对陆荣廷的标语，故陆荣廷认为民军是他掌权的大敌。在他赴桂林途中，以维护治安为名发生多起袭杀民军事件。11月6日，桂平等五县民军万人包围浔州，陆荣廷派龙觐光率兵以调停为名，突袭民军，出两千两银为遣散费，强迫解散民军，捕杀前敌指挥黄熊祥。贺县民军邱怀信、黄十二，为首领邱英茂被害报仇，率各乡民军数千，1912年元旦攻破县城，杀团总劣绅和警兵二十多人，县令投降。6日，陆荣廷在梧州派龙觐光的督带孟希孔，率队前往镇压，民军伤亡很大，退据各乡，孟纵兵掳掠，铲村杀人。陆荣廷通电说："该匪于地方反正后尚有此举动，显系汉奸煽惑，破坏共和。"贺县人士联名控告孟希孔滥杀，舆论大哗，陆荣廷被迫把孟撤职，委同盟会员陆爱唐为贺县县长，以缓和舆论。藤县县长韦文林残杀民军，梧州征集所长黄子庄控于黄榜标，要求撤换。黄榜标一面答应撤韦文林、委石敬明为县长和唐均培为民团长，一面通知韦文林伏兵以待。1912年3月5日，黄子庄率梧州征集所七十多人陪同石、唐赴任，船到藤县码头遭伏击，死47人，内有县长石敬明、留日同盟会员陈仙石。黄子庄、唐均培控于陆荣廷，反被悬赏缉拿。黄榜标因包纵鸦片被控撤职，调回南宁练兵，莫荣新接任梧州府长。黄榜标6月5日起程，命令管带黄国香将苍梧县安平、人和、溶潭三乡的民军一百多人包围歼灭。南北和议成，孙中山辞职让位给袁世凯，陆荣廷向全省通电称："清帝退位，民国统一，革命之目的已达，革命之名义自消。"随即停止北伐，解散民军，诬指民军为匪，勒令缴械自新，饬各统领会同地方官剿办，作为考核吏治的成绩。从此，捕杀民军遍及全省。

（三）笼络同盟会员

陆荣廷对同盟会的知名人物或亲陆者，则竭力笼络，谦恭优待，以获开明进步的名声。如陆荣廷觊觎广西都督时，接受同盟会建议设立交通部，招收会党绿林编练民军，以备北伐。他认为这样可把反陆势力推出省外，因而大力支持，派同盟会员何治方、雷在汉、雷沛鸿、柯汉资、周毅夫、陆爱唐、罗佩珩、莫继甫等为课员，分赴各地招编，发给经费，饬府县官支持配合；又委刘崛、王冠三、任墨卿、李应元为梧州、柳州、南宁、浔州的民军征集所所长。同盟会员为北伐大业，积极工作，各征集所都招得千数百人，后因和议告成，北伐停止而解散。又如，柳州同盟会邀请刘古香回来主持工作，陆荣廷即委刘为柳州军政分府总长，容许革命党人在柳州掌权。陆荣廷甚至派人到香港邀请戊戌玉林起义首领、在南洋加入同盟会的李立廷回广西，委为水师第二军统领。南京临时参议院成立，陆乘机推举刘崛为参议员，恭送出境，广西同盟会群龙无首，迅速分化。刘崛到南京后，向孙中山报告陆支持旧势力，镇压民军事。孙中山说陆荣廷讲义气，广西还是要他主持的，可见当时陆的两面手法却能迷惑一些人。

（四）迁省南宁

陆荣廷与同盟会人订立的协议中，有军政府设在南宁的条款，同盟会考虑的是摆脱旧势力的束缚，陆荣廷想的是离开地盘孤立危险。1912年初陆荣廷到桂林就职，授意同盟会员和桂南议员酝酿迁省南宁，2月25日便借口办匪离开桂林。桂林地方势力煽动群众冲击军政府，驱逐迁省"祸首"蒙经、卢汝翼（军政府局长）。省防统领秦步衢更是带兵大闹省议会会场，殴捕议员徐新伟。外府议员们以桂林没有法律保障，相约到南宁集会者78人，于4月初成立广西临时议会。桂北议员10多人不甘示弱，也在桂林成立临时省议会。两个议会电战数月，各陈理由，各争合法。陆荣廷称病请假，好像不偏不倚，超脱于两派之上。袁世凯虽然支持桂林议会，但也得要陆荣廷实地解决。8月陆裁决：定南宁为省会，都督议会居之，六司（行政机关）留桂。后因工作不便，六司相继迁邕，实现了陆荣廷的图谋。

（五）整编全省军队

清末，广西共有63个巡防队（营），设总兵、统领分辖，称旧军。新军有桂林混成协、邕标、龙标。广西独立后。新军和6个巡防队先后北伐。陆荣廷招编了几个巡防队，柳州同盟会也建了数千民军。1912年3月陆荣廷根据广西独立宣言，整编全省军队为国民军，分为7军：第一军统领谭浩明，统20队；第二军统领林俊廷，统21队；第三军统领龙觐光，统13队；第四军统领宋安枢，统10队；第五军统领刘古香，统14队；第六军统领陈朝政统11队；省防统领秦步衢，统11队。每队345人，全省共108队，总计37260名。新军一团，官兵1405名，均归军政司长陈炳焜统率。10月，陆荣廷把其精锐部队按新军建制编为两个师：第一师师长陈炳焜驻桂林，代行都督职权；第二师师长谭浩明驻龙州边关。这些军队除第五军是同盟会建立外，其余是从清朝旧军改编的，没有革命思想，是陆荣廷争霸的原始资本。

（六）滥发纸币

辛亥革命后，外省协饷停止，海关税又被帝国主义截走，广西经费无着，月需军费数十万。陆荣廷把藩库90万两和广西银行100万本金提取殆尽，就将银行的300万兑换券推出市面流通；又采纳财政司长严端的建议，发行800万元无本金抵押的纸币，以后越发越多。用滥发纸币、搜刮人民钱财的办法来支持他的军政开支。

四、投袁勾龙镇压二次革命

袁世凯在北京接任临时大总统后，破坏《约法》，专权独裁，杀害辛亥革命功臣。1913年2月，参众两院复选，国民党获392席，占国会多数，宋教仁准备组阁，发表反袁演说，袁世凯派凶手在上海刺杀宋教仁。袁又不经国会同意，与英法德俄日五国财团进行善后大借款2500万英镑，出卖国家权益，用来扩军备战。真相揭露，全国舆论大哗，有正义感的人们无不同声指责。6月，袁世凯强制舆论反诬国民党，免去赣督李烈钧、粤督胡汉民、皖督柏文蔚的职务。7月，孙中山、黄兴在袁世凯步步紧逼下，为保卫辛亥革命成果，号召全国讨袁，江苏李烈钧、安徽柏文蔚、上海陈其美、福建许崇智、广东陈炯明先后响应，举兵讨袁，黄兴直入南京指挥，任讨袁军总司令，称为"二次革命"。7月12日，

"二次革命"在湖口首举义旗者是广西著名同盟会员林虎旅长。该旅是南京留守处警卫团，是广西最早的新军。林虎一旅与优势的李纯北军争夺湖口炮台，保卫南昌，打得非常激烈，有"飞将军之称"。

令人奇怪的是，曾经三次请缨北伐的陆荣廷，在二次革命中竟颠倒是非，站在袁世凯一边。早在2月5日，陆荣廷便与云南都督蔡锷、四川都督胡景伊、贵州都督唐继尧联衔通电，声讨阴谋割据者，说"大江以南，恣情煽动"（见《民主报》、《时报》），暗指国民党。宋案发生后，继黎元洪之后，陆又跟随陕督张凤翔、直督冯国璋、豫督张镇芳、滇督唐继尧等14人联衔通电，诬指李烈钧、胡汉民、柏文蔚借宋案和大借款来"牵诬政府冀逞阴谋"（见《申报》），为袁世凯摇旗呐喊。为什么陆荣廷180度大转弯呢？

第一，受龙济光影响。陆、龙都是镇压广西会党和对抗革命发迹的，龙调任广东统制，陆才升任广西提督。辛亥革命时龙济光被广东民军驱逐，移驻雷州钦廉，反动本性不改，是袁世凯的忠实爪牙。龙的胞兄龙觐光也是反动分子，是陆荣廷的姻亲和镇压民军的打手。二次革命酝酿时，龙济光已通过其兄穿针引线，南北军阀勾结在一起。据龙觐光称："陆、龙函电交驰，维持大局，竟见一致"。说白了，就是结成同盟，投靠袁世凯，对抗南方革命势力。

第二，看风转舵是陆荣廷的惯用手法。这时他位居广西都督，拥兵数万，举足轻重，是各方争取的对象。岑春煊以上司身份致电陆、龙要求参加讨袁，约在梧州会商。孙中山也派潘乃德面见陆荣廷，约他与广东一致行动。均受到陆的断然拒绝，其实他已上了袁世凯的船。在陆荣廷看来，国民党虽是国会第一大党，在南方占据优势，但是在野党，内部涣散，军力不强，败局注定。而袁世凯是当今大总统，拥强大的北洋陆海军，有帝国主义支持，特别是获得大批借款，必操胜券，因此把赌注压在袁世凯身上，甘心助袁为虐，执行袁的命令。

宋案发生后，袁世凯即令龙济光军移驻西江上游梧州、浔州，监视威胁广东，陆荣廷让其入境，盘踞要津。广西议会国民党议员甘绍湘在梧州《广西日报》发表拒龙文章被捕杀，涉案人员纷纷逃避。龙军包庇烟赌，强买强卖，鱼肉百姓。7月19日，广东都督陈炯明宣布独立讨袁，龙济光即致电袁世凯请缨攻粤，但所部只有六千人，乞汇巨款添兵添械，募足一师。陆荣廷即拨6营充实济军，并助饷械，龙济光得以攻占肇庆。陆荣廷向袁世凯表忠："只知有国，不知有党，誓与中央共安危"。陆一面派军队到梧州填防，作龙济光军的后盾；一面派林俊廷旅驻钦州边境，勾结边防督办冯相荣，牵制广东。又请袁世凯派军舰到粤海助攻，汇巨款到香港接济龙济光，得到巨款用来收买江防舰队和粤将反戈，顺利进入广州，广东讨袁失败。

广东宣布讨袁时，曾派代表到柳州联络刘古香、刘震寰响应，这时讨袁战争败局已定，刘古香犹豫不决，主张讨袁的官兵发动兵变，刘震寰任讨袁军总司令，宣布柳州独立，释监犯，夺枪械，领兵向南宁进军。王狮灵向陆荣廷告密，兵临城下，沈鸿英诱擒刘古香，刘震寰闻变逃出香港，讨袁军溃散。陆荣廷亲临柳州，杀害了辛亥革命功臣刘古香、王冠三等十多人，摧毁了广西唯一的革命根据地。

武昌首义的领导者蒋翊武回湖南参加讨袁独立，任招抚使，被袁世凯通缉。起义失败往广西，行抵兴安县唐家司，被反动旅长秦步衢查获，9月1日解往桂林，陆荣廷电请处理，袁世凯复电枪毙。9日行刑，蒋写了绝命书，坦坐红地毯，宣传革命，观者痛哭，士兵不忍开枪，军官用手枪将蒋击毙。

11月4日，袁世凯下令解散国民党，饬各省都督和民政长，凡国民党所设立的机关，限三日内一律解散。以后再有以国民党名义发布印刷品、公开演说或秘密集会者，均属乱党，立即孥办。这完全符合陆荣廷的心意，他迅速解散了国民党广西支部及各个分部，广大国民党员纷纷宣布退党，头面人物逃避，坚定者转入地下秘密活动。袁世凯又公布国民党议员助乱证据，追缴国民党国会议员证书和徽章。广西国民党参、众议员龚政、蒙经、王永锡、覃超、马如飞、梁昌浩等十多人被押送回籍。至此国民党在广西的势力完全清除掉。

二次革命失败宣告全国和广西辛亥革命运动的终结，但它壮烈的史绩彪炳千秋。由广西北伐新军组成的南京陆军第八师，在二次革命中成为讨袁战争的劲旅。7月15日黄兴入南京任讨袁军总司令，命陈之骥率第八师开赴徐淮支援冷遹第三师，与优势北军激战，伤亡很大，退守南京。南京保卫战从8月14日到9月2日历时两旬。进攻的北洋军是张勋、徐玉珍、冯国璋等部和汤芗铭海军，共五六万人。讨袁守军是第一师、第八师，约一万五千人。第一师是新建部队，虽有万人，但战斗力不强；第八师是广西北伐新军，忠于革命，素质极优，但人员减半。因为是主力部队，战前已调一团去湖南、一团去江西、一营去上海保卫制造厂，炮营也去支援湖口了，剩下五千人，成为保卫南京的铁血部队。是时军情险恶万变，主将黄兴、陈之骥、柏文蔚先后离去，敌援大集，官兵团结不散，能者登高指挥，勇者擎旗陷阵。先与敌争城外高地，紫金山天堡城打到五进五出。后守卫太平、仪凤、朝阳各城门，喋血肉搏，粉碎敌军日夜炮击、爬城、地道爆破，多次冲出城门破敌阵地。据《申报》记者访谈："宁军每次占领紫金山立功者皆第八师士兵。……他们抱杀一够本、杀十有利之决心，勇猛可敬！……现城内布满炸弹敢死队，以图阻击张勋军。"城陷之日，残军千人从西门冲出，无一降者，演出辛亥革命失败阶段最悲壮的一幕。

结束语　广西辛亥革命的历史意义

广西的辛亥革命像全国一样，由于帝国主义、封建主义力量强大，领导革命的中国民族资产阶级具有软弱性和妥协性，在革命高潮中，革命党人在居于中心地位的桂林、南宁没有发动武装夺权，没有造成农村的变动，而是追求廉价的胜利，以迫使旧官僚宣布独立为满足，致使政权落入军阀陆荣廷手里，导致革命成果丧失，数以千计革命志士人头落地，无数革命先烈为此抱恨终生！但是革命志士的鲜血没有白流，广西辛亥革命的历史功绩并不因为它的失败而失去光辉，同样具有深远的历史意义。

辛亥革命使广西彻底结束了清朝的封建专制统治，清朝统治中国二百六十多年，年深月久，根深蒂固。广西人民积极参与辛亥革命，不但推翻它的各级政权，也废除其制度法令，还扫荡了其思想意识，出现了群众性的剪辫易服运动，皇帝不再是神圣的偶像，而是罪恶的象征，谁想复辟帝制全民共诛之。广西宣布独立，标志着清朝统治广西的终结，标志着中国延续两千多年帝制的终结，从此进入民国共和的新时代，历史意义十分重大。

广西独立加强了革命阵营的优势。广西是第九个脱离清朝的省份。广西独立，以二十二万平方公里土地和六百万人口加入革命阵营，使得力量对比的天平更向革命一方倾斜，对清政府政治上、心理上打击很大。从战略看，广西独立，使得西南独立各省和中南首义地区连成一片，解除了湘鄂革命中心腹背受敌的局面，长江沿岸的前线省份有了广阔的大后方，得到人力、物力的支援以对付北方的清朝政府。广西独立后，迅速派出三批军队北伐，对于稳定武汉的局势和联军攻克南京起了良好作用。

辛亥革命奠定了广西共和行省的基础。广西独立后，省临时议会责成议员蒙经、卢汝翼（均为同盟会员）着手制订各种法律法令。1912年2月25日由广西军政府用法令的形式公布。重要的有《广西临时约法》、《广西官制大纲》、

《广西地方官暂行章程》、《广西官俸暂行简章》等。《广西临时约法》具有临时宪法的性质,赋予人民广泛权利,规定都督、政务司、议会、法院的职权范围。《广西官制大纲》规定都督府和政务司的组织结构。《广西地方官暂行章程》规定广西设立府、县两级政权及人员配置。这几个法律确立广西共和行省的体制,都督统揽政务,立法机构是议会,执行机构是政务司,司法独立。这实施了资产阶级三权分立的学说,具有民主性和进步性。新政府发布通谕布告,要全省改用民国年号,谕军民一律剪辫;废除民讼用刑;废除"大人"称呼;官吏出门不准坐轿,每日要到堂办公;规定文武官员薪俸;减刑释犯;取消对党人的禁令;通电各地举荐人才;允许纠发官吏等。这些对人民有利的法律法令,是辛亥革命的斗争成果。

辛亥革命对广西人民进行了一次民主、共和的思想启蒙运动。革命前的广西政治黑暗,官吏贪酷,人民毫无政治权利,封建意识形态禁锢着人们的思想。辛亥革命期间,广西人民参加推翻清朝的斗争,参加各地的独立盛典,青年参军,学生讲演,商人义捐,群众剪辫,妇女演戏,整个社会都沸腾起来,人民呼吸着民主、共和、平等的新鲜空气,带来了民族精神大振奋和思想大解放。《广西临时约法》宣布人人平等,享有居住迁徙、言论出版、集会结社、请愿诉讼、营业、信教、通讯等自由,人身财产不受侵犯,有选举权和被选举权,可任官吏公职等。这些虽是纸上的东西,但对刚刚摆脱两千多年封建帝制专政的人民来说,是闻所未闻的新鲜事,是历史的进步。民主、共和、平等思想开始深入人心,形成思想解放的潮流。

辛亥革命的胜利与失败、经验与教训,对中国历史产生深远影响。它推翻清朝,建立民国,而后不到十年就发生五四爱国运动和中国共产党成立,为中国的新民主主义革命和社会主义革命开辟了广阔的道路。而它没有触动半封建半殖民地的社会制度,没能建立起资产阶级共和国,将政权拱手让给封建军阀,说明了中国民族资产阶级不能领导民族民主革命取得胜利,在中国走资本主义道路行不通。中国人民在黑暗中摸索,终于找到了马克思列宁主义,中国革命面貌为之一变。辛亥革命的历史证明,只有中国共产党才能领导革命取得胜利,只有社会主义才能救中国!

第二编

辛亥革命时期广西大事记要

（1894—1913）

　　1894—1913年是辛亥革命运动酝酿、发展、胜利、失败的全过程。广西是辛亥革命的重要地区，把广西二十年中发生的大事排列，既可丰富辛亥革命史的内容，又可看到广西辛亥革命发展的轮廓。本篇采编年体，结合记事本末，成单独条文。时间是公历。△表示独立条文。

第一章 1894年
（清光绪二十年 甲午）

1月

21日 清朝从广西巡抚张联桂之请，缓征养利（今划入大新县）、崇善（今划入崇左市）、武宣、临桂、灵川、宾州六州县上年受水灾地方的地丁银米。

2月

23日 本年是慈禧太后的六十庆辰，清廷大奖廷臣及各省文武大员，其中广西巡抚张联桂交部从优议叙，广西提督苏元春改为二等轻车都尉，云南提督冯子材赏加尚书衔，柳庆镇总兵马盛治赏戴双花翎，南澳镇总兵刘永福赏给用宝福字一方、小卷丝缎两件。并令每省派二三员进京祝贺。广西派按察使胡蹯芬为祝寿代表。

5月

是月 广西与越南边界线的绘图立碑工作完竣。先是1886年，清政府派邓承修为界务大臣，与法国代表浦理斐会戡镇南关附近界址。1892年派太平归顺道向万荣和法国参赞法兰亭会戡平而关以东界址。1893年派太平思顺道蔡希邠与法方委员西威仪会戡平而关以西界址。前后共历九年，因边界不靖和法国野心占地，划界工作忽行忽辍，或却或前，波澜迭起，特别是龙州厅属的金龙峒和里板的归属问题僵持不下。后因中国东北边有事，清朝令从速了结，只收回金龙峒七隘,放弃里板三村。本年6月21日中法代表在龙州签字,确认界图,广西沿边立界碑107块。当时属广东省的防城县与越南边界,1887年经邓承修与法使狄龙戡定立约,1893年冬完成了植石工作,立界碑33块。

夏间 防城县沿边一带发现有游勇闯入。游勇是中法战争的失业士兵、边防军的散勇和被裁的绿营。他们不愿归农,结伙入越南参加抗法,千百成群,流动于粤桂滇三省界外,故称关外游勇。他们是天地会的分支,以结会拜台作为取得经费和扩大队伍的手段。他们保持着军队编制,武器精良,有作战经验,在越北抗法多年。1894年法国重兵扫荡越南北部边界,游勇坚持不住,退回中国,遭到清军截击,把枪口转向清朝。

7月

14日 清廷降旨各省酌量裁减厘金局卡。按厘金创设于咸丰八年(1858年),为镇压太平天国革命筹集军费而设。在通冲要道设卡征收土货过境税,过一卡收一次税。事平后数十年,照收如故,伤商害民,破坏生产。清政府不得不缓和民怨。张联桂复奏说,广西历年已裁并厘卡二十多处,所剩大半皆居冲要,不能再裁,力图保持这一苛政。

23日 御使钟德祥(南宁人)奏,谷米东运是广西的主要收入,因厘税过重,商人无利可图,农民弃田辍耕。而洋米免厘,遂占港穗市场,甚至输入广西,请免收谷米厘金。清政府谕张联桂议复,张强调厘金收入以谷米为大宗,广西每年抽厘六七十万两,是全省军饷所赖,万不能免。

24日 即中日战争爆发前一天,清朝令广东南澳镇总兵刘永福酌带兵勇迅赴台湾办理防务。按1885年黑旗军回国时带有三千人,经过历年裁减,只剩三百老兵。刘永福要求回两粤召集旧部,闽、粤督抚敷衍塞责,他只好就地拼凑两营成军。8月间从汕头渡海驰赴台南。到台后清朝升刘永福为帮办全台军务,奉准回粤续招四营。钦州、防城、上思、博白、宾阳等地很多乡亲应招到台湾抗日。

8月

14日 因中日战争爆发,清朝国库空虚,故通令各省筹款,支付作战费用。桂抚张联桂奏陈广西财政艰窘,为大局计,拟从省内各项款中腾挪出十万两,候令上解。

是月　一股游勇从越南突入归顺州（今靖西县）境内，知州王方田联团集练赶赴出事地点进行驱逐，边督苏元春、边道蔡希邠照会谅山法官，派军队拦截，捕获游勇头目农文英和几名兵勇，予以杀害或监禁。

9月

是月　《广西全省舆图》一书绘制告成，装印成册，进呈清朝。先是1889年会典馆颁发格式，饬各省测绘舆图。广西地形复杂，人才缺乏，前桂抚马丕瑶向邻省延聘技术人员，购置仪器，在桂林、南宁、柳州分设三局，同时并进，实地测量，历年余草图成，又历年余定稿付印。图册包括省总图1、经纬图1、府总图11、直隶厅总图1、直隶州总图1、厅州县、土州县司散图83，凡例1、说4、表82。内容丰富，资料翔实，是一部大型地理工具书。

10月

13日　清朝调台湾巡抚邵友濂署湖南巡抚，以布政使唐景崧（广西灌阳人）署台湾巡抚。唐景崧不采纳刘永福合军守台北的意见，仍饬刘分防台南。后被敌各个击破。

是月　又有一股游勇闯入镇边（今那坡县）境内，苏元春拔营前往堵剿。鉴于游勇为法军所迫，迭次越界回国，苏元春加快建筑沿边炮台，把提标（提督的亲兵）龙防营调往归顺、镇边一带加强防守。

△御使钟德祥奏，广西煤铁甚多，合浦、百色煤质甚佳，运输方便，左江往年铁炉不少，因洋铁输入而停工。请招商开办，并免厘轻税。25日，清朝饬张联桂派员考察，如可用即立章开办。张联桂复奏，广西煤质不佳，产铁不坚，无商承办，无利可兴。其实广西官绅最反对开矿，怕重演太平天国矿工起义事。

11月

23日　清廷准张之洞之请（甲午战争清军水陆惨败，传日军将进攻东南沿海，清朝调鄂督张之洞为两江总督，沿海、沿江布防），命抗法名将冯子材在钦州召集旧部，成立萃军10营，速来江南办理防务。

24日　孙中山在美国檀香山创立兴中会，是中国第一个资产阶级革命团体，即辛亥革命酝酿时期开始。

27日 张之洞电令原黑旗军部将、广西边军分统黄守忠在桂召集抗法旧部3营，定名广忠军，火速北上。广忠军乘轮船经广州到上海，命驻守江阴。

是月 英国公使窦纳乐要求清政府开放南宁为商埠，未允。

冬间 游勇陆亚宋部数百人接受招安。该部向来活动在越南高平、谅山、文渊、七溪一带，久为法人之患，特别是上年在那兰击杀23名法军，声名鹊起。法国通过苏元春将其招安回国，编为健字前营，派驻金龙峒、硕龙等地。陆亚宋改名荣廷，任该营管带，谭浩明、韦荣昌分任哨长，此为桂系集团的胚胎。

是年

在东兴镇设立洋务局，总理衙门委甘肃候补道通判张云瞻为洋务委员，专办洋务与对法交涉事宜。

第二章 1895年
（清光绪二十一年 乙未）

1月

7日 冯子材召集部将冯相荣、冯兆金、冯骅、秦东义、黄辅成、蔡其铭等，统率萃军10营，离钦州北上。行经广西、湖南、江西，4月4日到达南京，张之洞令其移驻镇江，节制淮海和江南吴淞40余营守军。

是月 康有为应桂林士子龙泽厚邀请，1894年12月底从广州乘民船来桂，1895年1月下旬到达桂林，讲学于叠彩山景风阁。学生有龙泽厚、龙应中、况仕任、王凤翔、王浚中、程式谷等二十余人。内容是提倡今文学，宣传孔子改制，讲解春秋公羊传，以学术振人心，图改革，挽颓势。撰成《桂学答问》一书。康在桂林40天，2月中旬返粤。

2月

是月 苏元春电请王文韶代奏，以中日战争我方失利，愿效前驱。17日，清朝温旨挽留："苏元春连年办理广西防务，尚属周妥，桂边游勇滋事，未便远离。"

3月

是月 龙州关外游勇数千、马头山（越南地，与防城县隔着北仑河）抗法义勇数千、广安水军（北部湾海上武装）千人，派头目杨兆年、吴国华到台北面见唐景崧，愿来台湾抗日。唐景崧电商张之洞，企图利用此等游勇袭击日本本土，以解北京之危，后因饷械船只难筹，遂罢。

4月

1日 齐集北京会试的各省举人闻中国被迫与日本签订《马关条约》，割让台湾、澎湖、辽东等，赔偿军费两万万两，群情激愤，各省士大夫轮流到都察院请愿拒约。康有为连夜起草上光绪皇帝万言书，提出"拒和、迁都、变法"三主张。5月2日，康有为、梁启超邀集十八省应试举人开会，征求在书上签名，史称"公车上书"。签名者有1300多人，广西应试举人99人签名。

夏间 来宾、武宣大旱，米价上涨，群众拦阻米船出境，有些村庄聚众抢粮，地方官派兵驱捕，群众包围兵勇，打死弁目。武宣菱角湾河面，群众挟岸拦截米船，清吏派水师镇压，群众开枪还击，打死管带，巡船则开炮轰击群众。

5月

是月 冯子材在海州军次，闻日本强迫清政府签订《马关条约》，割地赔款，气愤欲绝，说："我今日之痛心视乙酉犹十倍也。"立请撤防回粤。当时日军威胁着京畿，到次年清朝才准冯子材率军回粤，督办钦廉防务。

△太平思顺道蔡希邠发动官绅民众捐款，在龙州创办同风书院，以开边地人文风气，经过三年筹建，本月落成开学。

△《马关条约》载明"台湾"割给日本，20日清朝谕令"台湾巡抚唐景崧开缺来京陛见，台湾大小文武官员一律内渡。"派李经方为割台大臣前往办理交割。台湾人民不肯脱离祖国，25日成立"台湾民主国"，拥唐景崧为大总统、刘永福为大将军，领导抗战。6月初，日军在基隆登陆，兵临台北城下。唐景崧携印潜回大陆，清朝勒令其休职回籍。

6月

14日 月前日军占领锦州和烟台，对北京形成夹击之势，苏元春奏请募兵填防，率劲旅北上，亲赴前敌，奏折送到北京已休战议和。14日，清廷电谕苏元春：现在和议已定，各路防军将次裁撤，广西边防紧要，毋庸募勇北上。

19日 法国以干涉日本退还辽东半岛有功，要求报偿，诱迫清朝签订《中法续议商务专条附章》、《中法续议中越会巡章程》、《中法续议界务专条附章》，规定增开河口、思茅为商埠，将越南铁路接进滇桂境内，建立对汛制度等。

是月 全省皆旱，惟富川、恭城、容县中旬连降暴雨成灾，容县毁屋900多间，损伤禾田1000余亩，溺死19人。

7月

21日 广西巡抚张联桂因病请求开缺回籍治疗，清朝允准，调云南布政使史念祖为广西巡抚。

8月

是月 来宾、武宣群众拦截米船事件，清吏曰为"积匪作乱"，密谋剿除。由柳州知府梁廷赞、浔州知府夏敬颐督率防营亲兵，出动水师，突于8月13日包围两县交界地带，攻村打寨，搜枪捕人，平毁碉楼，攻破纸扎等村，捕杀韦老恩等多人，反复蹂躏半月之久。

10月

△清朝支付甲午战争的巨额军费和赔款，国库如洗，下令扣减各省文武大小官员养廉银三成。7日桂抚张联桂奏，广西边境穷荒，生活艰苦，除文职州县官以上、武职参将游击以上薪俸较优外，书吏微员甚形困乏，请准免扣。

19日 刘永福从台湾脱险内渡回粤。先是唐景崧离去，台北陷落。台湾人民送总统印给刘永福，刘不受，以全台帮办名义领导抗战，6月黑旗军进援台中，同日军反复争夺；9月，退守台南，英勇抵抗，给日军沉重打击，毙伤日军3.2万人，日主力近卫师团被歼过半，中将师团长能久亲王丧命。刘永福部将吴彭年、徐镶、王德标先后阵亡。由于清朝封锁沿海，不准接济，黑旗军弹尽粮绝，台南陷落，伤亡殆尽，刘永福乘英国轮船，躲过日舰的追搜，返回大陆，清廷令其开缺回籍。

是年

　　游勇蔓延左江一带，归顺州是主要的入境地。苏元春派健字前营陆荣廷部驻守归顺州枯庞隘、壬庄等地，陆荣廷熟悉情况，镇压游勇有奇招，积极为清政府卖力，捕杀很多游勇，攻破不少游勇村寨。驻归顺州数年，游勇敛迹，受到上司赏识，得了个五品军功头衔。

第三章 1896年
（清光绪二十二年 丙申）

2月

17日 清政府蠲缓广西崇善、养利、来宾、左州、永康、柳城、雒容、象州、贺县、桂平、平南、贵县、武宣、宣化、横州、马平、容县、富川、凌云、临桂、灵川等21州县受灾歉收地方的地丁兵米。

3月

是月 由苏元春督修、广大边军将士动手兴建的广西沿边国防工程，中法战争结束就先修镇南关附近各炮台，而全线动工从1892年5月开始，至1896年3月结束，共修大炮台34座、中炮台19座、碉台83座，建了大连城、小连城两个指挥中心，修筑军工路一千多华里。炮台多建在高山峻岭上，规模巨大，工程艰巨，建筑坚固。

4月

28日 合浦县人林六在博白县石角村树旗起义，攻打合浦县山口圩，同清军激战。两广总督谭钟麟派副将江志率安勇驰至，会同地方兵练把起义镇压下去。林六逃到广西太平府（今崇左市），7月28日被追踪捕获，解回廉州杀害。

是月 法国用快枪武装白苗首领，攻打何国祥等游勇，游勇不支，纷纷避入中国，阮朝宗、麦贵安退河口，农文英入归顺州，游维瀚退镇边县花田屯。

5月

是月 上年广西秋旱冬饥，本年春夏灾情进一步恶化，以柳州、庆远、南宁、思恩、太平、浔州等府最为严重，宾州受灾最烈。桂平有人割取饿殍股肉煮食，数千饥民拥进梁村勒分富户钱粮。容县各里饥民向富户索钱夺谷，知县易绍真擒斩3人示威，也弹压不住。本月，桂抚史念祖拨银数万两，开仓米数千石，分济柳、庆、思、太各属，并招商到邻省采运谷米接济灾区。与此同时，粤督谭钟麟募捐和挪借得银5万两，到香港采购洋米2万石，分济柳、庆、思、太四府。

6月

是月 法国为推销其国内折废的铁轨，把越南铁路伸进广西，提出修建镇南关至龙州铁路。总理衙门迫于无奈，只坚持中国出钱主修，请法国公司承包，委苏元春为龙州铁路督办，太平知府康际清为会办，与法国费务林公司拟订合同。合同规定路轨宽度1米（与越南铁路同），将来延长到南宁、百色。总理衙门认为不妥，饬令修改，删去延长到南宁、百色条文，路轨宽度则含糊其辞。合同修改后，5日，总理衙门派总办章书文与费务林公司监工葛理义签署《龙州至镇南关铁路公司合同》共八款，是包工包料包经营性质，实际上是中国出钱替法国办事。至9月，苏元春在龙州建铁路公司、车站、仓库、码头，勘定路线，开始征购土地。

7月

14日 冯子材病愈销假，赴云南提督本任，钦廉边防督办一职由潘培楷接任，移驻东兴。

是月 西隆州有徐三者反抗官吏贪污，踞村恃险，同官府对抗多年。泗城知府王方田上任后，督带兵练围攻该村，开炮轰毙徐三及其儿子、孙子，洗村掳人，巡抚史念祖以"剿除积匪，毙渠扫穴"请奖。

8月

是月 根据《中法续议中越会巡章程》，本月成立广西全边对汛督办，由边防督办苏元春兼任，督办处设在凭祥。所谓对汛，是在边界交通要地两边相望之处各建汛营，驻兵30名以上，军官1名，以电线相接，互通情报，有警则出动拦截对方追捕的分子；平时则办理边境居民的过界手续和交涉事宜。章程规定：广西一侧设立10个对汛，地点在东兴、里接、洽峒、峙马、镇南关、平而、水口、布局、里板、平孟。

△桂抚史念祖受维新思想影响，召集官绅商股，订定缴税章程，以开采广西矿产。广东人谭日章、陈庆昌由香港华兴公司派遣，报开贵县三岔和天平山银矿，于本月成立华兴公司，集资本40多万元，未几亏折。至次年华侨巨富张士弼接办，与巡抚黄槐森亲到矿区视察，奏准立案，资本增至60万元，用20万元购买外国机器，聘请西洋矿师，修筑大道以通交通，建造西式楼房，招矿工3000余人，设守兵数十，开采3年，亏空40万元，1898年李立廷起义波及贵县，公司停业，机器弃于路边。

9月

是月 灵川知县陈国华浮收虐民，生员秦钟毅为民说话，被捕入狱，激起民愤，一都乡民数百人涌进县署，将秦拥归。陈国华以劫署上报，派兵追杀为首者秦钟玉。桂抚史念祖上奏，诬灵川县民抗粮、哄署、杀人、辱官。清廷命缉拿逃犯严惩。

10月

是月 永安州（今蒙山县）受灾歉收，谷米腾贵，人心惶惶，贡生姚泽新号召群众拦阻官方运米出境，并聚众到州署请愿。知州江鉴以造谣惑众、哄闹官署上报，准备捕人。姚泽新闻讯藏匿。清朝令严拏逸犯究办。

是年

梧州创办中西学堂，梧州厘金局督办谭国恩发动官绅捐资，由名士严式缪筹办，初借传经学院上课，后在北门街常平仓地建校招收生徒百数十人，设英文、算学、几何、国文4科，为广西新式学堂之始。

△本年凤山一带遍地游勇，拜台结会，入会者谓之"归洪"，凤山各哨秘密入会以保身家者不少，游勇深入到桂西山区活动。

△桂抚史念祖奏，本年广西开垦官荒民荒，共造田7310亩。

第四章 1897年
（清光绪二十三年 丁酉）

2月

11日 康有为第二次到桂林，仍住叠彩山景风阁。接触范围从学界扩展到政界，得到巨绅唐景崧、岑春煊大力支持，巡抚史念祖拨款万金助其活动，按察使蔡希邠出面为其主持。活动内容从讲学扩大到开展多项维新变法政治运动。

20日 苏元春请拨无烟洋枪以加强边防，清朝命两江总督刘坤一酌拨二三千支。8月，刘坤一解交给广西军火有比利时后膛快枪3000支、奥地利后膛快枪100支、无烟子弹150万发。以后苏元春裁军，因欠饷士兵以枪支抵偿，游勇获得新式武器。

3月

4日 防营在甲午战争中腐败无能，清朝着意整顿。本年是查阅福建、浙江、广东、广西营伍之期，谕桂抚史念祖严阅广西防营，如有武器废弛、技艺生疏、老弱充数、军务不齐等弊，著据实严参。然积重难返，官吏层层应付。

4月

1日 凌云县乐里圩发生教案。先是游勇游维瀚部来到西隆、西林、凌云一带活动，群众诉说天主教堂横行霸道、欺压中国人，游维瀚闻之气愤填膺。适法国马仙神父偕两名中国教徒,从百色返回西林常井教堂,途中夜宿乐里圩天主堂,群众去报告游维瀚,游勇连夜下山,攻入教堂,杀死法国神父和两名中国教徒。

6日 康有为发起组织圣学会,在桂林两粤广仁善堂举行成立典礼,蔡希邠偕各局、道、首府、首县官员出席,唐景崧、岑春煊、周璜等社会名绅和入会会员均参加,仪式隆重,奏乐鸣炮,极一时之盛。蔡希邠为圣学会作序,宣布开会宗旨。康有为起草圣学会缘起,宣读会章,确定庚子拜经、广购图书、出版报纸、设立义塾、翻译农工商西书等五项任务,会址设在依仁坊彭公祠内。

21日 清政府接到法国公使抗议,电询乐里教案案情,勒令广西派兵包围,迅将杀死洋人的"凶犯"拿获。史念祖、苏元春派总兵马盛治率大军驰往泗城府围剿,调陆荣廷率健字营参加。旋报:擒获戕害洋人之曾国良、兰亚丙,搜得洋书衣帽马鞍等件。清政府不依,多次电催一定要捉到游维瀚,经过三个月日夜追搜,6月下旬游维瀚被擒,在府治路城杀害,并把教士的遗物交法国领事验证。

5月

中旬 《广仁报》在桂林出版,报社设在圣学会内,经费由各方捐赠,唐景崧、岑春煊赞助最多。该报为旬刊,每期一册,版刻线装。编辑、出版、发行由康门弟子轮任,主笔是赵建敦、曹硕、龙应中、况仕任、龙朝辅。设论说、时事新闻、地方要闻、中西译述、杂论、短评等栏目。内容以外患日迫、国势日弱、变法维新、挽救危亡为中心。这是广西最早的报刊,人们耳目一新。

是月 桂抚史念祖备陈广西维新事项,拟开采煤矿、推广利源、练兵制器、设育才馆,以图自强。他又接受康有为的建议,札洋务局转饬各府州县厅和厘卡,订阅维新派办的澳门《知新报》,以通晓各国情况,便于办理通商和外交。

春夏间 钦州、防城饥荒,斤米卖至50多文钱,贫民多饿死。会党首领邓东良在马笃山、王光山聚众起义,被边防督办潘培楷镇压下去,搜出反清复明书证多件,邓东良被凌迟处死。

6月

3日 梧州开埠。先是英国利用马嘉理被杀案,本年2月强迫清政府签订《中英续议缅甸条约》,附款专条规定:"将广西梧州府、广东三水县城、江根圩开为通商口岸"。6月3日英国约同清政府宣布梧州开埠,设立海关,以桂平梧盐法道兼海关监督,税务司和官员由英、葡人充任,掌握实权。开埠后英国首先设立领事馆,以英人为主的洋行、公司相继设立,梧州成了帝国主义侵略广西的据点。

月中 广仁学堂在桂林开学,巡抚、臬司拨款万元购置图书和作开办经费,招生定额40名,课程有经学、中西历史、中西地理、宋元学案、朱子语录。学生日有课程,月有考核,年有甄别。曹硕主持学堂教务,各科教员在康门弟子中派充。康有为在桂林半年,办完创会、办报、设学三件事后,目的已达,7月初离开桂林回粤。

是月 中法交换照会,清朝允许将龙州铁路延长至南宁、百色,法国还取得河口至昆明铁路建筑权以及云南、广西、广东的矿山开采权。

5—6月 游勇出没于桂西一带,聚屯于隆林、乌冲等圩寨,不时越境打到云南、贵州,清朝迭次电令滇黔桂三省会剿。但疆臣各怀鬼胎,自扫门前雪,组织不起统一行动。

△清朝一再谕令各省裁勇节饷,苏元春以防营不敷布置,请求免裁。在清朝一再催促下,本月苏提出在20营边军中每营裁减两棚(班),年可节饷3.8万两。清朝不满意,询问能否再减?

△兴、全、灌哥老会起义。此前兴安县哥老会首领唐燕亭开堂放票,被官府捕杀。会众要为唐报仇,本月乘夜攻入灌阳县城。兴安、全州哥老会也起而围城,因水涨被隔,三县会党不能连成一气。史念祖得报,派防营镇压,委唐景崇回籍办团练,三个县会党被各个击破。

8月

是月 游勇复聚于西隆州格老寨一带,被清军击散,拿获头目李大成,余众潜匿各处。清廷以凌云、西隆、西林为游勇渊薮,威胁滇黔桂三省边界,命史念祖派干员率重兵驻剿,编保甲、查户口、清理外来人,不得养痈为患、贻害邻省。又令滇桂两省各清各界,举办团练,以防为剿。

9日 法军中校戈氏在东兴勘界,被会党武装包围,险些丧命。

10月

是月 给事中蒋式芬奏参桂抚史念祖徇私殃民,袒护陈国华浮收酿乱;臬司何昭然劣迹昭著，朋比为奸。清廷命湖南巡抚陈宝箴查访。陈查后复奏：原参史念祖徇私殃民，言过其实；惟信任非人，事权旁落致招物议。何昭然处理灵川催征滥押案，办理不善；处理永安禁米出境案，武断草率。桂林知府兼盐法道向万荣提审上述案件，意存袒护。本月，光绪帝据奏下旨，将此三大员革职，调云南巡抚黄槐森为广西巡抚，催其迅速赴任。

是年

△北海、梧州、龙州三个通商口岸开办邮政，由海关税务司兼办，负责本埠及邻近地区的设点通邮工作。广西其他地方仍是驿站制度。

△梧州开关半年，出口47万两，进口144万两，入超3倍。进口以洋纱为大宗，为27142担，次年增至62000担，第三年增至89000担。

第五章 1898年
（清光绪二十四年 戊戌）

1月

月初 马平会党刘三金、梁才、韦四拜台结盟，联络会众数千，反抗官绅抽捐，在三都圩树旗起义，进逼柳州府城，打下拉堡圩，屯兵于柳州城外竹鹅村。清吏派柳防营和省防营来剿，袭破竹鹅、拉堡。义军溃退，被追至双桥，梁才、韦四阵亡，刘三金被处死。余众散往忻城、雒容、迁江等地。清军残杀六千多人，此事波及广西四府七县。

4月

各省举人在北京会试，愤于胶州旅顺之丧失，康有为倡开保国会，到会二百余人。广西举人龙焕伦、王瑞芝、刘永年、况仕任、龙应中、汪鸾翔、程式谷、乌绅绪、宾宗椿9人参加该会并提名。

21日 法国天主教士苏安宁自永安州返回象州，行至古排塘村，看见路边酒店贴有禁教乡约，便砸毁酒店，拉走店主。村民敲锣追来，苏安宁与两名教徒开枪射击，被群众乱刀砍死。教案发生后法国大肆要挟，清朝将永安知州何臻祥革职，严令"辑凶"，派兵压境。永安群众上山结寨自卫，立誓"有祸同当"。6月，清朝把永安团总黄政求革职，勒令交出"凶手"。广西提督苏元春致信家乡父老说："应不惜乡中二三子弟，以一命抵一命，了此巨案"。永安乡绅就策划将三名无辜作为凶手交出杀害。广西藩库拿出4万两银赔偿法国结案。

是月 法国公使照会清朝总理衙门，以德租胶澳、俄租旅大，法国要求利益均沾，提出四条：（1）云南、广西、广东不得割让予他国；（2）修筑滇越铁路；（3）在中国南海设立停泊所；（4）中国邮政负责人请法人充任。清朝全部答应，并指定南海停泊所在广州湾（今广东湛江市），租期99年。法国把两广、云南划为其势力范围。

△在维新变法中，广西巡抚黄槐森上奏改革武科旧制，请将五金、煤炭、铁路招商集股开办。广西开办了贺县四塘岭银矿，建省机器局于桂林文昌门外，因官吏侵吞公款，聘请技术人员困难，机器局停建。

△因去冬法舰探测北海海面，本月粤督谭钟麟饬廉州知府开采合浦石埠头煤矿。该矿距北海八十公里，水运方便，先雇二百工人手工试挖，后配置机器，以绝法人之念。

5月

19日 英国公使窦纳乐以法国租借广州湾，向总理衙门索开南宁为商埠和拓展九龙租界。清政府允之。

是月 修仁县会党首领莫德标、白名清在排下聚众起事，攻扑县城，被击败，白名清以下百多人被杀。

6月

3日 法国以永安教案索要承办北海至南宁铁路，总理衙门照会法国，嗣后广西修筑铁路由华法公司承办。

11日 光绪帝下"明定国是"诏书，宣布变法，"百日维新"开始。

28日 李立廷起义。因玉林一带天旱米贵，地主豪族霸占水源，农民缺食辍耕，纷纷参加天地会。玉林五属会党首领李立廷因兄被捕，约定各县会党同日举事。6月28日，李立廷在陆川县平乐圩树旗起义；廖十八、谢华轩攻占陆川县城；田福志、封祝光攻占容县县城；刘凤云、冯平阶攻占北流县城；赵大寿、谢三妹攻占兴业县城；刘龙骨围攻博白县城。7月初，李立廷指挥各路会党十万人会攻玉林州城，猛攻十余日不下。邻近藤县、岑溪、贵县、北流等广西各地会党纷起响应，全省骚动，这是广西会党大起义的先声。

7月

是月 李立廷起义震动北京，清朝令两广督抚火速镇压。广东方面派高州总兵潘瀛、北海总兵刘帮盛率兵十营进入广西，11日解藤县、博白围，15日清军进抵玉林，起义军溃散，兴业、北流、陆川次第丧失。广西方面由柳庆总兵马盛治率十余营，从横州、贵县而下，但所有城镇都被东军"收复"了，马盛治为了邀功，指民为匪，打洞劫寨，声称"复城解围以来，攻破匪巢百余处，拏获匪首二百余名"。起义首领除李立廷逃出南洋、封祝光不知下落外，全部牺牲。

△广西边防督办苏元春在平而关筑炮台3座，挖地道而通，工程巨大；又在沿边要地建立对汛12处，同法国加紧配合，围剿中越边界的游勇。

8月

13日 平南县老鸡三（张三）响应李立廷起义，聚众千人，袭破桂平县商业重镇江口圩，清军赶到，老鸡三退入鹏化山区，被劣绅张景星擒获，解往浔州杀害。

是月 陆荣廷健字营奉调参加镇压李立廷起义。该营7月从归顺出发，到达贵县已是尾声，仍参加攻打大圩、东津、木格、大番洞等圩镇，号称"收复"。事平边军撤走，健字营留驻桂平、兴业清乡。陆荣廷长于打家劫舍，论功行赏，以千总尽先拨补，加守备衔，赏戴蓝翎。

△香港兴中会领导机关闻李立廷起义，派尤列、邓荫南、宋居仁入广西联络，行抵藤县，闻起义已失败，遂折回。

9月

5日 清朝命令各省于三个月内实行团练，限广东、广西一个月内完成。广西巡抚黄槐森即到玉林清乡，搜捕会党首领二百余人斩首示众，派兵扫荡贵县龙山、天平山。报称一个月内玉林州、梧州府办理团练、保甲就绪。

是月 为改革兵制，广西裁绿营、减水师、改练勇。先在抚标各营中挑选新兵600名，又令提标和各镇标各挑选新兵200名，全省共有练兵1400名，加强训练，以成新军，然后在各旧营中逐步裁旧练新。

△ 21日慈禧发动政变，掳杀维新人士，桂平县举人程式谷（又名大璋，康门弟子）在北京和康有为同居一屋，被捕下狱。慈禧下诏停止新政，广西维新派建立的桂林圣学会、广仁学堂、广仁报均自行关闭。桂林维新人士纷纷将康有为的著作和维新派报刊烧毁。学子马和（君武）秘密收购保存维新刊物。

10月

是月 游勇从左江渗入内地，在新宁州（现扶绥县境）驮卢地方渡过左江，进入隆安等县。苏元春派兵到红水河追击，清廷令贵州省派兵截阻，两面夹攻。

12月

是月 广西游勇聚集于西隆黄牛角山，飘忽不定，突入云南，攻破板丰汛和邱北县。云南派开广镇总兵蔡标驻广南堵剿，游勇又退回广西。

是年

苏元春集资7200两银，在龙州设立邕龙利济局，经营南宁、龙州之间的客货航运，订造浅水脚踏扒船多艘，称为车渡，航行于左江之上，获利甚丰。西江上游各段也出现民营乡渡和车船乘客载货的新形式。车船速度比民船快四分之一，为西江航运的一大进步。1903年苏元春被革职后，河道不靖，利济局停办。

第六章 1899年
（清光绪二十五年 己亥）

1月

13日 桂抚黄槐森奏：南宁地位重要，商业发达，恐外国援引梧州之例索立租界，请按岳州成例自开商埠，不准外人划租界。总理衙门议奏：近年英国使臣一再催开南宁为商埠，与其外人催开，不如自开尚可限制。清廷批准依议。2月3日总理衙门通知各国使馆南宁自开商埠，惟日期未定。

2月

20日 因上年广西会党起义和其他控案，清政府奖罚一批官吏。桂抚黄槐森前疏后紧，功过相抵，免于置议。按察使蔡希邠祖庇同乡引用私人，革职永不叙用。右江道黄仁济事起行动迁延，不胜边要之任，著命开缺。梧州知府张壁封因循玩寇，坐误事机，革职。镇压玉林会党有功之高州镇总兵潘瀛，给三代一品封典；北海镇总兵刘帮盛，赏给"巴图鲁"名号；柳庆镇总兵马盛治赏头品顶戴。

4月

是月 游勇头目阮朝宗上年在云南广南受抚，所部数百人编为归义营，阮任管带，本月调来广西，归苏元春节制。

5月

9日 清廷命广西提督苏元春进京觐见。7月，赏苏元春在紫禁城骑马。苏在京期间，清廷授命其回广西挑选十营精锐部队，成立武卫先锋军，带赴徐、淮训练，军饷由两江总督刘坤一供给。

15日 广西巡抚黄槐森把玉林州清乡、建保甲的做法推广到全省，拟订《严查保甲、整顿团练章程八条》，令各府州县照章遵办。

6月

是月 清朝谕令各省设法筹饷，为练兵、制械之用。桂抚黄槐森转饬各府州县官绅，从赌博中筹饷，用以招募安勇。南宁知府惠荣设局征收赌捐充饷。

7月

是月 梧州三社居民反对官绅私租水位地段给英国渣甸洋行，影响挑水和洗东西，群情汹汹，被苍梧知县威胁解散。

8月

1日 龙州铁路造价600万两，清廷以巨款难筹，令苏元春与法国公司商改减价。苏元春与法使比盛、费务林公司监工博浪澄签订《续立龙州铁路十条》，内容是：（1）路轨改为1米，与越南境内路轨相同；（2）造价减为320万两；（3）已用去的开办费16万两由中国承担；（4）中国如废弃合同，法费务林公司有权向中国索赔偿费50万两。总理衙门认为路轨宽度与越南铁路相同不妥，湖广总督张之洞反对尤力，至次年义和团事起，路事乃辍。

10日 清朝派苏元春前往广州湾与法国会勘租界。10月苏元春到广州湾与法国代表高礼睿谈判。11月签订《广州湾租界七款》。

9月

是月 宣化（现邕宁县）衙役王和顺、李八被捕入狱后获释，纠集同伴，潜至二塘到七塘一带,聚众拜台,劫富济贫,对抗官军,是南宁会党起义之始。

10月

是月 游勇会党梗塞左右江商路,南宁、龙州、百色商业萧条,鸦片烟税锐减。适苏元春路过南宁,绅商请兵保护,随即招勇造船,成立水陆护商队。阮朝宗的归义营编为护商营,巡防于百色一带。

12月

是月 苏元春建制造局(兵工厂)于龙州城外公母山,购置德国克虏伯厂的机器,聘工匠制造子弹和修理枪炮,是近代广西军火工业之始。"民国"三年,陆荣廷把其重要机件拆运南宁,局遂废。

△桂抚黄槐森改桂林经古学院为体用学堂,招收学生百余人,聘请去官在籍的唐景崧为中学总教习,讲授经义、策论。他联系中法中日两役亲身经历,很能鼓动学生。聘请利石文为西学总教习,讲授算学、英文。另附设小学,是为广西新学之先驱。

是年

△武现(今武鸣县)苏崧贞起义,与外来游勇相结合,清军、团练"无敢与敌",群众纷纷拜台入会。

△贺县受旱成灾,省方派员勘察灾情,蠲缓地方额赋。北流县兵祸特重,免去上年征存未解钱粮。梧州、柳州大疫,长安镇大火,烧屋千余家。

第七章 1900年
（清光绪二十六年 庚子）

1月

21日 清廷以广西边防紧要，会党活动频繁，命苏元春罢江南之行，驰回广西办理防务。2月广州湾划界事竣，苏元春回广西任所。

2月

20日 那马（现马山县）通判谭鸥，捕获会党潘特琴等，正在审讯，会党首领黄大率众劫狱，攻进厅署，杀死谭鸥，从容而去。

4月

2日 游勇罗四、叶大、高卫、黄三等部400余人由西林进入西隆，西隆知州黄先植出城集团抵御。游勇绕越小路于凌晨攻入西隆州城，摧毁州署衙门，缴获钱粮值1300两，抢去州官大印。苏元春调苏元瑞率毅新军，刘荣堉、陆荣廷的健字营，阮朝宗的护商营，协同当地团练，追击十天，把该股游勇打散。

5月

8日 广西游勇进入黔南下江、丙妹、巴桃、独甸等地，贵州告急。

是月　永淳（现并入横县）会党在灵竹圩树旗起事，同外来游勇结合，聚众数千，围攻与横州交界的防营哨所。

7月

4日　八国联军进攻津沽，清朝电令各省督抚酌派营队来京听候调遣，严催统带各员星夜兼程北上。20日，桂抚黄槐森奏，广西地邻法殖民地，形势紧张，要筹办防务，拒绝抽兵北上勤王。

12日　清廷下谕：已向外国宣战，本年乡试和会试展至明年3月和8月，派往广西的正考官御史胡孚辰、副考官翰林院编修李传之，着即回京供职。

8月

是月　英法借口保护侨民，英舰"舞鹤"号、法舰"河内"号驶抵北海，驻泊数天，窥无动静，才撤回香港、海防。

14日　八国联军攻占北京，慈禧、光绪逃到西安，派李鸿章、奕劻同八国联军谈判，军事行动停止。10月5日，广西才派按察使张廷燎带兵两营北上勤王。清廷电止："广西边防紧要，现在随扈诸军足资护卫，张廷燎所带两营，无论行抵何处，着即折回"。

10月

是月　桂林、平乐各属会党纷起，清朝命在籍礼部右侍郎唐景崧督办广西全省团练，唐在省城设团练局，招练成营。南宁也成立团防总局。

是年

△广西响应义和团运动的有：梧州成立"支那图存社"，群众举行反帝游行。象州、修仁出现仇恨外敌揭帖。有义和团成员到贵县办班教授拳术。

△南宁知府惠荣勾结边军统领马盛治大举清乡，蒲庙、下冷水等地的邕江两岸人烟全无，拉走农民几万头牛羊，作为"匪牛"充公给官办的农垦场。南宁每日杀人三四次，刑场终年血迹不干。

△陆荣廷健字前营驻扎归顺州，防地辽阔，商诸知州傅恩荣，设团防勇若

干棚,由地方出饷,归陆统带,称健字副前营,派谭浩明为管带,陆荣廷的实力扩充到两营。

△德国教士巴顾德购买合浦县城考棚前民房起教堂,居民拆毁之,并警告陈姓教民。德国派兵舰到北海示威,廉州知府富纯屈于压力,以考棚东面完好之同善堂易换,并赔偿兵费六千两结案。

第八章 1901年
（清光绪二十七年 辛丑）

1月

23日 广西提督苏元春奏说广西边防紧要，游勇滋扰，请将上年未裁的武卫先锋军5营再展期一年，仍由户部拨款。旨准。

2月

2日 按清政府的规定，本年是查阅福建、浙江、广东、广西等省的营伍之期，清朝命桂抚黄槐森认真查阅广西军队有无积弊，据实参奏。

5日 广西游勇以西林为聚集地，打进云南广南，势如燎原。清廷命滇黔桂三省派兵会剿，不得划界推诿。

4月

4日 两广官绅35人向慈禧太后进献方物和集款奉上，受到传旨嘉奖。

△清朝命广西巡抚黄槐森开缺候简，调湖北巡抚于荫霖为广西巡抚。任命发表后，英国公使照会当时在北京谈和的李鸿章，说梧州英领事不赞成有仇外行为的于荫霖在有交涉事件的省份任疆吏，最好令其退休，表示坚决阻止于的粤西之行，"免与和局有碍"。李鸿章上奏说，广西有通商口岸两处，教堂林立，游勇滋事，于抚难独当一面，免得英使饶舌，请另筹位置。清朝屈从英国的压力，21日命广西巡抚于荫霖开缺候简，以云南布政使李经羲为广西巡抚。

5月

21日 清朝改任李经羲为云南巡抚，调署云贵总督丁振铎为广西巡抚。

是月 苏元春派兵分路进剿西林游勇，上报次第扑灭。清朝命苏元春乘胜追击，会同滇黔军队迅将滇黔边界和红水河之游勇歼除，务拿首要陈亚秋等。

是夏 英国浅水兵轮一艘由梧州溯大河而上，越过艰险的伏波滩抵达南宁，乃循原路回去，证实邕江可以通航轮船。

6月

19日 清朝命广西等省整顿盐务，兴利除弊，以增加税收。

7月

是月 梁文廷在十万大山起义，广东派钦廉候补用道潘培楷率兵镇压，广西提督苏元春派兵在山北会剿。9月，清廷以潘培楷剿办广西土、会各匪出力，升为布政使衔。

8月

17日 清朝命各省选派学生出洋游学，经费由各省筹给，也鼓励自费留学，学成回国经考验后，分别奖给进士、举人、贡生头衔。当月，桂林人马和（君武）入日本西京帝国大学学工科，是广西第一个自费出国留学生。桂林人周家彦，同年10月由四川选送入日本东京帝国大学学法律，是广西第一个官费出国留学生。

24日 清朝以制兵、防勇积弊甚深，耗费巨款，命各省于本年内将绿营、防勇裁去十分之三四。精选出若干营，分为常备、续备、巡警等军，一律操练新式枪炮。练兵必先选将，命各省筹建武备学堂。

9月

7日 清朝与德、奥、英、法、日、俄、美、意、西、荷、比11国签订《辛丑条约》，中国赔款4.5亿两白银，分39年交清。第二年（1902年）元月要交付首批赔款2200万两，清朝分摊给各省负担。广西是协饷穷省，分摊30万两。清廷谕令各省督抚不得短少延误，赶紧筹措，免失信于洋人，致滋口实；若有延误，惟各省督抚是问。

10月

是月 广西团练局归并进广西保甲局，上年唐景崇招募的团丁也予裁遣。

是秋 游勇二百余人在象州、武宣交界劫黔商烟土200箱，攻破红水厘金局，押船溯江而上，来宾县城戒严。

11月

25日 苏元春欠饷太多，士兵纠缠。清朝调苏元春为湖北提督，湖北提督夏毓秀为广西提督，未到任前由柳庆镇总兵马盛治代理广西提督。

12月

4日 丁振铎到桂林接任广西巡抚，清廷谕丁与马盛治认真整顿军队，剿抚兼施，不令士兵与游勇勾结。令催两湖、广东解交所欠广西边防协饷。至于南宁开埠、筹措赔款、办学堂、练兵各项，著会同粤督陶模次第举办。由于广西战乱，新政多滞后。

是月 广西学政刘家溁烟瘾甚深，所到之处勒索棚规供应，他的坐船装私盐被水师缉获反说官船遭劫，清廷下令把刘革职。

是年

左江各州县传染洋子、痢疾、发狂等疾病，患者十死其五。宜山大瘟疫，有全家死绝者。

是冬 苏元春调走，其招编近20营游勇解体，官兵拿枪炮衣物作其欠饷抵押，整营散出，独立行动，推动了会党大起义。

第九章 1902年
（清光绪二十八年 壬寅）

1月

是月 省城桂林大火，烧毁民房甚多，灾民近况凄惨，当局筹款接济，巡抚丁振铎自请议处。

△桂西游勇攻破滇桂边境剥隘，滇军张显廷全营丢枪溃散。清廷命滇督魏光焘派兵收复剥隘，缉拿张显廷就地正法。

2月

4日 清廷以桂林是省垣重地，会党极活跃，每月发案数十起，令丁振铎严密缉拿。柳州以南农民纷纷起义，清廷以道员张崇荫镇压不力，调往来宾、象州打游勇。

25日 法国达隆二画（中尉）来龙州布局汛聚会，返回越南境内被身份不明的人枪杀，法国认为是中国散兵所为，欲治马盛治重罪，提出非调苏元春回防不可。清廷电催苏元春速回广西，肃清沿边散兵游勇，加意保护洋人和教堂。苏回任已晚，无法收集散兵。

28日 桂抚丁振铎奏，苏元春上年裁遣军队，未缴枪械，加上滇、粤散勇，合计不下万人，散兵同游勇结合，到处活动，道路堵塞，难期肃清。其时，著名会党王和顺、黄五肥活动在南宁府属，闭运培起于思恩府。南宁知府惠荣电称，南宁是各国教士来往之地，请派兵进剿。南宁成为广西会党大起义的中心。

3月

11日 苏元春以龙州铁路开办数年毫无进展,不愿担任铁路督办;法国也把注意力转到滇越铁路,不再催筑龙州铁路,该路乃废置。法领事说中国废弃合同,占据龙州铁路局房屋作赔偿。

4月

是月 广西全省大旱无雨,以南宁、太平两府最烈,赤地千里,春种全无,作物全部枯死,禽畜渴死殆尽,人以野菜、野果、树皮充饥,有全村逃荒、死尽者,活着的人奄奄一息,集市上挂牌卖孩子成行,饥民爬到"施粥店"讨吃,宣化县5万饥民抢米。为广西百年来最严重的旱灾。

△黄三起义于上思,与钦廉会党连成一气,粤督陶模饬钦廉道和北海总兵派兵进剿,9月报称钦廉肃清。

5月

13日 桂抚丁振铎奏,广西开始改书院为学堂。桂林体用学堂改为广西大学堂,秀峰书院改为育才馆,裁撤桂山书院用来办工艺厂。

20日 桂西游勇攻入云南皈朝,滇军来剿,游勇又退回广西。清朝责滇黔桂三省督抚互相推诿,特别警告苏元春养痈贻害,倘再延误,唯他们是问。

6月

13日 丁振铎奏广西会党起义情形:南宁以北内地,起义势头稍衰;太平、归顺、上思、镇安、百色、泗城等边陲府县异常吃紧,特别是游勇聚集在滇桂交界一带。

23日 从23日-29日,湘西、黔南、柳北连降六天大雨,洪水从上游直泻柳江,下游红水河也涨水挡住洪水去路,柳江沿岸便成泽国,柳州城除几个高点外全被淹没。洪水把大树、竹林连根拔起,把整间房屋连人畜往下推,为柳州百余年未见水灾。洪水过后,桂林、平乐、柳州等府霍乱流行。贵县、上思发生瘟疫,人畜死亡狼藉。

是月 因1898年九龙半岛已被迫租给英国，清政府命将九龙巡检司移至合浦涠洲墩，称"涠洲墩巡检司"，改隶合浦县。

7月

是月 广西民穷财尽，灾害严重，还要负担辛丑赔款每年30万两，另加补平、补色、汇费4万余两，数巨期迫，巡抚丁振铎拟议七条筹款办法：(1) 开收官捐；(2) 酿酒、榨油、榨糖缴费；(3) 浔州税厂改为委员征收；(4) 买卖房屋按价征收百分之四；(5) 当铺、押店加饷；(6) 征收厘税；(7) 赌博由公司承包，全省收赌饷30万两。

△柳庆镇总兵马盛治到南宁剿会党，旬日杀人盈千，人称"屠伯"。本月间他由南宁上隆安，行至武鸣马鞍山下的丁峤村，被会党黄五肥、李八伏杀，会党声威大振。

8月

3日 清朝调丁振铎为山西巡抚，调安徽巡抚王之春为广西巡抚。王之春以广西兵力单薄，奏调总兵黄承祥率安徽武卫楚军四营同来广西。

9月

是月 游勇百数十股，聚集于泗城、隆林、西林一带，以八角山、牙王山、大小八达河为根据地，以剥隘为门户，纵横数百里，收商税，购枪械，招人入会，贴告示称"总统忠义全军"。著名首领有梁振科、杜七、苏明、黄三、李二老板、陈亚秋等。西隆州官绅开门让游勇进城，纳款求和。河池州被游勇攻入，知州弃城逃遁。

△王之春出桂林到贵县坐剿，派楚军攻峒打寨，10月报称贵县肃清。

△秋季广西大学堂在桂林开学，以陈昭常为监督、刘士骥为提调，设经、史、算、英文四科。学生分正斋、备斋，正斋招收举贡生员120人，备斋招收童生100人。

10月

是月 聚集在桂西的游勇陈兵于红水河南岸，声言"克期入黔"。10月初，一路游勇从泗城北渡红水河，进入贵州贞丰州、册亨州、都匀县等地，攻打板丰碉营；另一路游勇万余人在西隆、西林乘雾渡河，攻破贵州箐口团营，防营全军覆没，乘胜攻占兴义县城。游勇沿途张贴告示要"由黔入川"，贵州震动，调全省兵力拦阻。月底，游勇退回广西。

11月

是月 南宁、思恩两府是会党起义的中心地区，桂抚王之春移驻南宁"督剿"，会党势力暂及南宁城下，王一筹莫展，闭城据守，用招安办法招降李八、唐弟两部各百余人，编为自新营，入驻南宁。又奏请清政府派粤军四营入桂援剿。

12月

是月 孙中山应法国印度支那总督杜美的邀请，从日本赴河内参观工业博览会，杜美已离任回国。孙中山和其秘书长哈德安会谈，提出借路经越南北圻运送武器人员进入中国的要求，遭到法方拒绝。孙中山结识了河内的爱国华侨黄龙生、甄吉亭、彭寿扬、张奂池、甄壁等，成立兴中会河内分会，是为革命党人对广西开展革命活动的嚆矢。

△柳州、庆远两府会党蜂起，与南宁、思恩两府会党并驾齐驱。柳州知府周继仁出城"督剿"，被马平会党黄志龙击毙。

△左江道余诚格令受抚之游勇雷八部百余人，由南宁开赴龙州，进入龙州厅署，设伏兵砍杀殆尽。

是年

梧州有定期轮船来往广州、香港。英商到梧州成立"渣甸洋行梧州分行"和"天和洋行梧州分行"，建筑码头、水筏、仓库，经营梧港线、梧穗线的客货运输。航行在西江上的轮船有：英太古洋行的"连滩"、"新会"两艘大型客货轮；葡萄牙的"高亚"、"的利"两艘大型客货轮；华商的"新安"、"和贵"两艘客货轮；法国的"里保第"客货轮。

第十章 1903年
（清光绪二十九年 癸卯）

1月

是月 王之春驻南宁督剿，会党越剿越多，不特左右江蔓延，宾州、武宣、象州又告急。王自请率兵4营前往宾州进剿，清朝命其仍驻南宁统筹全局。

2月

月初 滇黔桂三省会剿开始。滇军解皈朝、普厅之围后，派白金柱、龙济光出境袭击西林、镇边。黔军收复兴义后，进军西林、西隆。苏元春、黄承祥率广西军队到百色一带合击。经过旬日激战，游勇损失很大，李二老板被俘斩首。

23日 因上年广西旱、水、虫、兵四灾交叠，清朝蠲缓雒容（今并入鹿寨县）、贵县、平南、柳城、苍梧、藤县、桂平、象州、来宾、武宣、岑溪、容县、宾州、上思、崇善、新宁、宣化、永淳、宁明、永康、西林、贺县、荔浦、迁江24厅州县征收的钱粮。约占全省四分之一。

28日 桂抚王之春奏，广西兵乱灾荒交迫，请将梧州海关每年拨给上海、浙东10万两厘银，截留给广西两年，用以济赈养兵。

3月

21日 清朝旨责王之春镇压会党"一味招抚，养痈为患"。27日，命苏元春速进京，以黄承祥署理广西提督。上年续募的五营缓裁，免流为游勇。

4月

13日 因广西会党起义势如燎原，波及粤滇黔三省边界，清朝打破"回避本籍"的成例，简任岑春煊署理两广总督，专责镇压广西会党，并委以整顿两广吏治、军政重任。

是月 从桂南转战到桂西北的游勇陆亚发部攻占南丹土州，占领达两月之久。清朝电责王之春为何不派兵收复南丹？直至6月30日，黔军同该州土官莫泌才收复州城。

△日本报纸报道，桂抚王之春向法国借款、借兵平定广西会党，引三千法军进据镇南关，全国大哗。25日，寓上海的广西人士在张园集会，致电清政府阻法罢王，号召两广绅商罢工罢市。28日，东京留日学生集会，抗议王之春出卖路矿主权，掀起了拒法运动。广东、杭州、香港等地纷纷集会致电，要求革王之春之职。后来报纸更正消息，风波始息。

5月

是月 王之春从安徽调来楚军4营，又续募省标6营，合成10营机动部队，作为进剿主力。另整顿水师，编为3营，有巡船140艘、勇丁1300人，转防水路。

6月

25日 游勇陆亚发部又攻占东兰州，击毙知州陶其淦。

是月 据广州《岭东日报》报道，广西灾荒持续近两年，待赈者计有34.9万人，饿死7.3万人。县志载：桂平县每日斩监犯数十，任由饥民割肉取食。贵县市面绝粒，树皮、树根采食殆尽，饿殍数千，圩成人市。

△署理左江道郑观应，仿天津、广东章程，在南宁将道、府亲兵营改为巡警，专事维持治安，为广西设巡警之始。

△粤督岑春煊亲驻浔州府城督剿会党，划广西为四个战区：柳州府、庆远府为一路；南宁府、思恩府为一路；泗城府、百色厅为一路；龙州厅、沿边为一路。各路派营专责"剿办"。柳庆、思南两路为进剿重点。

7月

3日 陆亚发部攻入怀远（今三江县），清提督赵焕湘弃营先逃。

7日 清朝根据岑春煊的查奏，下令把广西巡抚王之春、提督苏元春、布政使汤寿铭、按察使希贤一并革职；还惩办了道府州县官吏和提督以下的武将百余人，分别给予监禁、流放、革职、开缺、休致等处分。

8日 清朝调江西巡抚柯逢时为广西巡抚（未到任前以广东布政使丁体常暂行代理），调湖南按察使胡湘林为广西布政使，调江西道员刘心源为广西按察使，调大同镇总兵刘光才为广西提督。

14日 清朝命在籍老将冯子材会办广西军务，丁槐署理广西提督办理边防，原提督黄承祥侵饷撤职。

21日 岑春煊请拨上海制造局新式快枪数千支，每支配足子弹一千发，运来广西急用。该批军火在海上沉没，岑请再拨。

23日 岑春煊奏调湖北武建军8营，由江苏候补道郑孝胥率领来桂"助剿"。

是月 粤督岑春煊奏准将广西边防24营缩编为20营，以张发贵、陈世华、黄云高、陆荣廷四将分统。陆荣廷所统5营称荣字军，转防西路太平、归顺。原苏元春部的军官陈炳焜、林俊廷、林绍斐等拨入荣字军，桂系军阀集团逐步形成。

△梧州知府周天霖改中西学堂为梧州府中学堂，招生百名，分正取、备取，设修身、国文、历史、地理、英文、算学等科，为广西第一所中学堂。

△御史周树模参苏元春营私克饷，养寇殃民。清朝命岑春煊查实具奏。岑春煊查奏：苏元春纵兵殃民，缺额扣饷，辜恩负国。20日，清朝下旨：拏苏元春交刑部治罪。刑部判为监斩候，秋后处决。法国公使出面讲情，改为充军新疆。

8月

2日 为筹措军费和济赈，岑春煊奏准在两广推广七项捐输，卖官鬻爵是其中一项最大收入。

7日 清朝命云南派白金柱、龙济光率兵4营速出广南，向广西西林、百色、南宁扫荡，与黔桂军会合，委谢汝钦总理三省营务处。9月，滇军两路入桂：一路进扎西林、百色；一路进扎西隆。10月，两路会师扫荡泗城府属，统由龙济光指挥。

31日　清朝命江苏候补道郑孝胥督办广西边防，准专折奏事。郑率湖北武建军8营驻龙州守边，认为兵力尚单，奏留守备陆荣廷荣军5营同守。其他各边防营均调往内地镇压会党。

9月

1日　广西学政汪贻书奏请裁撤边防各军，以节军饷；停止广西赌捐，以免贻害地方。清朝批转给岑春煊办理。1日，岑春煊复奏：体察广西情形，裁边防军万不可行；赌捐因无其他收入相抵，也不能禁赌。

△贵县知县陈景华杀人如麻，铲村烧屋，绅民联衔控告于岑春煊。岑请旨革职讯办，收监在押。1日，下旨斩决。陈景华提前一天越狱逃跑出国，后来参加同盟会，是曼谷支部负责人，辛亥革命后任广东警察厅长，1913年被龙济光诱杀。

5日　左江道余诚格诱骗受抚之李八部至四塘，全营消灭；又格杀唐弟于南宁城内。

23日　柯逢时电外务部，探闻会党已逼近桂林省城。清朝责岑春煊粉饰太平，虚报肃清，命柯逢时迅速赴任据实具奏。这是岑春煊、柯逢时不和的前因。

25日　柯逢时以各省调兵会剿无功，请准广西各州县募亲兵一二百名，各府募亲兵二三百名，计全省募亲兵一万五六千人，需款一百万两。又广西灾区甚广，用于兵饷、赈抚两项总三百万两。要求户部每年拨给广西一百万两，以两年为期，否则不接任广西巡抚，清朝答应交户部查照，催柯赴任。

是月　会党彭十二攻入防城街，掳去150多人，劫夺财物而去。

10月

20日　右江道王芝祥诱杀受抚编为续备军右营之马平会党梁果周部93人于柳州道台衙门。

是月　覃老发据柳属四十八峒已十年，村民全部"归洪"。岑春煊派统领祖绳武率兵围攻四十八峒，破老虎洞、麻油洞，诱擒覃老发、唐万里、罗老金、刘六等杀害。

11月

1日 因日俄战争爆发，岑春煊自请赴东北防御。1日，清朝以广西军务未竣，需该督坐镇；东三省事，中国断难言战。岑春煊又请把广西吏事、军事责归巡抚，以一事权。

7日 贵州巡抚曹鸿勋奏，数千游勇会党围攻南丹，东兰游勇也来会合，势甚盛，土州官莫泌逃跑。贵州震惊，惧游勇再次入黔。

是月 凌云、西林、西隆改土归流后，保留派乡民充夫役的习例，不肖官吏借此苛索，乡民不堪滋扰。护抚丁体常奏准永革派用乡伕，官家需伕，给价雇募。

12月

24日 清朝以国库空虚如洗，责成各省从光绪三十年（1904年）起，将所属优缺优差浮收之款整顿田房契税岁增之款，报解中央，分配广西每年上缴十万两。又令各省提高烟酒税，把增收数额分配给各省，广西每年上缴十万两。

是月 岑春煊称病回广州调理，请辞两广总督职。巡抚柯逢时提出"所请二百万两的款若不如数拨给，即另简贤能"。提督刘光才请"收回总统各军之命"。边防督办郑孝胥请将武建军撤回湖北。护抚丁体常请假修墓。清朝多次下谕调和诸员说："现在时势艰难，地方军政吏治皆关紧要，督抚同办一事，务当和衷共济，倘若各存意见，贻误大局，唯该督抚是问。"

△为军务需要，桂抚柯逢时在桂林成立广西官银钱局，收发省司局官款。在南宁、梧州、柳州、浔州各设立分号，各府州县公款在分号支领，入款也需交官号收储。广西全省每年支官款59.4万两，入款68.35万两，略有盈余。

是年

△英商"人和洋行"到梧州设立分行，购置水筏、货栈、码头，拥有"镇威"、"镇波"两艘客货轮，航行于悟广线，并把广西矿产、燃料运往香港。

△容县成立公立水源高等小学堂，为广西第一所小学堂。

△梧州知府庄蕴宽拆神庙，拨庙产，开办冰井等学堂，扩建梧州府中学堂。

第十一章　1904年
（清光绪三十年　甲辰）

1月

23日　岑春煊特参南宁知府惠荣勒财滥杀，纵容幕友。清朝将惠革职，发往新疆充苦役。

是月　思恩府会党首领闭运培经清军统领和廷彪招安，3日即遁，藏于隆安县乔建圩，被清军搜捕杀害。

2月

是月　英领事照会桂抚柯逢时，言梧州向驻道员办理交涉，请恢复旧制。19日，柯与岑春煊联衔请准以桂平梧盐法道由桂林移驻梧州，兼海关监督，办理通商交涉事宜，并督水师清理河道。

△柯逢时接任巡抚后，军费无着，从本年起在广西废厘金，行统税。即把厘金征收的各种土货过境税，统计一次缴清。全省哗然。左右江集镇首先罢市，桂林、柳州、浔州的商店纷纷歇业。梧州商民反对最烈，25日开始罢市，船只停开，货不进埠。各埠商人要求柯逢时取消统税，撤统税委员程道元的职。柯寸步不让。罢市坚持到3月中旬，采取折中办法解决：各货减少征收，凡货在梧州销售者，纳税一次；如转运内地者，先纳半税，至行销地再纳完税。商民认可，3月22日开市。

△柳庆镇总兵杨发贵在红水河被会党打败，其哨官吴庆祥率兵百余挟枪溃逃，被革职永不叙用。

△清军统领祖绳武到河池招抚陆亚发、梁贵才、黄留芝部游勇，编为绍字先锋营。

3月

10日 岑春煊、柯逢时奏，广西绿营裁汰后尚存马步守兵5500名，现除保留少量官佐和马步兵162名外，全行裁撤。另外，撤销新设的柳庆镇总兵，将右江镇总兵从百色移驻柳州，将左江镇总兵从南宁移驻百色。裁营撤镇腾出的经费，充州县募亲兵之用。

是月 驻明江县爱店的防营管带梁秀春（又名兰泉），原是受抚的会党首领，苏元春被革后，清吏以亏饷短械的罪名准备逮捕，梁闻讯逃入越南，后来参加同盟会。

4月

是月 清朝免去刘光才广西提督职务，以右江镇总兵丁槐署广西提督。从原苏元春的部队中拨出11营交丁槐统率，专办左江一路。

△南宁府会党首领黄五肥率部三千多人驻在永康、罗阳一带（今扶绥县境）。丁槐调集思恩、南宁两府军队，分八路进攻永康州，黄五肥阵亡，余众奔入上思十万大山。

△容县人陈祖虞（又名协五）在梧州创办私立国民学校，学董和教员都聘请有革命思想的人士担任，学生有180人。该校讲授新学，鼓吹革命，学生均着制服，剪辫子，受到官府和旧势力迫害，1906年被勒令停办。

△两广学务处考选学生46人出国留学，其中广西学生3人；桂林李质、象州苏寿松留学日本，怀集李灿基留学美国。这是广西以官费选送留学生之始。

5月

2日 桂抚柯逢时筹订全省行统税、废厘金办法，改并厘金局卡为统税局卡。是年统税收入比厘金增加百分之七十。但商民反对甚烈，岑春煊奏请暂停。

4日 桂抚柯逢时添船增勇，加强水师，恢复光绪初年的五军旧制，划分地段专责巡防。从桂林至昭平，为中军汛地；从昭平南下至苍梧、西下至平南，为前军汛地；从平南至横州，为右军汛地；从南宁至百色，为后军汛地。各汛地按水程长短配备师船兵力,与沿河防营、团练互为声援。五军共有巡船、车扒158艘,官兵2100名。推行数月,河道疏通,劫案减少,还断绝了会党的接济。

30日 清朝调贵州巡按李经羲为广西巡抚,柯逢时改任贵州巡抚。

是月 广西各州县募亲兵,于上年底完成,全省共有亲兵八千余人,以知府、直隶知州为统领,以知县、知州为管带,购买德国后膛枪六千支,广东拨来毛瑟枪二千支,以及广西原存的旧枪,用来武装各府州县亲兵。另外选择地方绅士整顿乡团,划定屠捐、烟灯捐为团练经费,团丁按月训练,三个月一换。并推广丁槐在龙州并村建碉堡的做法,发武器给团练扼守。省城设立团练总局。

3月以来,右江道褚兴周率防营和团练五路进攻四十八峒,清乡数月,捕杀三百多人,焚烧"匪巢"270余间,致使四十八峒空无人烟。本月,柯逢时奏准将桂林同知移驻四十八峒,改称中渡同知,配兵两营建造营房炮楼防守。

△桂抚柯逢时在省城桂林设立警察巡军,把保甲局归并进去。

6月

24日 陆亚发所部在柳州起义。先是陆亚发绍字四营千余人开到柳州,奉令调赴广东,派定西兵轮来接,定于6月24日起程。该部官兵虑清吏杀降,是日黎明鸣枪占领城门和电报局。天亮,绍字全军皆起,攻下道台、镇台、县署衙门和支应局,获枪支数千、大量子弹、20多万银圆,占据了全城。清军统领祖绳武畏罪自杀,右江兵备道褚兴周从水沟爬出城,知府、知县藏匿民家。起义者开监狱,放犯人,发给枪支,附近各县会党也进城会合,队伍扩大到六千人,同南岸的清军和定西兵轮对射。起义出于偶然,没有目标计划,梁贵才、黄留芝互相残杀,部众掳掠财帛妇女后便撤退。27日,全军拜会祭旗,编为忠、义、福、禄、寿、全六军。28日晨,陆亚发领全军出北门,向东泉方向前进。

△官办的梧州、桂林工艺厂先后开工,各有二三百工徒,织造土布、藤器、竹器、草席等手工艺品,价廉物美,供不应求。两厂工人是由各县送来学艺的,将来回去当师傅,以期逐渐推广。

7月

1日 陆亚发起义军在东泉兵分两路:一路攻大埔,走小长安(今融安县城),受挫;另一路走雒容,围攻平山,消灭清军一营,杀提督廖景锐。中渡同知雷震南来救平山,被困于芝山寨。王芝祥率兵赶到,将雷救出。这时起义军拥众逾万，连营百余里。柯逢时急令王芝祥专驻中渡，雷震南出守三隆。7日，起义军攻占三隆，新宁州（今永福县境）震动，桂林戒严，柯逢时调王芝祥所统四营回救省城。中旬，陆亚发率一军入据四十八峒。褚大、欧四、白毛七率一军占长安、怀远，入据思恩（今环江县）之五十二峒。

是月 陆亚发起义震动全国，清朝连续下谕，命岑春煊率兵西上，会同柯逢时督各军进剿陆亚发。调刘春霖带滇军6营、黄忠浩率湘军7旗火速援桂。令湘黔两省防堵义军北上，派杜俞一军防堵湘西。命长江水师驶到岳州、宜昌巡防。

△从19日始，岑春煊率军从广州西上梧州，本拟赴柳州督剿，及闻义军北趋，省城戒严，遂沿抚河而上，30日抵桂林。他下令调边防陆荣廷荣军5营，滇军龙济光济字军8营，王瑚的广东武匡军8营，驻柳、庆的黄忠立熙字军、宋尚杰的绥靖军、白玉书的庆字军等部队云集柳、庆围剿。

△闻陆亚发柳州起义，泗城、百色会党复起。驻平乐村之滇军绥远营左哨（招安部队）杀帮带，全队起事。滇军追至凤山、武鸣，历数月始平。

△柳州、庆远两府会党纷起，韦十一、黄五嫂、万麻子等攻入忻城。

△容县人陆宠廷在容县开办广西第一所女子学校——珊萃女学堂。

△英国委派太古洋行派员到梧州招工开发南非，工期三年。粤督岑春煊通告全省：与其饥寒交迫，不如出国就食，携资回国。其时广西风气未开，交通不便，应募的人不多，官吏就把一些战俘监犯充数（部分被查出遣回）。这次广西到南非的劳工约有数千人，宣统年间期满回国，是广西近代最大的一次劳务出口。

8月

是月 按照清朝学部颁布的新章，柯逢时改广西大学堂为广西高等学堂，21日开学，监督（校长）沈赞清，有中文、算学、英文教习5人。招补习中学本科学生100人，修业四年，为将来授实业之基础。又设师范速成科，招生40名，修业一年，毕业后充蒙小教员。还附设高等小学科，招生50名，为师范生实习之所。这实际上是一所中专学校，原广西大学堂学生不愿拨入。其时两广学务处开办讲习所，饬各州县选送练习生入所学习，桂省学子出省出国求学者日众。

△岑春煊奏柯逢时拥兵自重，只顾桂林，不援长安。柯逢时奏岑春煊调营剿庆远，围四十八峒，自己在后方挟优宴饮，灌醉幕僚。两人皆受清朝申斥。

△清朝准许广西开办实官捐输（卖官），收足一百万两为止，以充广西军饷。

△陆亚发起义军攻占鹿寨三板圩，附近会党来投者数十股，聚众万余，蔓延数百里。褚大起义军进入贵州，黔军连续败绩，义军纵横于黎平、古州境内，荔波、独山吃紧。

9月

月初 五十二峝义军冲出梅寨，击溃王瑚武匪军。12日，攻占三防圩，乘胜南下。25日，攻下罗城县城。龙济光率兵赶到，在城外激战12天。义军弃罗城，再占长安南下到罗城、融县、柳城交界处，与众多清军相遇，义军受挫。

24日 桂东会党植亚养聚众数百攻扑怀集县城不下，转破万安山寨，攻下大冈圩，占据冷坑圩，揭大元帅旗，遍贴洪英元年布告。派党徒到广东广宁、开建联系，各邑戒严。28日攻扑广宁，10月1日清军解围，会党失败。

是月 丁槐镇压桂南会党后，9月进兵宾州，在来宾私垌村用火攻烧死会党首领杨飞龙；在迁江洛敏弄击毙著名会党首领滕正宜。红水河以南报称肃清。

△胡汉民受聘任梧州中学堂总教习和师范传习所所长，热心教学，与进步分子黄宏宪、陆宠廷、刘崛、陈祖虞等结为同志，开展反对知府程道元的斗争。梧州保守势力向两广学务处控告胡汉民"宣传革命"、"伤风败俗"。胡愤然辞职回粤，学生罢课，派代表到两广学务处告状，要求撤换程道元，挽留胡汉民。

10月

18日 游勇攻入河池州城。28日，王芝祥、龙济光、杨发贵等部清军收复河池。

是月 清朝电告各省督抚，广筹军饷支援广西，催广东、两湖解交所欠广西协饷。

11月

是月 五十二峝义军进攻思恩（今环江县）县城，和龙济光部激战多日，复聚集于广南、官桥等处，仍连日攻扑思恩。这时分统陆荣廷率荣军5营已从南宁行抵河池，即渡河拦击义军西进。龙济光、杨发贵两军前截后堵，义军突围不成，仍回守广南、官桥，清军四面围攻，逐峝争夺，血战四昼夜，义军死亡三四千人，褚大战死，欧四被俘。清军随入五十二峝搜捕残余人员。是役请奖，龙济光以道员交军机处记名、遇缺简放，杨发贵开复原官副将，陆荣廷以都司尽选补用，加副将衔。

丁槐所部从迁江四路进兵忻城理苗，该地为会党覃火生、陈求社所据，居民大半"归洪"。丁军遇人便杀，报称十余日破"匪巢"二十余处，覃火生被俘杀，陈求社匿来宾被搜捕。

△先是，刘春霖率滇军6营到黔南防堵，本月奉命带回云南裁遣，军饷无着。达字后营在贵州巴沙哗变，全营五六百人，械精弹足，进入广西大苗山。粤军陈兆棠部和融县团练围攻大苗山四昼夜，达字营勇突围到马平县弄木、竹吉等村，被丁槐军队消灭。

12月

是月 从10月起，岑春煊派黄忠立熙字军专攻四十八峒，孤军深入，被杀得大败，以后围而不攻，等待援军。11月，岑春煊调集大军包围，以宋尚杰的绥远军直扑陆亚发居住的麻油峒，久攻不下。本月，杨发贵的定武军、刘成贵的成字军、刘开铭的铭字军、黄忠立的熙字军四路齐进，将各峒先后攻下。再派奸细混入麻油峒，里应外合破之。陆亚发负伤转移别峒隐藏，13日被中渡团总张振德诱擒，17日在桂林凌迟处死，岑春煊以酒啖其血。

△法国以广西乱事未靖，有害商务，向中越边境增兵。11月，法公使到清朝外务部，声言出兵代广西平乱。本月8日，岑春煊电清政府，阻止法兵调往龙州。

△鸦片税为清廷重要的财政收入。清朝委柯逢时督办两广、两湖、苏、赣、皖、闽八省土膏（鸦片）统捐。经商定：凡从梧州运粤者，由都城厘厂抽收；从南宁运粤者，由廉州、北海、高州、水东、海口等厂抽收。两广开办鸦片统捐从是月始。

△南宁著名会党首领王和顺率五六百人潜回四塘大顿村，击毙绥远军帮带吴胜贵30多人。

△广西边防督办郑孝胥在龙州开办边防将弁学堂，招生百名，一半来自军中哨勇，半招边民，拟在边军中练新军，至1906年11月学生毕业停办。

是年

廉州知府朱威翼改海门书院为廉州府中学堂。浔郡中学堂也于本年成立。

第十二章 1905年
（清光绪三十一年 乙巳）

1月

是月 五十二峒起义军余部和南丹会党曾五、苏八、彭六部共三四千人，进入贵州都匀府，攻占四寨、满稚、白果等地。黔省调兵把会党逐回广西，陆荣廷部在南丹里湖一带阻击，曾五、苏八、彭六阵亡，桂黔边境报称肃清。

△忻城县被游勇攻占，土官莫氏和典史带领残队逃往庆远府城。

2月

22日 桂抚李经羲以军需紧迫，无款可解，奏请将分给广西上年9、10月两个月及本年四个月的洋款（甲午和辛丑赔款）免去。清朝允之。

23日 岑春煊以西事已定，请回驻广州。清朝仍责成岑驻广东调度广西军务，而清乡、办团练、搜捕会党等事，著李经羲办理。

是月 湖南华兴会准备起义，派万武（昭平人）、邹永成入广西联络陆亚发和湘军黄忠浩部，邹等春节时到达柳州，陆亚发已兵败被杀，黄忠浩镇压起义受奖，不再言革命事。邹永成联系上陆亚发部将李德山、苏国三，这两人已受抚，在黄忠浩的先锋营任管带、帮带。邹在黄忠浩军中进行革命活动。

△清军管带卢文广在怀集县紫洞圩清乡，被当地会党和群众千余人围攻两昼夜，怀集和广东德庆、高明、封川等县派救兵解围。

△边防督办郑孝胥倡办龙州学社，亲任社长，统揽沿边士绅入社倡新学，以文会友，举行讲演和政治集会，选送社中优秀学子出省、出国留学，边疆风

气大开。翌年冬，社友捐资建洋楼一幢为社址。

3月

21日 以镇压陆亚发起义有功，清朝赏右江道龙济光"捷勇巴图鲁"名号。

5月

4日 粤督岑春煊、桂抚李经羲奏，广西地贫财拮，频年用兵，善后需款浩繁，数年来幸靠烟捐支持，今改由宜昌统办，亏损无从弥补，请将膏捐仍由广西自办。清朝批转柯逢时酌办。柯认为不必划归桂省自办，由总局委员驻桂办理，将所收之款拨归桂省自用即可。

8日 清朝同意岑春煊之请，设置廉钦兵备道，驻钦州，管辖廉州一府、钦州一直隶州。首任道员秦秉直。

17日 会党王和顺、周特先部百余人，攻破武缘县高井寨司，杀巡检程二、尹宪章，复攻破团堡数处，声威复振，队伍壮大到七百多人。

是月 桂抚李经羲奏调江西常备军统领郭人漳来广西，任桂林巡防营统领，拟委编练新军。又把湖南弁目学堂监督蔡锷请来桂林办随营速成学堂，培养新军军士。

△法国公使向清朝外务部提出要求：（1）两国复勘龙州一段边界；（2）法国愿派工程师和代筹经费修筑龙州铁路；（3）在南宁辟一法国专管租界。未果。

6月

20日 王和顺潜回宣化县五塘，攻打挖其祖坟的二塘那造村团总，杀其家5人，伤7人。清吏悬赏一万元活捉王和顺，击毙给八千。自此，王和顺乔装出香港，得革命党人救，初在九龙光汉学校做工，后转居西贡，1907年参加同盟会。

是月 右江道龙济光在中渡杀降，斩候五枭首示众，计歼擒陆亚发有功的郭十二部百余人。消息传出，丁槐招安的百余人挟枪逃走。受抚后充柳河水师的陈天雄部不稳，行至象州被诱杀，余部逃散。

夏季 法国浅水兵轮一艘由梧州溯江至南宁，复入左江到龙州，试航成功，为后来左江通航电船的嚆矢。

7月

30日 在日本东京，兴中会、华兴会、光复会、科学讲习所联合发起召开中国同盟会筹备会，全国17省代表70余人参加，广西留日学生马君武、邓家彦、卢汝翼、兰德中、曾龙章、谭鸾翰、朱金钟7人出席会议，是为首批同盟会员。会议推举马君武等参加起草同盟会章程。

是月 桂抚李经羲从省常备军中抽出两营，试编练新军一营，委郭人漳为营长。并办随营速成学堂训练弁目，以蔡锷为监督。湘省志士以此为契机来广西，郭、蔡也以武器资助湖南革命党人。

8月

20日 中国同盟会在东京正式成立，到会约100人，广西人士除了参加筹备会的7人外，又增加了曾彦、欧晃两人出席会议。大会通过同盟会章程，选举领导人，设执行、司法、评议三部。广西同盟会员邓家彦被选为司法部判事长（部长），马君武被选为执行部书记长（秘书长）。会后，留日学生相继加盟，1905年广西学生加盟者31人。

是月 梧州商界响应全国拒约号召，反对美国虐待华工，开展抵制美货运动，齐集粤东会馆订立拒约章程，严禁商店买卖美货，派出暗探侦查，执行严格，一直坚持到次年。桂林也开展抵制美货的宣传，发传单，布告大众，在阅报社集议演说。南宁抵制美货运动也很出色。

△上年，桂抚柯逢时在桂林设罪犯习艺所，名曰自新工厂，把免发配流徙的犯人和流放到广西的犯人入厂劳动，习织布、织席、织帽、打棕绳各艺。平定会党后，各地监禁犯人很多。本月21日，桂抚李经羲通饬各府一律设立罪犯习艺所。

△桂抚李经羲奏，去冬以来，客军已撤调过半。目前广西虽无大股会党武装，但南宁、柳州、庆远、思恩各府会党根深，余党潜匿，且全省防地极广，靠府县亲兵搜捕不敷，请求现驻广西客军从缓裁遣。

△白马卡统税委员胡大庚，贪污勒索，增订苛章，至动公愤。本月，桂平、柳州、贵县、南宁各埠商人一致停办谷米百货，联名上控。江口商人罢市罢航，订立15条公约。

9月

17日 清朝严令广西派兵清乡，搜捕会党人员，地方官吏和团绅挟怨报仇，枉杀邀功。南宁知府潘江估计，在十年战乱中，广西约有一百万人死亡。

是月 广西设警察已有一年，警兵未受训练。按察使王芝祥在桂林创办初级警察学堂，附属于警察总局，分永久、速成两科，专司训练警官、警兵。

△清朝明令本年一律停止科举、兴办学堂。是年广西全省兴办中学、小学、师范20所。桂林府中学堂成立。

△梧州知府庄蕴宽利用容县案件的一笔罚款，考送容县学子盘斗寅、刘崛、陈润堂、李卓轩、苏鉴轩赴日、美留学。

10月

9日 广西巡抚李经羲因病解职，清政府调林绍年为广西巡抚。

16日 郑孝胥因病解职。从此撤销广西边防督办一职，保留对汛督办，由太平思顺兵备道兼任，办理边防交涉事务，直辖于巡抚，巡抚隔年巡边一次。秋，庄蕴宽接任太平思顺兵备道、镇南关监督，统领边防各军。聘请江苏留日学生钮永建任龙州边防将弁学堂监督，秦毓鎏任教导团教习，陈裕时、王孝缜一批革命党人落脚龙州。

19日 粤督岑春煊奏，从其1903年6月督办广西军务到1905年全省肃清会党武装，总计用兵两年，縻饷380余万两。清朝以平定广西有功，赏岑春煊太子少保衔，李经羲交部从优议叙，丁槐授广西提督，按察使余诚格赏给头品顶戴，太平思顺道张鸣岐赏给顶戴，加三级。另褒奖出力文武官员331人，协剿济饷械出力人员67人。

是月 法公使要求与清政府合办广西铁路矿山，允将庚子赔款每年递减十分之二。广西留日学生致电清朝外务部，请坚拒法人要求。

11月

是月 开缺桂抚李经羲准备把新军扩充为一标（团）。郭人漳邀请江宁督练公所提调赵声来桂林担任新军第二营营长，赵用太平天国史事教育官兵，被旧军将佐告密，李经羲遂中止增练新军。

△鉴于褚大等义军以五十二峒为根据地，桂抚援四十八峒例，请移庆远府理苗同知驻五十二峒镇抚，在思恩县以北设置安化厅。

是年

左右江流域的南宁、龙州、百色等埠，出现商办轮渡。柳江本年通航轮船，粤商集股购轮船两艘，名曰"柳平"、"桂安"，航行于柳州与桂平江口镇之间，五日一开。桂江河道崎岖，轮船难通，也设立"利商公司"，集资造浅水车船六艘，专带邮件，顺搭旅客，不载货。

第十三章 1906年
（清光绪三十二年 丙午）

1月

是月 黄兴从香港秘密来广西，到梧州召见当地同盟会员布置工作；然后径入桂林郭人漳营中，劝说郭率兵据广西起义，郭推说与蔡锷不睦，事受牵制，黄兴做郭、蔡的调解工作，无效。黄兴遂在郭军中秘密发展了一批会员，建立广西境内第一个同盟会组织（有学者考证：黄兴不是建立同盟会，而是建立外围组织"兴汉会"。暂存疑）。

△右江道龙济光与庆远商人简和隆等集银3万两，成立庆云锡矿公司，开采南丹锡矿，委箇旧锡商朱朝英为总办，从云南招来两千矿工，奏明官督商办，获减税优惠。试采一年，出锡虽旺，但冶炼损耗大，亏本过半。次年由本地人用土法开采提炼，公司收购运销，逐步扭亏为盈。到1918年陆荣廷没收龙济光股本，由省财政厅管理。1921年陆下台，公司倒闭。

2月

20日 英国公使照会清朝外务部，要求开南宁为商埠，防止法国独占利益。

是月 黄兴离桂林南下龙州，访前在日本留学、现服职于边防将弁学堂的江苏志士钮永建、秦毓鎏，劝他们运动边军反正。钮、秦告以庄蕴宽缺乏实力，乃止。黄兴遂经越南海防返回日本。

△百色厅、泗城府合办官立泗色中学堂，本月成立，校址在百色城内。

3月

21日 开缺桂抚李经羲以官费选送广西学生12名赴日本学习农工专科,又派巡警学堂学生4名同赴日本学习警务。

是月 平乐、梧州两府会党复起。贺县全境已成会党世界,尤以铺门、官潭、深冲为最,八步镇水陆梗死,商店纷纷停业,清军进剿,会党此剿彼窜。昭平县也是会党充斥,与贺县会党联在一块。容县、藤县会党合攻大塘一带村庄,踞村同梧州防营对抗。

△南宁府中学堂、平乐府中学堂成立开课。

△庄蕴宽在龙州开办陆军测绘学堂(后来迁往桂林)。并参照湖北武建军规制练新军两营,曰教导团,1908年毕业停办,学员拨入广西新军各标。

4月

25日 清朝通令各省裁学政,设提学使司,统辖全省学务。5月13日,派翰林院编修李翰芬署广西提学使,李先赴日本考察教育,年底到任。

是月 已革知府黄锡铨和梧州绅商梁廷栋集资1.5万元,成立农林公司,购买梧州山场两处,宽600余亩,试行垦种,兼营畜牧。

5月

21日 为加强对四十八峒的控制,清朝核准将桂林同知移驻中渡,改为中渡抚民同知,辖境在雒容、永宁、永福、柳城、融县之间,东西55里,南北65里,四十八峒尽在界内。峒内外择地建营筑垒,设兵4营驻守,挑选本地团丁入营。

是月 因各府兴学急需师资,桂抚林绍年和学政汪贻书改广西高等学堂为简易师范学堂。原高等学堂两班预科学生,部分送入两广高等工业学堂肄业,余者编为一师范班,本年底毕业。另招两个新班,学习期为一年,毕业后分配到各蒙小充教习。

△右江会党女首领莫大姑率千余人,由象州转至武宣、贵县、平南、藤县间,经清军多次围剿,势蹙,率数人潜至桂平宜移里。本月因叛徒出卖被捕,押解至浔州杀害。

6月

是月 宜山县署亲兵哗变，掠庆远府城而去。宜山知县罗仰昀被撤职，交府看管。

7月

10日 粤督岑春煊、桂抚林绍年联奏，请将广西省会由桂林移往南宁，并将钦廉划归广西，以固边防。摺上后，朝臣纷纷上疏阻止，尤以广西京官反对最力。8月，清廷下诏裁决：移设广西省会毋庸置疑，惟该省密迩越南，将广西提督移驻南宁，原驻南宁之左江道改为海关道，在南宁设督抚行营，备疆臣巡边之用。

是月 粤督岑春煊、边道庄蕴宽派陆荣廷往日本考察军政。陆到日本各军事院校参观旁听，因课程深奥，听不懂，学不进，惟射击颇受日本教官赞许。在日期间，陆与留学生过从甚密，不畏官方猜疑。陆荣廷逗留了两个月，自觉乏味，要求回国到边防将弁学堂学习。（按：原同盟会广西分会会长刘崛写文史资料，说陆荣廷到日本参加了同盟会。莫仲一撰文考证，无文献资料证明陆参加同盟会。暂存疑）

9月

6日 广西官绅陆嘉晋、梁济等68人联名呈请 商部立案，设立广西全省铁路有限公司，拟集股1000万元，修筑广西铁路：由桂林上至全州，下至梧州为一段；由梧州至南宁为一段；由南宁至龙州为一段，推举广东提学使于式枚（贺县人）为总理，左宗藩为协理。

20日 钦廉地区和广东沿海受飓风袭击，灾情为数十年所罕见。《合浦县志》载：9月20日下午刮大风，夹带猛雨闪电，空中火球如斗，城墙房屋倒塌，大树拔起，人被卷去，牲畜冲走，大船吹进田中，海边居民溺死成千，沉船不计其数。清廷准广东藩库拨银十万两向灾区散发。

是月 粤督岑春煊调郭人漳一营新军赴广东校阅，留驻肇庆。桂抚林绍年以章制不符，人品混杂，筹款困难，奏请广西缓练新军，并解散随营学堂。

10月

是月 桂抚林绍年颁布《广西招商开垦简明章程》，鼓励商人集资设立公司，自由选择地段，报官勘丈给照，准10至12年后升科，商人在垦界内有便宜处理生产全权，政府给予保护。

△桂抚林绍年设政治讲习所于桂林秀峰书院旧址，招学员百余人，官绅各半，由巡抚、藩臬司、课吏馆长授课，教员多聘留日学生，学期一年，以培养州县"新政"人才，1907年8月毕业者90人。

△是年广西春涝秋旱，受灾千里，饥民欲动，会党复炽，梧州、玉林戒严，思恩府的九土司告急请兵，象州潘甫华起义。

11月

6日 清廷命林绍年开缺，在军机处学习行走。

7日 以柯逢时补授广西巡抚，未到任前，命署布政使张鸣岐暂行代理。

9日 粤督岑春煊奏准广西提督移驻南宁，提标各营分防南宁、思恩、太平三府。太平思顺道所辖边军20营，分防沿边。

是月 林绍年改桂桓书局为广西官书局，设在老塘街陈文恭庙内，停止阅览，专营印刷运售。次年配置铅字机器和石印新机，印发教科图书、杂志、官报。各府直隶州厅也分设官书局。

△桂抚林绍年饬梧州知府高凤岐在长洲开办蚕桑学堂，以梁廷栋为监督，教员多留日学生，初招收浔、梧两府青年学生50人入学，分本科（定期两年半毕业）别科（一年毕业）两班。

12月

29日 清朝命未到任的广西巡抚柯逢时开缺，仍督办八省鸦片统捐，以张鸣岐为广西布政使，署理广西巡抚，次年6月实授。

是月 为筹集军费，1903年广西开办实官捐输（卖官），定额100万两，实际超额240万两。江督端方以江淮灾重，请拨数十万两救济。御史赵炳麟以桂省财绌，请充广西铁路路股。布政使张鸣岐请全数留给广西。清朝下令封存候用。

△广西招商开采富川、贺县煤锡矿，前在马来亚开锡矿的粤商梁廷芳应招，带矿师和机器到实地勘探，准备邀海外大公司回国认办。

△左右江官商合办通力公司，开采奉议、恩阳、南宁、那坡煤矿，购置内河小轮船拖运。

△清廷准林绍年奏：为增加广西财政收入，实行锑砂由官买官卖，从广西截留缓解洋款中，提出10万两作资金，设官锑总局于桂林，在南宁设验收锑砂转运分局，梧州、上海各设售锑分局，附设炼锑厂于梧州三角咀，免除锑矿出井税，严禁私运锑砂出境。

△思恩知府彭言孝在武缘设工艺厂，以平民和监犯400人为工人，生产卷烟、鞭炮和艾粉撒冰片。庆远知府王祖同筹款建立工艺厂，招收贫民入厂为艺徒，生产壮锦。浔州府以考棚屋宇改作平民工艺厂和罪犯习艺所。

是年

△同盟会广西分会在日本东京成立，刘崛为会长兼主盟人，继任为卢汝翼，三任为曾彦。至本年底，分会在日本吸收广西留学生和华侨入盟44人，次年发展到120多人。

△同盟会香港分会派韦立权、刘培崧、谭剑英来广西，在梧州大南门外文明书阁和浔州大潢江广亨号，设立通讯联络处。派刘古香、张铁臣到柳州，在弓箭街开富贵陞客栈，在柳州河南十字街蒋家门楼设樟脑局，为革命秘密机关。

△广西藩库拨银六千两成立兴安造纸公司，总办吕笃，会办戴哲文，用竹皮稻草为原料，月产各种纸40万张。未几戴哲文集资承办，因公司僻处乡间，工人多染瘴病，出产减少，耗费大而倒闭。

第十四章 1907年
（清光绪三十三年 丁未）

1月

元旦 清朝外务部照会各国公使，宣布南宁正式开埠。辟城东南临江一带为商埠区，建海关署，以左江道为海关监督，颁布《海关试行章程》，声明南宁是自开商埠，外国不得要求设租界。

是月 广西陆军小学堂开学，校址在桂林象鼻山。总办是蔡锷，继为蒋尊簋，监督是雷飚，继为李书诚。每年招生百人，办了四年。一、二期毕业学生输送进武昌陆军中学堂。三、四期学生在辛亥革命时期组织学生敢死队参加北伐。新桂系高级将领多出自该学堂。

△法国借口永安教案强索南宁——北海铁路建筑权，两广人民群起反对，成立粤桂铁路公司，自行招股建筑。南宁组织邕北铁路局，派人到各县宣传民间集股。留日学生也致电清朝外务部，阻止法国的无理要求。

△刘古香到香港参加同盟会，被派遣回柳州工作。他从办学入手，参办了柳郡中学堂、柳郡师范学堂、马平两等小学堂、蒙养学堂，并任马平县劝学所总董，广泛联系了官绅商学各界。

3月

4日 孙中山被日本驱逐，率胡汉民、汪精卫到越南，不久电召黄兴南来，在河内甘必达大街61号设立总机关，发动粤桂滇武装起义。一面在越南各埠建立同盟会分会，发动华侨捐款、购械和参战。一面召集流亡到越南的会党游勇，组织起义队伍。两广会党首领王和顺、黄明堂、关仁甫、梁少廷、李福林等加入同盟会。

4月

是月 廉钦道王秉恩以办学为名征收糖捐,激起钦州东部那彭、那丽、那思三乡人民反抗,聚众二万人,成立"万人会",推刘思裕领导抗捐,派代表请愿被扣押,更激起"三那"人民愤恨。钦州西部傍城、平山也聚众万人响应"三那"的斗争。有同盟会员潜入"三那"鼓动。王秉恩派宋枢安率兵到"三那"镇压,被民众击败。北海镇总兵何长清畏缩不进兵。

5月

10日 钦廉灾后粮荒,奸商囤积居奇,粮店闭门拒粜。10日,廉州城居民千余人拥到府县衙门,要求开仓平粜,知县池中祐走避,群众簇拥知府吴萌培到劣绅黄师浚家打开粮仓,搬运一空。次日出现"仇洋人,毁学堂"揭帖,群众捣毁了英国和德国两家教会医院。后来清朝给英国赔偿4400两,给德国赔偿1700两。

是月 桂林地震,人头山崩,城内地陷数穴,毁屋伤人。

△边道庄蕴宽在龙州创办广西边防法政学堂,自兼校长,覃毓鎏为监督,分速成、预备两班,教授法律知识,培养边防、外交人才。龙州边防实业学堂也于是月开学,先办农业预科,后办蚕业本科,学生一年毕业,分配到边疆各县推广改良蚕桑。宣统元年改为广西第二中等农业学堂。

△粤督周馥奏准痛剿"三那",调郭人漳、赵声率兵三营配炮队,乘轮船从北海登陆。抗捐武装闻郭、赵是革命党不做防备,郭人漳领兵袭击"三那",刘思裕阵亡,抗捐武装被击溃,群众四处逃亡,清军大屠"三那",庐舍为墟。钦西抗捐武装袭击钦州城也失败,领导人被执杀害。

6月

是月 广西旧军一律改为巡防队,按地区编列,称中路、左江、右江和边关巡防队,各地区又编若干个队(营)。因革命党人起义,军务倥偬,到次年才编就。

△广西全省教育总会成立,唐钟元为会长,郭椿森为副会长。兴安等13个州县也相继成立教育分会,任务是开办师范传习所、教育研究会和宣讲所,官府补助经费。

△广西抚院开始出版《广西官报》,刊登本省要政和法令,每月下旬出一线装本,宣统元年改为周刊,到辛亥革命停止,共出了一百多期。

7月

1日 清朝命粤督周馥开缺,廉钦道王秉恩、北海镇总兵何长清以办理抗捐不善,革职;统领郭人漳枉杀邀功,革职留任。命岑春煊署理两广总督,王瑚为廉钦道,调李準为北海镇总兵,办理清乡。

12日 驻永淳一哨清军哗变,攻破县城,知县贺道南自缢。叛勇携枪私逃,肆劫南宁、横州一带商店,然后逃入深山。

是月 "三那"群众派代表到河内请求援助。孙中山派黄兴入钦州郭人漳营、胡毅生入廉州赵声营,运动郭、赵响应。委王和顺为中华国民军南军都督,入"三那"收集抗捐武装发动起义。先期入"三那"的梁少廷、梁建葵已组织了几百人枪,刘思裕之侄也率数百人来会,王和顺伏兵于"三那"一带寻找战机。

△王和顺派南宁窑头村塾师莫继甫、大塘黄亚贵到南宁中府街天主教堂开设法中文书院,作为策反清军、联络会党的通讯机关。时南宁戒严,日夜数惊,有钦州人黄晓、营弁杨廷标携金叶百两到南宁换银,到大塘圩招人入党,散发《猛回头》等书,入党者给执照,编入党籍,发饷一月。

△清军逃弁梁兰泉在河内参加同盟会,召集流浪在越南的会党七八十人,于7月间企图进入广西举义,被法军拘捕,讯明是国事犯,不引渡给清朝,但他们无身税证,被法方逼令离境。河内同盟会发动义捐,替诸人缴纳身税和给予旅费,送往新加坡安置。

△孙中山派关仁甫到广西边关活动。关联络了镇南关清军陆荣廷部,入龙州运动防营教练易世龙、龙州幕僚陈晚峰和左江各土司,事泄逃回越南,在谅山被法军拘捕,得华侨营救出狱。

△右江镇总兵黄忠浩在雒容县高岭塘设立垦殖公司,用兵工开矿和种垦,委王岱为督垦委员。王是革命军官,该公司便成为柳州革命党人活动的基地。

△广西铁路公所在桂林成立,梧州、北京设立分公所。它既是正式公司的筹备机关,又是联络各属争路权之所。廉州绅商集议筹款筑北海经灵山至南宁

铁路，声明不收洋股。法公使照会清政府，谓北海——南宁铁路前年已许合办，指责中国违约。

8月

29日 清朝陆军部奏定《全国陆军三十六镇（师）按省分配限年编成方法》，定广西编练新军一镇，限5年内编练足额，经费由本省自筹。

是月 "三那"抗捐时，陆荣廷率左江巡防队三营"越境助剿"，事平留下一营驻防城县。该营左右哨长刘廷辉、李耀堂接受革命运动，愿起义。孙中山批准王和顺防城起义计划，占据钦廉沿海为建军之地，委托日本友人宫崎寅藏、萱野长知购运军械接济，计划合郭人漳、赵声所部，组成万人劲旅，取南宁为革命根据地。

9月

1日 王和顺、梁瑞阳、梁少廷率二百多革命军起义于钦、防、上思交界之王岗山。4日，在刘廷辉、李耀堂和团总唐珠甫内应下攻破防城，杀知县宋渐元、管带王裕懿以下16人，开监狱释犯。南军都督王和顺发布《告粤省同胞书》、《告海外同胞书》、《招降满洲将士布告》，市民燃炮欢迎，争备食物犒军，四乡群众携械来投。6日，革命军向钦州进军，郭人漳爽约不响应。8日，革命军向灵山挺进，沿途群众争备粥饭，参军者不下三四千人。10日，革命军攻灵山城，猛攻三天不下，敌援大集，赵声无法响应。革命军撤围绕道返回钦州，遣散民团，梁瑞阳、梁少廷、刘廷辉各率数百人上十万大山驻扎待命，王和顺回河内向孙中山请示报告，历时半月的防城起义结束。

是月 与防城起义同时，关仁甫、詹岐山在上思起义，集得400人枪，向东兴进军。东兴清军两营已接受运动，升起青天白日旗反正。但关仁甫交不出起义费，清军疑悔，放枪降旗，伪报收复东兴。关仁甫把队伍拉到防城和唐珠甫合队。

△梧州商务总会经清朝农工商部批准成立，总理戴曾谦，协理苏智邦，为广西近代商会之始。

△广西留日学生甘乃纲、刘玉山、苏无涯、陈勉生、戴日初、周仲良等返抵香港，闻刘古香在梧州活动，遂入梧州，设机关于三角咀西医院。

10月

是月 广西绅商要求铁路商办,期限99年,官吏不得干预路政。把广西应修铁路定为五段:桂林上经全州达湖南、下经梧州达广东为第一段;梧州经南宁、龙州达镇南关为第二段;桂林经柳州、贵县、玉林达广东为第三段;柳州经庆远、思恩至南宁为第四段;南宁经百色达云南为第五段。17日,桂抚张鸣岐奏准广西铁路划归商办,从超额的官输款中拨出一百万两作国家补助股,与商股同样办理。

△刘古香、钱权由梧州返柳州,吸收防营军官陈晓峰、张铁臣、卢笙白、督垦委员黄岱、文案黎文伯入盟,在高岭塘设立总机关。黄岱负责运动清军;张铁臣在柳州谷埠开设樟脑公司负责联络各县会党;陈晓峰在柳州城内四码头开设华熙客栈,负责招待军官和策划袭击柳州。

11月

9日 桂抚张鸣岐以富川、贺县交界的西湾煤矿矿藏丰富,奏拨官款50万两开办,设立贺富官矿局,采用机械开采和运输。是平桂矿务局的前身。

25日 因英国轮船"西南号"在肇庆河面被劫,英国遂借口说中国没有缉捕能力,派军舰和鱼雷艇多艘强入西江,喝令中国船只停船检查,并击沉中国拖轮,拘押华轮的护勇和船主;英国水兵还在梧州登岸,荷枪入市寻衅。本日,两广留日学生七八百人在东京集会,通电反对英国夺取西江缉捕权,派代表回国呼吁反抗。广州成立"国权挽救会",各界团体纷纷通电反对英国的海盗行为。在群众的压力下,清政府和英国达成协议:中国整顿关卡,加强缉捕;中国船只挂龙旗与挂英旗船只同等对待;海关对华船不准留难,商船可向关署控告等。1908年1月英舰被迫退出西江。

29-30日 广西学界游艺会在省会桂林举办。巡抚张鸣岐任大会总务长。有广西各地39所中小学堂参加,运动员990名,到会学生2900余人,竞赛项目有100米、300米、600米、800米赛跑,还有手托羹匙装鸡蛋竞走等娱乐项目,是为广西举办体育运动会之始。

是月 孙中山要发动镇南关起义,派王和顺去主持,联络边界那模村的游勇为主力;派关仁甫、李幼卿运动镇南关的清军;还派人入凭祥、左江等地组织民军配合。因游勇不听王和顺指挥,孙中山改委黄明堂为镇南关都督,冯祥为司令，李幼卿为副司令，何伍为支队长。黄明堂从越南左州拔队出关同游勇会合，负责攻打镇南关。王和顺另领一路攻水口、平而关以配合。

△清政府探闻革命党在越南边界活动，命两广督抚紧急筹防。张鸣岐饬沿边文武认真防堵，在宾州募勇10队；又将左江巡防队中的6个队改为大营，每队500人，分赴沿边；还令南宁各州县募士兵防内地。

12月

2日 零时，黄明堂率革命军400人由越南入国境，从西面爬登镇南关右辅山，分三路扑向镇北、镇中、镇南炮台，守炮台官兵起义迎入，遂据之，缴获16生的大炮4门、7生的大炮10门、步枪400多支和大量弹药。4日，孙中山在河内率黄兴、胡汉民等十余日驰赴镇南关炮台，犒赏将士，指挥炮战。5日晚，孙中山、黄兴回河内筹饷运械，调集援军，嘱黄明堂坚守5天待援。清朝命右江道龙济光出重赏督攻，参将陆荣廷率所部打头阵，三面逼攻右辅山，革命军顽强坚守，打退清军多次冲锋，杀伤敌数百，阵地屹然不动。但法国限令孙中山离开越南，遂破坏了增援计划。革命军经七昼夜苦战，完成坚守任务后，安全撤退到越南燕子大山。龙济光、陆荣廷谎报力战克复镇南关。清朝赏龙济光头品顶戴；赏陆荣廷"捷勇巴图鲁"名号，以总兵记名简放；并赏给荣军官兵2万两奖银。

15日 同盟会广西分会在日本东京出版广西第一个革命刊物——《粤西》杂志，刘崛筹办，卜世伟为总编辑，马君武、黄宏宪为撰稿人。该刊为月刊，32开铅印本，共出7期，主要在海外华侨中发行和募款，少量秘密运进广西。

16日 革命党人屯兵谅山边界，桂抚张鸣岐奏调直、苏、鄂新军来桂，请添广西边军，截留广西上缴洋款一年为军饷，并自请出省筹边。清朝不同意从外省调兵，同意增加广西边军，所需军费除截留50万两洋款外，再拨50万两，催张鸣岐驰赴边界。

冬季 镇南关起义后，经梁兰泉引线，陆荣廷派心腹陈炳焜、林竹筠（绍斐）秘密赴越南会见胡汉民，表示仰慕革命之意。陆部士兵受革命运动影响，纷纷越界向革命机关索银反正。驻摩角、水口两营清军提出要2千元，即杀官起义。孙中山向南洋华侨急集十万元，为运动陆部之费，因款不集，事乃辍。

△广西女子师范学堂开学，校址设在桂林守备衙门，于式枚为监督，学生定两年毕业，为各地女子学堂培养师资。

△张鸣岐派黄锡铨赴日本北海道调查农林牧业和访聘技师，年底回国开办

广西农林试验场，选定临桂县东乡同和村为场址，附设农林讲习所。

是年

△柳州、太平、庆远等府和桂平县成立中学堂。

△桂抚张鸣岐招美洲华侨粤人叶恩来广西办实业。叶在华侨中集股三百万元，设立振华公司，开采贵县天平山银矿，还向银行、航运、铁路投资。在贵县设立总局，划定矿区，建筑了房屋和通讯运输设备，运来部分机器。开采年余，新井一无所获，旧井仅得矿砂数吨，烧出银数十两。由于开支过大，产品甚微，到1910年公司亏本结束。

△桂抚张鸣岐奏，广西有土司43处，占全省面积四分之一，地位重要，物产丰富，但土官多昏庸贪暴，拟从土属中择其质优者4至6人送入土司学堂，备以将来承袭。现在土官因故未承袭者20缺，应停止请袭；因犯罪撤者13人，均不准回任，俟将来土生毕业后请袭。

第十五章 1908年
（清光绪三十四年 戊申）

1月

4日 粤督张人骏奏，贺县为会党甚炽之区，请改麦岭同知为抚民同知，移驻信都镇铺门圩，并将贺县原设之信都司巡检，升为信都抚民厅。

18日 右江镇总兵黄忠浩因病解职，以记名总兵陆荣廷为右江镇总兵官。

19日 为防止同盟会在桂边再次起义，桂抚张鸣岐巡边到南宁，奏准丁忧在家的太平思顺道庄蕴宽速回桂佐理编练新军。清朝以边防吃紧，催张鸣岐驰赴龙州布置。

是月 镇南关起义失败后，黄兴欲在钦州再举义旗，苦无械弹。一面命在日本的刘揆一托宫崎寅藏筹购枪械，运到海防备用。一面命谭人凤入东兴郭人漳营求济，郭以为革命军兵多财足，答应暗济弹药，约定交接地点和方法。

2月

7日 桂抚张鸣岐巡边到龙州，欲与法领事谈判禁止革命党人在越南活动问题，受拒绝。张又约赴河内会晤法国印度支那总督，法方以总督卸任相推托。清朝命张鸣岐暂回南宁，候新总督到任再赴河内。张在南宁住了半年，候会无成，6月回省。

25日 清廷命广西提督丁槐开缺，进京候简，以左江兵备道龙济光署广西提督。

28日 南宁商务总会成立，黄增荣为总理，陈廷禄为协理。

是月 法国询清朝之请,驱逐孙中山出越南。孙行前,订下谋取滇粤之策:命黄兴筹备再入钦防,夺取南宁;命黄明堂、王和顺、关仁甫规取河口,进攻云南。孙中山移居新加坡策应。

△广西简易师范学堂改为广西优级师范学堂,为全省培养中级师资。本月开学,分史地、理化、博物、数学四专业,附设体操专修科和预科,均两年毕业。到辛亥革命时停办。

△培养初级师资的任务由各道府负责,全省划分三区:平、梧、浔、玉合办第一初级师范学堂,校址设在梧州冰井学堂,3月开学。桂、柳、庆、思合办第二初级师范学堂,校址设在桂林陆军小学旧址,10月开学。南、太、泗、镇、归、百合办第三初级师范学堂,校址设在南宁蔚南、左江书院,次年4月开学。

3月

27日 黄兴率革命军二百余人擎旗列队,从芒街跨过北仑河,沿途张贴革命军告示,乡民燃爆竹欢迎。29日进至小峰,击溃清军两营。31日在大桥又击败敌援两营。4月2日,革命军列阵于马笃山,击败清军三营,缴获郭人漳的军旗坐马。正取道那楼、大菉向广西挺进,郭率军三千追来,黄兴派敢死队夜袭敌营,清军溃散。革命军七战七捷,缴枪四五百枝,队伍发展到六百多人,纵横于十万大山南北,敌人望而生畏。4月中,革命军进抵小董地区,被敌重兵包围冲散,分小队潜返越南。黄兴带着三十多人绕过南宁,在七塘折下广州湾乘轮到海防,5月5日回到河内,历时40多天的钦防上思之役结束。

是月 因镇南关起义,清朝谕令桂抚妥筹编练新军。张鸣岐认为广西练新军一镇,只能专顾边防,内地全属空虚,因此特奏清廷准予广西编练一镇外,再添练一镇。清廷依陆军部议奏,准予添练一混成协,所需开办费和常年费,由度支部指拨,因此混成协的经费比广西自筹一镇的经费更为充足。

4月

是月 为配合黄兴在钦防的军事行动,河内总机关以中华国民军南军大营的名义,致书边防军统领陆荣廷,劝其诛龙济光起义;又分别写信给陈炳焜、林竹筼,促他们坚陆反正之心,实践上年密会之诺言。书发出后没有回音,但在钦防上思之役中广西军队保持壁上观的态度。

△广西留日同盟会员刘玉山、陈勉生由香港再入梧州,召集同志分往濛江、

太平圩、蒙山、修仁、荔浦运动武装民团两千多人入盟；旋赴柳州，联络王干廷、柯汉资、许仲山等同志，在城内莲花桥2号暗设机关，联络四十八峒会党。

△广东碣石镇总兵刘永福开缺回钦州居住，清明到上思扫墓，顺便处理部将吴凤典死后家属争财谋杀案件，派差官5人进城捉吴子世贤。上思厅同知蔡其铭把差官捕杀，谎报"三那贼假冒福军进城"，骗取张鸣岐批准枪决。刘永福上北京叩廷控告，张鸣岐受降两级留任处分，蔡其铭革职归案讯办，服刑3个月。

△广西全省自治局在桂林成立，附设自治研究所，选士绅190人入所学习，年底毕业，以推广"新政"。

5月

7日 因同盟会在云南河口起义，清朝命广西提督龙济光亲率精锐，驰赴开化夹攻。命张鸣岐暂驻南宁，代理提督，调黄忠立部添募数营赴桂边填防。张鸣岐派龙裕光率桂军4营先赴滇边。月中，革命军已现颓势，清朝命龙济光毋庸赴滇，入滇桂军也就地待命。月底，河口起义失败，桂军撤回。

20日 张鸣岐在龙州开办学兵营，学员从济军、荣军中各选一队，在湖南、广西各招一队，四队共300人，施以兵目教育，为编练一镇新军训练军士。

是月 英商渣甸、天和、人和三公司垄断西江航运，华人搭船和运货备受欺负。收回西江缉捕权的斗争促进了民族觉醒。梧州商会倡议集资购轮收回航权，当即开展招股，集资本30万，夏间成立"西江航业有限公司"，于梧州、广州、香港分设代理处，购置轮船8艘，航行于梧港、梧穗、梧邕线上，提出"中国人、货搭中国船"的口号，得到同胞响应，业务蒸蒸日上，夺回西江航运权益，英国轮船从此衰落下去。

△广西自筹经费编练新军一镇，从本月起在谷米盐斤中加抽练兵经费，年约得20万两，距预算经费每年150万两相差甚远，又把裁汰旧军的经费移作新军经费，仍不足，只得缩小编制为邕、龙各练一标（团）。

△同盟会广西分会会长刘崛由日本奉命回广西谋起义，在梧州三角咀西医院召集同志密议，决定在梧州发难，玉林、柳州并举。事为梧州知府李开侁侦知，黄孝存在容县被捕，查封宾兴局。刘崛在象州中平被捕，得同志营救出走香港。吴觐周、莫如三在浔州遇害。刘古香在柳州闻讯走广州。

7月

是月 广西为练新军，成立兵备处于桂林，兼管教练、参谋工作。总办为庄蕴宽，帮办为钮永建。派王孝缜到北京招聘新军人才。留日士官毕业生李书诚、陈之骥、赵恒锡、尹昌衡、孔庚、刘洪基及保定军校毕业生何遂、耿毅、冷遹、刘建藩、吕公望等七八十人先后来桂，任职于新军机关、学校和部队。这些外省志士都是同盟会员或进步分子，革命分子云集桂林。

△桂抚张鸣岐创办广西讲武堂于龙州，监督吴元泽，继为蔡锷。向社会招考甲乙班学员百人，毕业后入新军各标营充见习官。丙班学员从左江、边防两巡防队的将弁中挑选，毕业后仍回原队任职。学兵营也附设在堂内。

△为鼓励扶持新办矿业，桂抚张鸣岐奏准免征广西各矿务局和公司的出井税和出口税五年。

8月

9日 清朝准粤督张人骏之请，将充军新疆的苏元春释回，刚起程苏得病死于乌鲁木齐。

16日 驻桂平县大湟江的巡河防勇哗变，杀统领张建德，掠劫商店，投奔鹏化山区的绿林陈亚六。张建德是诱捕陆亚发的原中渡团总。

24日 广西测绘学堂员生绘制了广西、云南与越南接壤舆图。24日提督龙济光向清朝进呈《中越大势简明地图》四幅、《各军队分防图》两幅。

9月

是月 广西土司学堂开学，校址设在桂林城内崇善庵，学生60余人，均为各属土司近亲子弟年少聪敏者，分初等、高等、中　学三级，中学班兼习政法科，目的是培养土官承袭人和土属行政人才。

△广西政法学堂在桂林开学，以状元骆成镶任监督，先办三学期毕业的讲习班和三年毕业的别科班。学员来源一是候补官员，二是各州县选送的士绅，三是吏部拣发广西的举贡生员，四是捐纳人员。开学时招收346人，次年增至562人，仍不能满足，再设走读生。该校规模宏大，经费充足，人数众多，其毕业生约七千多人，充斥于清末民初广西各级政权中。

10月

是月 按照清朝颁发各省谘议局、议员选举章程和一年开办谘议局的谕令，桂抚张鸣岐开设广西谘议局筹备处，以藩、臬、学三司为总办，奏调桂籍官绅唐钟元、陈智伟、唐尚光、陈树勋、蒋继尹五人为襄办。

△柳州商务总会成立，梁耀基为总理，冯廷干为协理。

是年

△张鸣岐改广西官银钱号为广西银行，派蒋继伊筹建，拟订《广西银行章程》14条。总行设在桂林后府街，梧州、南宁、龙州、上海各官银分号改为分行，增设广州、汉口、衡州分行。银行由广西藩库拨银30万两，加原广西官银钱号资金，约有100万两，印纸币30万元在市面流通，聘用百通川钱庄老板王尽夫为银行经理。

△玉林直隶州开办中学堂。从1904年到1908年，广西全省创办官立中学堂10所、私立中学堂2所，学生1440人。除镇安府、思恩府、归顺直隶州外，其他九府一直隶州都设立有中学堂。

△从1903年到1908年，广西全省76个州县厅，除安化厅外，都设立了小学堂。其中岑溪县71所、灌阳县54所、陆川县45所、容县33所，大瑶山也有4所。全省高初等小学堂共676所，学生27705人。半日制学堂7所，学生249人。女子学堂11所，学生511人。

△进步人士甘德蕃、同盟会员蒙经、保皇派陈太龙在梧州合办《广西新报》，宣传君主立宪。随后，同盟会员甘绍相、区笠翁在梧州出版《广西日报》和《梧江日报》，鼓吹革命。由于大势所趋，三报论调趋于一致，共同宣传革命。

第十六章 1909年
（清宣统元年 己酉）

1月

3日 同盟会以越南为基地发动中越边境武装起义，清政府多次要求法国禁止，法国均置之不理。自河口起义失败后，黄明堂率革命军退入越南，资助黄花探义军抗法，法国态度骤变。清外务部和法国公使巴思德经长期谈判，3日签订《中越交界禁匪章程》五款：（1）不许革命党人在对方境内活动；（2）禁止革命党人用报刊宣传妨碍对方治安的言论；（3）反抗政府逃到对方的武装队伍要缴械拘禁后驱逐出境；（4）刑事犯逃到对方境内者经交涉引渡；（5）查禁私运军火过界。

2月

是月 富川多产锡地，均由民间用土法开采。宝亨公司集股承办，资本不足，只收购锡砂，未开新井，矿利没得到开发前 年贺富煤矿已拨官款收归官办，锡矿多与煤同处，官府现把锡矿也收归贺富官矿局经办。

3月

是月 越南革命党黄海庭部由符道进入中国，被驻东兴的郭人漳部拦截击退。又有一股会党从越南乘船两艘在钦廉登陆，郭人漳派广玉兵舰到白龙尾拦截，会党登山发炮，广玉兵舰带伤逃。广西沿边戒严，防革命党人阑入。

4月

2日 广西上报铁路计划，拟先筑桂（林）全（州）线，长300华里，需款600万两。拟为官股300万两，已有溢收实官捐200万两，再分年筹集100万两。商股300万两，拟在民间招股200万两，另100万两采取以工代股、以地带股办法。第二步展筑桂邕线，长约1000华里，需款二三千万两，请求度支部、陆军部、邮传部会同筹集。清朝命邮传部派员到广西查勘，应从何处开办？分别缓急，次第修筑。

4日 清政府颁发《清理财政章程》，命各省成立清理财政局，裁光绪三十三年以前旧案，调查本省财政沿革利弊，编制光绪三十四年财政决算，订立宣统元年以后的财政预算、决算制度。为推动清理工作，清政府向各省派出监理官，山西试用知府汪德傅为广西正监理官，谢鼎庸为广西副监理官。5月，广西订出整顿税契章程28条。

是月 清朝陆军部分配给广西编练的一镇新军，桂抚张鸣岐把任务交给桂南地区的提督龙济光、总兵陆荣廷，采取裁旧练新的办法。本年先在龙济光、陆荣廷所统的边防、左江巡防队中挑选精壮，各练新军步兵一标（团）。明年将龙、陆两部旧军全行淘汰，各练新军一协（旅），再添练马、炮、工、辎各营，以成编制足额的一镇（师）。

△为培训大批自治人才，除省城办自治研究所外，张鸣岐将全省划为三个区：桂、柳、庆、思为第一区，设研究所于桂林；平、浔、梧、玉为第二区，设研究所于梧州；南、太、泗、镇、归、百、上为第三区，设研究所于南宁。学员名额分到各州县，考选士绅入所学习自治制度和政法学科。各区在本月间一律开学，十个月毕业，学员即回籍宣传普及自治。

5月

19日 临桂县成立地方自治筹办公所，官方派优级师范毕业生去该县调查和宣讲，使城乡自治初具规模，以资全省示范。省方限令桂、梧、浔、邕、龙各府于10月前一律成立地方自治筹办公所，其余各县也要次第设立。

△按清政府制订的各级审判庭官制，广西应设高级审判庭1所、地方审判庭70余所、初级审判庭200余所，需政法人员2000余人，限7年完成。广西本月成立审判筹备处，按察使王芝祥为总办，待全省审判庭一律成立，即行撤销。

6月

6日 桂抚张鸣岐奏调浙江陆军统带官蒋尊簋来桂接任陆军小学堂总办。蒋是留日士官生、同盟会员。

是月 钱权从香港入柳州,偕黄岱赴桂林与冷遹、耿毅、赵正平等在古楼底密谋举事,黄岱负责在柳州发难,冷遹在桂林率新军响应。晤毕各回原处准备,钱权返港报告。

7月

是月 广西选举咨议局议员,全省有选举权人数40284人,选出议员57名:桂林府8名,平乐府10名,梧州府11名,玉林直隶州4名,柳州府4名,庆远府2名,思恩府3名,浔州府5名,南宁府5名,太平府2名,泗城府1名,归顺直隶州1名,百色直隶厅1名。当时属广东的廉州府选议员2名,钦州直隶州选议员1名。

△驻中渡清军一营串通游勇起事,杀帮带沈鹏和护兵12人,窜入四十八峒,雒容、永福地方兵力不能制。叛兵扎营在中渡对河,听任民间贸易。

△上年江口兵变,逃勇半入大瑶山。该处有绿林武装陈亚狂六、郭伯枚等十余股,每股为数十至一二百人枪不等,是广西武装反抗最活跃的地区。右江镇总兵李国治率4个巡防队进剿,捕杀了陈亚狂六、郭伯枚、易二、黄田面五,招抚陈长、区少瀚。黄十九、温良才窜至苍梧、藤县,张蛤蚧、李济才仍潜伏在大瑶山。

△为编练新军混成协培养干部,广西陆军干部学堂在桂林开学,总办依次是程守箴、庄蕴宽、李书城、陈之骥、蔡锷、覃鎏钦、张文通、赵恒惕,分步、骑、炮、工、辎科。年底第一期学生151人毕业。第二期学生200人于1910年5月入学,学习期为一年半。

△拓展边防、南宁、柳州电线竣工,纵横2345华里。前两广分官线、商线两局经办,7月起,广西境内线路归本省自办,原桂林电报分局改为广西官电总局,下增设分局十余处,总局内附设电报学堂,培养电讯人才。

8月

是月 省城桂林附近东乡七里店、西乡官田村、南乡大岭头，会党异常活跃，劫案迭出。会党首领黄旺才、邓土生在该处邀人拜台入会，只传口号，不发飘布，不登名册，入会者日众。

△南宁营房竣工，广西讲武堂和学兵营从龙州迁邕。数月后学兵营结业，从济军、荣军中来者返回原部，余的分入各部。12月讲武堂毕业，甲、乙班学员97人入新军各标营充学习官，合格者补授军官；丙班学员回原部任职。

△刘古香、甘乃纲由香港入柳州，召集同志十余人在高岭塘开会，派柯汉资、许仲山调集民军千余人在柳城太平圩起义，拟攻柳州，再图桂林。右江镇总兵李国治派兵围捕，激战四昼夜，民军退入大苗山。柳州樟脑公司被查封，张铁臣走广州，刘古香、甘乃纲走香港。

9月

29日 桂抚张鸣岐奏，广西旧军整编为巡防队，分几种情况：（1）防务重的24个巡防队，每队定员472人，再设长伕30人，总计12048人。（2）防务轻的34个巡防队，每队定员301人，另设长伕24人，总计11050人。（3）中路巡防5个队拟留编新军。归各府厅州辖的9个队改为该府厅州亲兵营。（4）左江、边防两个工程队专司工程；右江垦兵3营专办屯垦；古宜保商营专负保商；抚标练兵营和卫队营专令护送饷械和巡查街道。以上负担杂务的8营队与巡防营性质不同。

10月

14日 广西咨议局举行开局典礼，议员57人，选陈树勋为议长，唐尚光、甘德蕃为副议长，黄宏宪、秦步衢等11人为常驻议员。局址建在桂林王城独秀峰南门的贡院旧址，面积7.32万多平方米，建筑壮观。

11月

是月 广西咨议局第一次会议开了一个多月，议题：（1）南部议员提出迁省南宁案，北部议员反对，由巡抚裁决否定。（2）咨议局通过全省办团练、购军火御匪提案，巡抚答以团练已在整顿，购发军火恐资济匪。

△清朝决定重建海军，要各省筹款报效。桂抚张鸣岐媚上不恤下情，认筹开办费50万两，分四年均解；常年经费6万两，按年解送。致使广西财政赤字增大。

△桂抚张鸣岐拨出大量经费兴办广西中等农业学校，以沈赞清为总办，魏子京为监督，派魏赴欧聘请比利时教师6人，购置一批农具和外文书籍。将农林试验场拨入学堂为实习场地。招青年学生百余人入学，供给膳食、服装和书籍文具，规定毕业后授予州判、府经历官衔，派为各属劝业员。学习三年，至辛亥革命停办。

12月

27日 桂抚张鸣岐奏，官局统购锑砂三年，风气已开，为求更大发展，请停止官办，任由商民运售；为鼓励民间广开锑矿，请暂免出口、出井两税。原官办厂局，派员管理厂房器具，出售存锑，收回官本。

△15省咨议局代表30人在上海集会，敦请清朝速开国会，决定分道进京请愿。参加请愿运动的广西代表为吴锡龄。

是冬 陆军小学堂罢课，抗议总办蒋尊簋任用同乡、压制民主，学生纷纷搬出学校。桂抚张鸣岐命监督李书城劝带学生回校上课。第一期毕业生90多人送入武昌陆军第三中学堂继续学习。

是年

△提督龙济光集官本数万，成立福济公司，开办南宁明阳农场，建屋舍，购农具，专收旧军裁勇垦殖。10人立一棚长，10棚立一垦长，分段开垦，按招商垦荒章程10年后升科。并筑坝开塘，考查土性，广植谷种，兼营林牧。自经屯垦，大片荒野变田园，来往商旅也赖保护。

△桂林新军外籍同盟会员尹昌衡、覃鎏钦、杨曾蔚主办《武学报》，吕公望为经理，出版了两期，因发生张鸣岐驱逐外籍革命志士案而停刊。

第十七章 1910年
（清宣统二年 庚戌）

1月

是月 广东禁赌，加收盐税以抵赌饷，粤盐涨价，桂省承受不了。广西咨议局两次致电粤督袁树勋请减平盐价，袁不为所动，坚持己见。咨议局一面派议员赴广州调查实情，一面请广西京官上奏清朝求减，还约吃粤盐的湖南永州、宝庆两府联合力争。

△清廷依度支部议，饬广西将截留洋款（摊派赔款）全部上交，不得充练兵经费，致使混成协经费年减少52万两。

2月

4日 南丹土州查户口钉门牌，土民疑是加税，土族杨天喜、客户沈槐山、亲兵韦有秀于当晚率众攻占州城，杀官焚署。省方派右江道沈秉炎、庆远知府李春溥、河池知州蹇先陶各率防营，分道进攻南丹，12日复州城，捕杀杨天喜、沈槐山、韦有秀等26人。

28日 广西设立劝业道，以胡铭槃署道员，为全省倡导实业的机关，负责管理农工商业。

凭祥土知州李澍培（佑卿）被控外逃在边关当游目，带领革命军攻打镇南关。清朝革去李的世职。凭祥改土归流，设置凭祥厅。

是月 兵备处总办庄蕴宽被巡抚张鸣岐指责招纳革命党人，恐酿巨变，被迫离桂。帮办钮永建也赴德留学，由蒋尊簋继任兵备处总办。陆军干部学堂监督李书城也跟着辞职,由陈之骥继任。到 8 月,张鸣岐参劾庄蕴宽逾期不回,经手款项未交。清朝将庄革职,勒令回省清理。

△岑溪县署以办新政为名,遇物抽捐,人民不堪其苦,众推古万村 82 岁举人陈荣安为抗捐首领,组织"崇正团",发布抗捐檄文,岑溪、苍梧、广东罗定等地参团者逾万人。事发后梧州知府志踪派兵开进岑溪威胁,群众自带粮食赴古万村挖壕筑栅,制刀枪备战。6 月,陆荣廷部将林俊廷、莫荣新率巡防队携炮强攻古万村不下,转为围困。7 月,村内弹尽粮绝,陈荣安命儿子领三千群众突围逃生,自己坐守村寨。清军破寨而入,见人即杀,只活捉陈荣安一人报功。

△滇督李经羲和清朝邮传部议修滇桂铁路,从昆明达百色,与拟议中的桂邕铁路相接。

△广西内河商船总会在梧州成立,选周之济为总理,麦应仓为协理,联络浔、桂、柳三江商船,以劝挂国旗,不用洋单偷税,稽查匪徒为宗旨。

3月

19 日 广西宪政筹备处在桂林成立,以布、学、按三司为总办,劝业、巡警两道为会办,筹备成立谘议局,办理地方自治,查报户口,筹设审判庭,巡警和扫盲等事宜。

是月 广西图书馆成立,由乡绅唐钟元、陈智伟募捐筹建,馆址建在桂林贡院东侧官地,将桂垣书局书籍拨归储存,博采东西政艺诸书,奏请清廷拨给《大清会典》一套。

4月

是月 清朝军谘府命广西调查中越边防。张鸣岐派耿毅、何遂、冷遹等东起十万大山、西迄滇边剥隘,考察了沿边地形、炮台和对汛。公务后耿等乘机经越南到香港,找到赵声和黄兴,与同盟会领导机关取得了联系。

△为编练新军混成协准备军士,设学兵营于桂林李家村,从桂林、平乐、柳州三府征募 800 人入营,编成步兵 4 队,马、炮、工、辎各 1 队。营长为王孝缜,继为蔡锷、方声涛。

△桂林军界革命志士发起成立"广西军国指南社",宣布宗旨:(1)发起尚武精神;(2)普及军事知识;(3)研究兵科学问;(4)决定边防计划;(5)讨论征兵办法;(6)考究各国军备。5 月 2 日出版第一期《军国指南》月刊。

5月

是月 永淳县署出布告征收酒锅、油、糖榨捐,化龙村民黄朝吉、黄有绍聚众抗捐,知县张融带兵镇压,被击退回城,群众遂围困县城,砍断电线,断绝交通。横州、贵县、宾州和广东边界民众闻风来会,携械抗拒官兵。提督龙济光率兵到永淳隔断各地联系,攻破化龙、木塘两村,威迫抗捐村屯赔偿损失,出花红缉拿首要,捕杀黄朝吉、黄有绍20多名抗捐骨干。

△南宁府各县共有6万群众参加抗新捐,各持枪械打击清军,龙济光督军驰赴各处镇压,杀抗捐群众10人,俘受伤者60余人。柳州、百色等处也告急,龙济光派兵驰援,杀30多人。

6月

是月 怀远知县石家鉴加抽油捐,激成民变,有121个村群众团结抗捐。左江道沈秉炎到县处理,将石家鉴撤职回省,以平民愤,然后诱骗103个村停止抗捐,而古宜甲18个村仍坚持斗争,不肯解散。沈秉炎进驻古宜,新知县刘壬滨的亲兵被民众殴毙,力请派兵痛剿,沈请准巡抚,命刘壬滨率右江巡防队炮击古宜18村,洗劫一空。而古宜人民的抗捐斗争一直坚持到辛亥革命。

△黄岱、陈晓峰召集柳州同盟会同志密议:调巫春华的石龙民团和谢祥龙的护商队驰抵高岭塘和垦兵营会合,听黄岱指挥;命柯汉资、许仲山率民军数百潜伏在柳城长塘圩一带伺机进攻柳州。胡岱铭率巡防一营入柳州城内华熙客栈,准备农历六月初一(7月12日)乘清吏在庆祝宫朝贺时伏而歼之。黄岱等则从高岭塘入据柳州,宣布独立。事为清吏侦悉,派兵围捕。各同志散匿乡间,暂不发动。

7月

月初 归顺、镇边、天保等地,因查户口钉门牌,乡民疑为仿越南收身税。倪昌辉、赵中成招人入会,出告示:"安国灭洋,先杀学生,后杀官吏",率归顺、镇边群众数百,手持刀棍火器,围扑归顺州城,清兵内外夹击,民兵武装被击散。旋又复聚,围攻镇边县城,相持一日,陆荣廷派谭浩明率边防军赶到,开炮轰击解围,民兵武装散遍县境和下雷土州一带。知县许克襄带兵搜剿,战败困在深山，幸得边防军来救，弃械逃命。清朝命严守关隘，照会法方对汛配合。

是月 左江、边防编练新军一镇的计划没有完成。南宁练成新军一标，由龙济光的军队改编而成，编为步兵两营，缺一营，标统由龙济光兼，任福黎负责编练，同盟会员谭昌、宋星洲为队官。龙州练成新军一标，由陆荣廷的军队改编而成，编为步兵三营，每营缺一队；炮兵一营，编为两队。标统陈炳焜，营长陈裕时（同盟会员）、黄榜标、符镇塾，炮兵营长梁柳村。队官以下军官都是讲武堂毕业生，军士是学兵营结业生，每营658人。

△广西高等审判庭，桂林地方审判庭，临桂、合浦初级审判庭，均于7月开厅，并配设各级检察厅。各省按察使改名为提法使，王芝祥为广西提法使。

夏间 桂林新军中的革命党人锋芒毕露，桂抚张鸣岐欲除之，故意敷衍联络，设宴款待。酒间，尹昌衡倡言排满，鸣枪示威，张鸣岐拘捕了雷寿荣和孔庚，扬言要开军事法庭审判。后通过王芝祥斡旋，以彼等离开广西为条件。张鸣岐把参加宴会的青年军官一律撤职，限王孝缜、孙孟戟、杨曾蔚、陈之骥三天内离境，外省革命志士走了半数。张鸣岐调蔡锷从南宁回省接任陆军干部学堂总办和学兵营营长，依靠蔡和蒋尊簋办新军。

8月

20日 广西奏报近年办理农林工艺情形：桂林、梧州、柳州、浔州、南宁、太平等府开办垦牧公司25处，新开水利290处，修浚旧有水利960余处。在省城开办了模范工厂、艺徒学堂和简易工艺教员讲习所。

是月 广西督练公所成立，为全省编练新军首脑机关，巡抚张鸣岐兼督办，下分三处：兵备处总办蒋尊簋；参谋处总办由军谘府委赵学方；教练处未委总办。各处设帮办，分科治事。

△全州知州周岸登派巡检曹骏带兵清乡，官绅勾结，勒索扰民，行抵万乡亭子江被乡民围住，周岸登带兵来救，群众聚集两千多人，把周吓跑。群众把曹装进猪笼游村，然后缚送上省，交给桂林府治罪，护送者人插一竹片，写着"官逼民反，绅逼民死"。全州六乡群众声言："不重惩周岸登和曹骏，誓不罢休"。10月，省方把周岸登撤职。全州人民闻讯聚集两千多人，放火烧助周为虐的劣绅26家，并扬言要伏杀周岸登。省方力主派兵剿办，新任知州廖葆真电告："民众欲得周而甘心，人数虽多，手无寸铁"，建议采取和平手段解决。

△一股绿林武装攻入武缘县都阳土司，杀死巡检黄永照，捣毁衙署，向恩隆、奉议边境扬长而去。

9月

12日 广西试办宣统三年财政预算编制完毕，全年收入453.5万两，支出584.3万两，不敷131万两。为解决赤字问题，请求度支部将广西应解各款酌量停解，可得60多万两，不敷之数由本省筹措。至于办新政所需86万两尚无着落，则分别暂缓停办，清朝依议。

是月 柯汉资、甘乃纲奉命从广州潜抵柳州高岭塘，密谋农历九月初再袭柳州，事为右江镇总兵李国治侦悉，派兵将许仲山捕拿入狱，集中到柳州城外屯伦村的民军得讯后星散，陈晓峰愤而自杀（关于陈自杀之事，一说死于1908年密谋起义被破坏后，一说死于1909年太平起义失败后。今暂从当事人钱权之说，陈死于1910年屯伦起义后）。

△分布在桂林军、政、学界的同盟会员二十多人联合成立广西同盟会支部，选举耿毅为支部长、何遂为总参议、赵正平为秘书长、刘建藩为学兵营分部长、杨明远为干部学堂分部长、梁史为陆军小学分部长、蒙经为谘议局分部长。经过一段时间发展组织，学兵营有100多会员，干部学堂有30多人，陆军小学有50多人，谘议局有10多人，还有分布在各学堂、讲习所、书局一至数人不等。

△张鸣岐进京觐见，带蒋尊簋随行。布政使魏景桐暂护巡抚，蔡锷接任兵备处总办。

△蔡锷在陆军干部学堂举行甄别考试，淘汰者多为广西学生，录取者多是湖南学生。同盟会支部误认蔡锷是清朝宠信的官僚，利用此事说蔡专权徇私，发动学校罢课、学兵营罢操、商会罢市、谘议局提出查办蔡锷案，又联合梧州学界、商会和报馆给省方发电，要求蔡锷离桂。蔡被迫辞职，转赴云南任职。

△贵县振华公司的美国矿师和一法国商人，游历至柳州前往庆远，官府派兵护送，29日行至柳城县，被人伏杀。右江镇总兵带兵大搜查，全县惊扰。桂林天主教士扬言：说法领事甚忿，将来要索必多，专视广西官吏如何办理。

10月

12日 广西谘议局举行第二次全体会议（本日至11月22日），议长陈树勋、副议长唐尚光辞职，改选甘德蕃为议长，秦步衢、黄宏宪为副议长。会议中发生轰动全国的议员总辞职案，因上年会期提出的禁烟案限至本年5月全省一律禁绝。会后，张鸣岐以本省财政支绌，难筹别款抵补烟税，改为分区分期禁售，并公布施行。议员指责巡抚践踏议案，全体辞职。经资政院裁决并请旨批准仍按原议执行，议员才返局议事。

29日 清朝命张鸣岐署理两广总督，云南布政使沈秉堃升任广西巡抚。

是月 广西同盟会支部在桂林出版《南报》，主笔赵正平，经理梁史，经费由军政学各界捐助。该报为月刊，每月出一册线装本，印发2000份，既增送也订购。内容分社论、纪事、译述、文艺、传记等栏。因宣传革命，只出版三期被封。

11月

是月 护抚魏景桐委陈仲宾节制浔、柳、梧、平、玉巡防队，拟订桂东分区清剿计划：桂林至平乐为第一区，平乐至梧州为第二区，平乐至贺县、修仁、怀集为第三区。又命浔州、柳州防军出守要隘，不让"逸匪"进入大瑶山。水路先清剿省河，平靖后再推及左右江。

12月

2日 梧州商埠审判庭、苍梧县初级审判厅于同日成立，各分设民事、刑事法庭，并配置各级检察厅，独立行使职权。

是年

同盟会派刘震寰回柳州工作。他变卖田产，联络了绿林武装曾超廷部百余人，兰八、廖六等部百人，陶二、宋五等部约百人。王冠三也联络了沈鸿英、李天民等部数百人。

第十八章 1911年
（清宣统三年 辛亥）

1月

是月 驻南宁新军、旧军约定年初二起义，救出去年被捕的管带刘瑞棠和革命党人刘捷三。一旧什长向龙济光报告，龙派兵包围缴械，捕杀刘瑞棠、刘捷三和5名革命党人，新旧军各逃散数十人。

2月

是月 粤桂滇三省电线，经清政府陆军部、邮传部核定：西线自云南腾越起，以临安为中心，经开化与广西归顺相接。东线自广东廉州起，经灵山、钦州与广西南宁中线相接。南宁为三省电线的中心点，设临安、开化、归顺、龙州、南宁、廉州、钦州等电报分局，在河口、东兴等16处设支局，备军事、交通之灵便。

△《南报》因宣传革命，被当局禁止。桂林同盟会改用《南风报》名称登记出版，仍以赵正平为主笔，每月一期，从1911年2月开始，至辛亥革命停刊，共出版了8期，发行数量逾万，风行全国，为国内著名的革命刊物之一。

△越南北部苗人起义进攻云南边界田蓬，扬言将攻广西镇边县。桂抚沈秉堃命左江镇总兵陆荣廷和沿边州县防堵苗人闯入，并将原计划裁撤的驻边关四个巡防队缓裁。旋苗人被法军击散，边境解除戒严。

3月

是月 广西农务总会在桂林成立，举蒋实英为总理，梁廷栋为协理，按清政府农工商部颁布章程，以振兴农业为宗旨，饬各州县设立分会，开展农业调查，举办农务演说和农产品陈列所。

4月

是月 御史赵炳麟（全州人）因参劾亲贵奕劻，被夺职回籍，督办桂全铁路。赵上奏说，广西铁路宜统筹全局，以接湘汉而通京畿。如长永路遥遥无期，则应当先修桂梧路，火车通至梧州，乘轮船可上通南宁，下达广东，利息较优。请邮传部勘完桂滇铁路后，就便勘定桂梧线。迨辛亥革命爆发，路股资金移作军费，筹备多年的广西铁路没有一条兴工。

△1908年桂林各商行已议设商务总会，因选举纷争解散，现经劝业道劝说，于本月成立，举温一恭为总理，刘廷彝为协理。

△同盟会决定集中全党力量举行广州起义，发动南方八省响应。年初香港统筹部派方君瑛、曾醒、严骥、李恢到桂林联络广西新军，桂林同盟会支部决定起义响应。另外，当时聚集在香港的广西同盟会员，开会研究广西的响应问题：推定桂林方面由冷遹负责，柳州由刘古香负责，南宁由雷在汉、谭昌负责，平乐由周毅夫负责，梧州由刘崛负责，浔州由罗佩珩负责。随即各人分头回广西准备。由于广州起义提前举行和迅速失败，广西各地均未发动。

△广西籍同盟会骨干刘古香、刘崛、施正甫、李德山、柯汉资、钱权等参加广州起义的筹备工作，奉命在平南县招募20名"选锋"担任突击。另外，参加钦廉、镇南关起义的老战士韦云卿、刘梅卿（钦州人）也参加了起义。27日下午，广西"选锋"随黄兴攻入两广总督署，转战高阳里，坚守盛源米店一昼夜。是役，广西同志参战约30人，牺牲7人，他们是：李德山（罗城人）、韦云卿（永淳人）、韦统铃、韦统淮、韦荣初、韦树模、林盛初（均为平南人），是黄花岗七十二烈士中的广西烈士。

5月

2日 清朝准粤督张鸣岐之请，命广西提督龙济光在广西巡防队中，挑选8

营精锐部队，星夜援粤。并命浔州巡防队督带吕春瑄就近率两营，先赴广州。

△清朝命左江镇总兵陆荣廷暂兼广西提督（6月实授，以龙觐光署左江镇总兵），移驻南宁居中兼顾，添募旧部填补龙济光带走的军队。又命两江总督张人骏、湖广总督端方，迅解精利五响步枪，每支配弹500粒，派轮船运至衡州交给广西。

是月 刘崛潜回梧州设立同盟会广西分会，领导梧州、浔州的革命活动。梁莲溪成立"优胜者剧社"，以粤剧宣传革命。

△桂林新军混成协原定1910年底编成，因军费减少和巡抚换人而搁置下来。1911年春沈秉堃到任，上奏变通营制，把混成协缩编为步兵两营，马、炮、工、辎各一队，只及编制的四分之一。5月，混成协正式成立，原学兵营四队步兵改为新军一营，另到桂林、平乐、梧州三府征兵1100人。全协2000人，配德国马克沁机关枪11挺、马枪500枝、手枪200枝、战马400余匹，从上海订购军装也运到，军容甚壮。沈秉堃为防范革命党人，任命亲信胡景伊为协统，将学兵营长方声涛解职离桂，不给新军发子弹，派两倍以上巡防队监视新军。桂林同盟会员在广州起义后都韬光养晦，避敌耳目。

6月

1日 桂抚沈秉堃奏，广西绿营经过逐年裁减，除保留提督一员、总兵二员、参将二员外，全部裁撤完毕。巡防队因新军未练成，担任全省守备任务，桂抚强调不能再裁。广州起义后，除招补龙济光带走的10营外，还新招一营驻戍梧州。

是月 刘崛转赴浔州中学任教，赵正平、雷沛鸿也从桂林来浔州教书，同浔州的同盟会员李应元等结合，开展革命宣传和联络大瑶山绿林武装。不久容县发生捕党人事，刘崛被通缉逃出香港，浔州同盟会催罗佩珩回浔主持武装起义，一面在浔郡5县组织民军，联络数千绿林；一面筹集8万多元起义经费，从香港秘密购回武器。

7月

10日 梧州、龙州两埠商界，通电反对清政府以铁路国有为名，收回民办粤汉、川汉两铁路转资外国。

是月 桂抚沈秉堃奏报广西人民反抗和设防情形。全省以平乐、梧州、玉林三府州最烈，永安、修仁、荔浦、昭平、藤县与大瑶山毗连，为绿林出没之所；

富川、贺县会党与湖南连成一体，声势浩大；北流、博白地下武装最多；苍梧为广西咽喉，革命党易于进入。柳州府自陆亚发起义后，大股虽无，小股实多，山谷崎岖，易于隐伏，剿捕比平、梧更难。省城附近也不平静。

△沈秉堃派陈仲宾为中路巡防队统领，率11队（营）专办桂、平、梧、玉等属的防剿清乡。左路巡防19队分扎南宁、太平、镇边、百色、泗城各府厅。右路巡防17队分防柳州、庆远两府。前路巡防20队分守边关一带。

△广西陆军小学第二期毕业生65人，由桂林出发赴湖北，升入武昌陆军第三中学堂。

8月

是月 广西提督陆荣廷、右江镇总兵陈仲宾、巡防队统领宋安枢、宋尚杰等到桂林开军事会议，部署全省防务问题。

9月

7日 桂抚沈秉堃奏，广西右江柳州、庆远两府地居冲要，是历来起义武装最多的地区，现拟定筹剿办法：一穷究积匪以清巢穴；二密捕革命党以防煽惑；三整顿军防以肃戎行。并调在平、梧清乡的陈仲宾署右江镇总兵。

△按照省会设立高等学堂的规定，广西各中学堂学生也于1910年陆续毕业，广西高等学堂于1911年秋天开学，分文科、理科两班，校址在桂林文昌门外原优级师范，唐尚光兼监督。

10月

7日 盐税是清朝的重要财政收入，清政府下令整顿盐政。广西是粤盐运销省份，设副监督，管理广西、湖南等处督销、缉私事宜。桂平梧道不再管盐务，撤去"盐法道"三字。

10日 武昌新军起义，在武昌陆军第三中学堂学习的广西学生160多人参加起义。

12日 广西接到清朝关于武昌起义的电谕，命各省督抚严密侦防革命党人。13日，桂抚沈秉堃把电谕传达给龙州、南宁、柳州、梧州的军政官员，特别指出梧州、龙州是广西咽喉，密令文武官员严密防范。

19日 桂抚沈秉堃奏请在湖南湘潭设立广西银行分行，仍以银行原有100万两资金分配周转。

月中 湖南告急，沈秉堃拟援湘保桂，委周先稷为广西北路巡防队统领，赴衡阳、永州募兵三营，直趋长沙。长沙于22日为革命党人占领。27日沈秉堃电奏："骤闻湘变，桂防万分吃紧，兵单械缺，请拨款50万两"。清朝饬粤督酌拨。

26日 湘桂黔边境革命军起，怀远一带聚集民军数千，声势浩大，一支在湘桂交界的鸡马，一支隐伏在广西高有，桂林震动，藩司王芝祥请带新军前往征剿。

30日 武昌起义后，刘崛潜回梧州，联络数千绿林武装控制了大河，利用广东的革命形势，发动藤县、苍梧会党进逼梧州。30日，在《梧江日报》刊发"京陷帝崩"的号外，全埠骚动。桂平梧道沈林一不知所措，任由群众所为。31日，梧州各界集会宣布独立，满城燃爆挂白旗，群众纷纷剪辫。立宪派和旧官僚勾结，把持政权，成立保安公所，推林泽为所长，招勇立团，勾结驻军，控制了梧州。同盟会则发动城乡群众包围保安公所，林泽不敢上任。

晚上，桂林同盟会举行起义，调动新军混成协、陆军干部学堂、陆军小学堂的官兵员生，入城攻打抚、藩、臬衙署和镇压旧军，因天下大雨水阻，起义改期。

下旬 广西各地同盟会代表齐集到柳州高岭塘垦殖公司开会，决定11月9日在柳州、桂林、梧州、浔州同时起义，以响应武昌起义。议毕各自回原地准备。

是月 湖南独立后，都督谭延闿派罗松涛为代表，步行五昼夜到达桂林，劝说湘人沈秉堃、赵恒惕据广西独立。云南重九起义成功，都督蔡锷给沈秉堃来电，劝沈"拔赵易汉，顺天应人"。

11月

2日 桂抚沈秉堃以广西危急，奏请清朝命贵州省派兵迅赴怀远剿办起义军；命广东拨出大宗饷械和军队星夜增援广西；请海军部派军舰到梧州堵塞江路。次日，粤督张鸣岐奏复："粤防亦紧，难于兼顾"，请清朝准将桂全铁路200多万两官股、办实业50余万两和积谷10多万给广西挪作军费。

△桂抚委王芝祥总统广西全省水陆军，新军也归节制，把桂林新军调往全州，新军协统胡景伊请假回籍，赵恒惕继任标统。

5日 平南起义。武昌起义后，同盟会员罗佩珩等由香港回浔州，组织桂平、平南、贵县、武宣、藤县起义，在平南县大乌圩恒丰米店设立机关，组织武装。5日，卢殿林、徐启祥、袁思荣等率各乡民军2000人向平南县城进军，巡警内应，知县蹇先陶潜逃，起义者成立军政府和县议会，卢殿林摄县长。平南起义成功，桂平、平南、贵县、武宣、藤县五县民军向浔州府城进攻。

6日 广西谘议局副议长黄宏宪、议员蒙经率各界代表向巡抚请愿，要求广西独立。广西同盟会支部长耿毅同布政使王芝祥谈判，达成"广西独立，新军北伐"的协议。晚上沈秉堃召集司道会商，被迫接受独立要求。王芝祥连夜赶制标语，书"大汉广西全省国民军恭请沈都督宣布独立，广西前途万岁！"遍插全城。7日上午，新军入城，迎沈秉堃到谘议局宣布广西独立，谘议局选举沈秉堃为广西都督，王芝祥、陆荣廷为副都督。中午，在谘议局门前召开军政商学各界万人大会，沈秉堃发表独立演说，提出目前八项办法，群众高呼万岁，掌声不绝。会后，广西军政府向全国发出独立通电；广西议院和正副都督向广西各级官吏和全省军民相继发出独立通电。

8日 因柳州同盟会定于9日起义，遂调集各路民军千余人进逼柳州，同时争取了巡防营分统陈朝政、帮统刘炳宇倾向革命。8日，接到桂林独立通电，王冠三、宋星洲等持枪直入衙署，强迫右江道沈秉炎、柳州知府高墨霖、马平知县万荣龄交权离境，右江镇总兵陈仲宾交出了11个巡防队。9日，起义者成立右江国民军总机关，以王冠三为司令，召开群众大会宣布柳州独立，电请刘古香回柳主政。同时派代表到宜山说服庆远府独立，派兵北上融县、怀远，帮助当地革命者夺取政权。

△因接桂林独立通电，聚集在南宁的同盟会员刘崛、罗佩珩、苏无涯、李应元、雷在汉等商定争取陆荣廷宣布独立。8日，派代表同陆谈判，陆勉强同意。9日，在北校场开群众大会，陆派代表黄榜标出席，宣布"脱离清朝，拥护军政府，男子剪辫，派兵北伐"四条独立大纲。

上旬 桂、柳、邕、梧四城相继独立，两三天内各府厅州县次第易帜，广西迅速实现了全省独立。阳朔、全州、怀远、北流等地，发生镇压群众、杀害革命党人事件，然大势所趋，忠于清室的官吏纷纷离职而去。

10日 晚上，桂林各界提灯游行庆祝革命胜利，巡防15队入城哗变，14队杀管带响应，叛兵劫藩库，攻谘议局，毁电局，冲到街上杀人，新军营长、同盟会员田遇东遇害，都督沈秉堃藏匿不知去处。王芝祥、宋尚杰调兵把叛乱镇压下去，翌日恢复秩序。

11日 桂林兵变消息传出，太平思顺道李开侁、龙州新军标统陈炳焜致电广西议院，以沈秉堃下落不明，推举陆荣廷为广西都督。同日，有人用广西军商学各界名义向全国通电,推陆荣廷为桂省大都督,军政府设在南宁。12日,陆荣廷通电各省军政府,宣布接受广西都督职。可是桂林秩序恢复后,沈秉堃又出来视事了,但陆荣廷当都督的呼声甚嚣尘上,沈不自安。

12日 因南宁新军参加独立大会回营,标统龙觐光发表效忠清室的训话,队官谭昌和革命士兵把他驱逐出营。龙向陆荣廷哭诉。12日,陆派巡防队包围新军威迫缴械,逮捕谭昌,搜查同盟会机关恒益号。适李开侁、陈裕时由龙州到南宁,劝陆勿逆时代潮流,设法补救。15日,陆释放谭昌,召回新军,重新和同盟会谈判,同盟会则支持陆荣廷当广西都督。

14日 广东独立通电传到钦廉,绅民自动悬旗燃爆拥护。14日,钦廉兵备道郭人漳集官绅商学各界于钦州两等小学堂,宣布独立,成立钦廉中等军政府,自任一等行政官,统辖一府一州三县。原廉州知府许莹章、北海镇总兵陆建章离去。17日,合浦革命党人罗侃廷、苏乾初袭据府城,杀死郭人漳派来接收的分统杨尊任,成立廉州都督分府,但害怕郭的兵威,自动撤去高州,廉州陷入无政府状态,年底广东军政府派黄济川、徐维扬来安定地方秩序。在钦州,郭人漳离去前,把军队政权交给土霸冯相荣,冯袭击唐珠浦革命军,自任钦廉善后督办。

同日 清政府向各独立省份派出宣慰使,派往广西的宣慰使为赵炳麟,赵不奉命。18日,清朝又给陆荣廷发专电说:"所有该省军事,著该提督悉心筹划,妥为布置,傥能保全地面,不滋事端,朝廷自有不次之赏"。陆秘而不宣。

16日 罗佩珩、周毅夫率领桂平、平乐、贵县、武宣、藤县民军万余人,定于9日进攻浔州。适7日广西独立,浔州知府贺源清扣压独立通电不宣布,民众大哗。16日,民军派曹启先入府署谈判,贺拒绝交印离境。20日,民军包围浔州,贺闭城拒守,民军缺乏攻坚武器,围攻七天不下。陆荣廷派龙觐光率兵东下,以调停为名,27日晚袭击民军,民军向江口撤退。民军派代表与陆荣廷代表谈判,陆发两千两银给民军作遣散费。民军解散后,前敌指挥黄熊祥被陆捕杀。

18日 广东民军巫其祥部200余人,应梧州商会代表之请,从都城乘船到梧州,派代表到商会、县议会交涉进城。当晚反动军人任福黎伏兵于河干,19日晨开枪射击,击毙民军80多人,俘杀40多人,巫其祥乘鱼雷艇逃脱。事发后广东都督胡汉民屡电严责,陆荣廷以误会解释,支持梧州反动派推卸罪责。

20日 陆荣廷在提督署召开广西军民联席会,与同盟会代表谈判。决议:推举陆荣廷为广西都督,军政府设在南宁;陆率兵北伐,由革命党人组织军政府和通电驱逐王芝祥离桂等项。

21日 沈秉堃辞去广西都督职,广西议院选举陆荣廷为广西都督,未到任前由副都督王芝祥代。沈秉堃随北伐军离开广西,被推为湘桂联军总司令。

28日 陆荣廷在南宁通电就职,于梧、邕、柳、龙设立军政分府,颁布命令《应行办者十条》、《应行禁者十条》,令各地收税上缴,违抗命令和扰乱治安者杀。

30日 柳州派民军到达融县,当地群众愤恨融县知县张礼干态度暧昧,暗中效忠清廷,主使土匪出身的警备大队长焦盛贵掌握警兵,与民军对抗。傍晚,民军和团练包围县署,战斗两日,焦盛贵带队逃走,张礼干投河自杀,革命党人为融县县长。

下旬 桂林新军混成协2000人,由协统赵恒惕、参谋长耿毅率领出师援鄂,桂林各校学生120多人组成广西学生敢死队随军北伐。该军经全州步入湖南,到长沙乘轮船沿湘江、洞庭湖于12月下旬到达武汉金口镇,适南北议和,武汉停战期满,该军渡过长江,向蔡甸追击清军,进驻孝感。

12月

7日 陆荣廷接受同盟会的建议,本日设立交通部,招收绿林武装,编练为民军,以备北伐。委派同盟会员何治方、雷在汉、雷沛鸿、柯汉资、周毅夫、陆爱唐、罗佩珩、莫继甫等十多人为课员,分赴各府州县调查,招收绿林,联络民军。又委刘崛为梧州民军征集所长,王冠三为柳州民军征集所长,任墨卿为南宁民军征集所长,李应元为浔州民军征集所长。各所都征集了千百民军,进行训练,嗣因南北和成而解散。

月初 原议派邕、龙两标新军北伐,陆以治安问题,陈炳焜、龙觐光均留桂,只在两标中各抽一部分合成千人,到南宁集中,编为6个中队,称邕龙援队,由营长陈裕时率领,12月初从南宁乘轮东下。14日抵梧州,与先期到梧州的任福黎部会合。月底到广州黄埔港待船。元月4日由黄埔乘兵舰航行四昼夜,到达南京登岸。

18日 陆荣廷率兵数千,从南宁乘轮东下,沿途扫荡浔、梧民军,支持旧势力掌握政权。

24日 抵梧州,委其心腹黄榜标为梧州分府府长,派姻亲龙觐光屯兵梧州,截杀从广东来广西的革命人员。

△为打击陆荣廷的反动气焰,王和顺惠军逮捕梧州分府派到广州购买军火的黄玉鸿、李大缵、黄荫南三名旧官员,搜出他们的变天证据。

是月 钦廉独立后,郭人漳应黄兴电召率兵北伐,从巡防营中抽出外籍官兵1700人，编为两个步兵营、两个机枪连、一个山炮连，从钦州出发，取道陆屋、灵山，到横县南乡乘船经梧州到广州，黄兴派兵舰接赴南京，编为陆军部警卫团，林虎为团长，郭人漳告假回籍。

△应湖北省军政府的邀请，广西军政府派张其锽为代表，上海军政府派马君武为代表，到武汉出席独立省份代表会议，商讨成立"中华民国"，通过《临时政府组织大纲》。12月2日，江浙联军攻下南京，各省代表赴南京继续开会，定南京为临时政府所在地，选举孙中山为中华民国临时大总统。

△广东高雷道彭言孝，声称借路北伐，率巡防队3营，经陆川入广西，玉林守军抵挡不住，遂占据州城。当时主持军政府的王芝祥恐有变，委彭为浔玉国民军统领，驻扎玉林近月。彭以桂人黄开仕为知州，强制群众剪辫，军队纪律不好，商店纷纷闭门。商民暗通原知州陈廷杰、管带梁尊贤袭击彭军，复州城。12月末，彭言孝率残部逃离玉林，经浔州、桂林去湖南。

△陆荣廷要求南宁、龙州、梧州三海关把税款缴给军政府，三关洋税务司接总税务司英人安格联密令，拒绝缴款，不接受新政府领导。17日，广西军政府致电湖北、上海军政府，请与总税务司交涉。适南京临时政府成立，派外交部部长伍廷芳交涉无效，帝国主义就这样强夺中国关税，企图在财政上扼杀革命政府。

第十九章　1912年
（民国元年　壬子）

1月

1日　孙中山在南京就任中华民国临时大总统，宣誓就职，通电全国改用阳历，大总统就职之日为民国建元之始。广西都督陆荣廷、副都督王芝祥联衔致贺电："先生勉念吾民，以共和提宇内，登高一呼，乾坤回轴。凡属血气之伦，罔不饮和食德"。

同日　陆荣廷召巫其祥死难民军家属来梧州，发给抚恤银五千两，派黄榜标到河边主祭亡灵，开追悼大会，设灵位于沈公祠内；又释放藤县民军首领周绍梅，以换释黄玉鸿三人，遭王和顺电责。

4日　陆荣廷离开梧州，沿抚河赴桂林，19日到桂林，省会各机关、学校团体列队到将军桥欢迎。

6日　贺县民军攻破县城遭镇压。先是两广独立，贺县民军邱茂英联合连山、怀集民军2000人入据大宁县，要求政治改革，邱被县警捕杀，民军遭伏击。为反击官绅屠杀，邱怀信、黄十二率各乡民军进逼贺县，派使者入县署要知县向寅交权，被击伤。民军元旦围攻县城，两哨守军内应破城，杀团总龙藻、劣绅严超荣和县警20多人，迫向寅为民政部长。6日，陆荣廷派龙觐光部督带孟希孔率2个巡防队驰往贺县镇压，民军退据各乡，孟以"缉匪搜枪"为名铲村杀人，民军抵抗，父老联名控告上省，舆论大哗。陆荣廷被迫把孟革职撤兵，以平民愤。调同盟会员陆爱唐接任贺县县长，将梧州剩下的一大队民军带去。

16日　南宁海关税务司安德士强夺关税，把税款汇往广州。

18日　广西副都督王芝祥，受同盟会、议院、各府通电指责，无立足之地。18日，当陆荣廷舟至阳朔时，王即率其巡防6个大队，以北伐名义离桂林北上。

△龙觐光驻军梧州，为防止广东民军进入，在沿江龙母庙、后山、鸡笼洲筑炮台驻兵，成立宪兵，严查从广东上梧人员和武器，侦查同盟会的秘密机关。并派兵四出镇压民军；18日派李文富到昭平攻打民军，派王光宗援濛江；19日令马正明到石桥镇压，命李文昌回兵藤县。30日下令沿江戒严，加派马正明到藤县，派陈雨云率兵援长洲团练。

△广东军政府命龙济光军从广州移驻钦廉、高雷。龙设司令部于北海，和当地冯相荣勾结；又派军驻高州，与南宁龙裕光、梧州龙觐光互为犄角，互相依靠。

△陆荣廷接受黄榜标等建议，乘南京成立临时参议院之机，推荐刘崛为参议员"荣送"入京。广西同盟会群龙无首，迅速分化，省议员纷纷阿附陆荣廷；柳州同盟会甘居共处；浔、梧同盟会员则转入地下反抗假独立。

2月

2日　藤县民军进逼县城，龙觐光派永福兵轮运械路过，和城内韦文林、李永昌守军相约，水陆突袭，民军溃散，首领苏义纪被俘。

8日　陆荣廷以军政府名义通谕全省举荐人才：一是国内外高等学堂毕业，二是办地方公益三年以上，三是当过官吏有才干者。于是旧官僚、土豪劣绅合法进入政界，如桂林秦步衢、桂平程大璋把持一方。军政司长陈炳焜、民政司长陈树勋、财政司长严端、教育司长唐钟元、司法司长张仁普，实业司长韦锦恩都是旧官僚、立宪派和同盟会的拥陆派人物。

9日　陆荣廷通过梧州商会派人持函到香港，邀请玉林起义会党首领、在南洋参加同盟会的李立廷回广西。9日李抵梧州，被委为水师第二军统领，驻藤县。

16日　陆荣廷发出"铣"电，支持粤督陈炯明坚持总统必须到南京就职，电曰："粤都督'咸'电，钦佩莫名，迁都北京如果实行，荣廷当率精兵百队，随陈粤后，克日出发，与各都督会师中原，务望前敌诸公努力坚持"。次日陆又致电孙中山："国都地点现在必定南京，袁公未到南京前，孙大总统万万不可退位"。

△广西临时议院由议员蒙经、卢汝翼主持，拟订《广西临时约法》、《军政府官制大纲》，由陆荣廷签署军政府第一号、第二号法令颁布执行。《约法》7章58条，规定人民享有言论、出版、集会、结社、居住、通讯、营业自由，有选举、被选举权利，有纳税、当兵义务。还规定都督、政务司、议会、法院

的职权范围。《官制大纲》改巡抚衙门为政务司，下设军政、民政、财政、教育、交涉六个司。全省政务由六司办理，都督统揽全省军政大权，司法独立审判，确立三权分立原则，企图限制个人独裁。反映了辛亥革命打破帝制专政，给广西带来民主、共和的色彩。

中旬 清帝下诏退位，南北达成和议，孙中山辞去临时大总统，临时参议院选举袁世凯继任。陆荣廷向全省通电："清帝退位，民国统一，革命之目的既达，革命之名义自消。"命令停止北伐，解散民军，诬指为匪，勒令缴械自新，扬言不日督师出省剿办，命各统领会同地方官捕杀民军，作为考核吏治成绩。

24日 广西都督府转发孙大总统取缔"大人"、"老爷"等称呼，官吏以官职互称，每日要上堂办公，人民以"先生"、"君"互称，下令焚毁刑具，停止刑讯，禁止畜婢、缠足、赌博、吸鸦片，解放"疍户"、"惰民"等。

28日 孙中山复电陆荣廷，赞扬他"倡言率师北伐的勇敢无前精神……粤西依执事若长城"。

月末 陆荣廷离桂林下梧州，转上南宁、龙州，并在昭平、梧州、濛江设立行营，督剿当地会党武装。

3月

1日 陆荣廷以统一军政为名，撤销南宁军政副府，龙州、柳州、梧州分府。各分府府长改称统领，为该地军队司令。委李开侁为镇南关海关监督兼对汛监督，方培恺为南宁海关监督，统领黄榜标兼梧州海关监督。

△陆荣廷把广西军队编为七军：秦步衢为省防军统领，率11队（营），驻桂林；谭浩明为第一军统领，率20队，驻南宁；林俊廷为第二军统领，率21队，驻龙州；龙觐光为第三军统领，率13队，驻梧州；宋安枢为第四军统领，率10队，驻玉林；刘古香为第五军统领，率14队，驻柳州；陈朝政为第六军统领，率11队，驻宜山；7个军共37260人。陈炳焜统新军一团，1336人，使用七九口径步枪。旧军参用七九步枪、九〇毛瑟及各种杂色枪。

4日 藤县县长韦文林、管带黄玉珍残杀民军，梧州民军征集所长黄子庄控告于梧州军政分府。黄榜标宣称撤韦文林，委石敬明为县长，唐钧培为民团长；暗中则指使韦、黄伏兵以待。3月9日黄子庄率征集所七八十人，乘拖轮抵藤县，石敬明上岸入县署，被韦文林击毙，岸上伏兵突然开火，船中民军死亡枕藉，陈仙石（留日同盟会员）、王畅云殉难。黄子庄、唐钧培急驶轮逃脱，控于陆荣廷，反受通缉。15日，陆爱唐、苏无涯以共和党支部名义在梧州发传单，向广州北伐军后方办事处朱执信报告阴谋事变，控告到南京临时政府，孙中山下令查办。未几南北和成，案移南京留守使，因军阀阻挠不了了之。

△藤县民军首领周绍梅复集千人攻占古齐塘，龙觐光派兵两哨镇压被打败。3月17日增兵围攻三昼夜不下，运来几尊开花大炮轰击，周突围至佛镇被捕杀，藤县民军被镇压下去。

△全州、灌阳下冰雹大如碗，倒春寒，迟插秧，米贵百文。

4月

1日 陆荣廷电贺袁世凯："袁公调和南北，热情为天下共见。"

△广西革命元勋马君武、邓家彦、刘崛、雷在汉、雷沛鸿、周毅夫等云集南京，发起召开广西同乡会，第八师官兵2000多人出席，为太平天国以后桂人聚集金陵最多者。旋即成立广西旅宁同进会，选林虎为会长，马晓军为副会长。

△临时政府迁北京，黄兴任南京留守使，整编北伐军。军饷不足，将广西巡防6大队遣散回籍。以桂林新军混成协和邕龙标新军合编为陆军第八师，师长陈之骥，十五旅长陈裕时，十六旅长赵恒惕。

25日 浔、梧同盟会反对假独立被镇压下去，转到贵县活动。25日发动商团、民团起义，占领县城，杀典狱哨长王兆海。陆荣廷派谭浩明部从南宁东下，龙觐光部沿江西上，29日起义军退出县城，官军追到画眉坑激战。龙觐光军在贵县清乡，捕杀起义首领温华标、杨青山、姜锡钝、蒙苟妹等多人。

5月

24日 "桂富"客轮从柳州下驶至武宣红石滩，水急沉没，船上120多人，生还者10余人。

△陆荣廷改广西银行南宁分行为广西第一银行。时外省协饷停止，海关税又被帝国主义夺走，广西月需军饷数十万，不但藩库银90万两用光，连广西银行100万资本也提取殆尽。5月陆授意财政司长严端，将广西银行库存300万兑换券推出市场流通。接着，当年又印发800万纸币在全省流通，以后纸币越印越多，造成恶性通货膨胀，对人民财产残酷掠夺。

△省教育司在桂林筹办广西省立第一甲等工业学校，何锡龄为校长，只招土木、染织两班100名学生，后增设矿科、预科。又恢复停办的桂林中等农业学堂，利用其原有设备场地，改称广西省立第一甲等农业学校，龙泽志为校长，

收预科生 60 名，次年开学，1914 年停办。教育司通谕各县恢复劝学所，设所长 1 人，所员 1 至 4 人，为办理地方教育行政机关，辛亥革命时各校停课，至此逐步恢复正常。

△张二嫂、梁月初集苗、土千人活动于黔桂边，在古宜伏歼中路巡防队二队，打过都匀被黔军逐回。本月在三江河畔被刘古香部截击，沉船数艘，毙数百人，余部星散，张、梁率数十人窜匿。

6月

△黄榜标在梧州贪酷无道，包庇鸦片，遭省议院弹劾。陆荣廷撤销其统领、海关监督之职，委派莫荣新为梧州府长，调黄榜标到南宁练新军。6月5日黄起程，命管带黄国安袭击苍梧县人和、安平、潭榕等地民军，捕捉一百多人，清除掉革命党人在梧州的势力。

△南宁出版《西江日报》，由邕宁县自治会出资，报馆设在艮狮巷城隍庙，聘请雷沛鸿主笔，发行一千多份，是南宁有报纸之始。创办一年，雷氏出国而停刊。

△全州、兴安、灌阳派民团到全州广场会操，奏军乐，步伐整齐，军容甚壮，县官、士绅、学生和观众七八千人，极盛一时。彼此约定，每年会操两次，以增进国民尚武精神。

△象州那造村张荣英三兄弟，独立后倡为戎首，行劫四乡，围攻武宣。日前两县长率兵围捕被拒，第五军统领刘古香派队攻破该村，将张荣英正法。

7月

1日 因军费浩繁，陆荣廷命全省军队裁减二成。

△美国浸信会教士怙威林，以两千元贿赂梧州城董陈大龙，租借东虞帝庙山和螺山建思达医院。陈大龙欺骗自治会强行通过，出告示要民众迁坟，激起民愤，梧州出现匿名揭帖。《西江日报》报道陈大龙盗卖国土，同盟会员余配乾为民请命，控告到北京政府，批转广西查办，军政府以废止合同，另行择地处理。

8月

2日 龙觐光倡立贵县崇实矿务公司，招股开采美女、三叉、天平等山煤矿，订立章程，以团局长梁树棠为坐办，吕耆为司事、梁百照为稽查。

△刘崛在梧州征集民军数千人，经多次裁汰，剩下编为一队（营），由陆爱唐任队长，带赴贺县，粮饷无着，拟移荔浦，8月1日解散，民军荡然无存。

9月

北京政府公布国会组织法，设众、参两院。参议院议员由各省议会选出。众议院议员由各省分区选出初选人，再从初选人中复选产生，80万人口选1名，广西得名额19名，原属广东的钦廉区得1名。

围绕议会选举，各种政治势力组织政党开展斗争。以黄宏宪、蒙经、卢汝翼为首的同盟会组织共和策进会，改广西同盟会支部为国民党支部，大力吸收学校出身的文教、政法界人士，组成广西第一大党。以秦步衢、肖晋荣为首的旧官僚、科举出身的士绅和立宪派，组织民主党、统一党、共和党，然后三党合并为进步党，与国民党对抗。在桂林，两党都设支部，国民党出版《民报》，进步党出版《公言报》。在南宁，国民党出版《民风报》，进步党出版《指南报》，针锋相对，斗争激烈。

10月

12日　袁世凯任命陆荣廷为广西都督，授予陆军中将，加上将衔。

△广西省会明清两朝设在桂林。中法战争后边防吃紧，桂林偏北交通不便，清末岑春煊等曾上摺迁省南宁，遭到桂籍京官反对乃止。本年二月，陆荣廷当上广西都督，其势力在桂南，不愿在桂林任职，乃指使同盟会议员提出迁省提案。同盟会也感到桂林保守势力大，主张省会在南宁以摆脱控制。同盟会议员和南部议员占多数，又有陆荣廷支持。北部议员拼命反对，发生会场殴斗和秦步衢逮捕徐新伟议员事件。多数议员认为，桂林没有法律保障，4月4日相约到南宁成立广西临时议会。6月通过迁省南宁议案。桂北议员不南来，坚持在桂林，并向北京政府控告南宁省议会为非法。双方电战数月。虽然袁世凯支持桂林，但得批转给广西解决。10月8日，陆荣廷以都督身份裁决：都督府、省议会迁南宁，军政府六司留桂林。桂北议员无奈，只好屈从。但工作很不方便，以后六司也逐步迁到南宁办公。

△陆荣廷把精锐嫡系部队按新军建制编为两个师。陈炳焜为第一师师长，辖陈培坤、贲克己两团。谭浩明为第二师师长，辖黄榜标、陆裕光两团，驻龙

州边关。省会迁邕后，调第一师驻桂林，陈炳焜是军政司长，代行都督职权，撤去反对迁省的秦步衢省防军统领之职。

11月

4日　北京政府公布各省第一届省议会议员名额，广西76名。

10日　北京政府公布各省议会议员复选区，广西划15区，每府一区。

12月

10日　陆荣廷下令全省举办清乡，设清乡总局于南宁，陆任督办，陈树勋为总办，朱为澍、陈继祖为会办。先于桂、平、梧、浔、柳、庆、玉七府各委分办2员，各县派委员1员，限4个月报竣。并印发清乡办事细则。

第二十章 1913年
（"民国"二年 癸丑）

1月

陆荣廷接袁世凯通令：各省盐税收入专归中央，地方不得移用。

2月

5日 在南北斗争中，陆荣廷与云南都督蔡锷、四川都督胡景伊、贵州都督唐继尧联衔通电，声讨阴谋割据者，说"大江以南，恣情鼓煽"，暗诋国民党，是其公开助袁之始。

6日 粤桂边绿林武装2000人据六万大山为寨，统领龙觐光、玉林知府夏炳文用开花大炮击中主峰孟子岭大寨，十二路进攻六万大山，平毁所有山寨。

△袁世凯调龙济光军由钦廉移驻浔、梧，威胁广东陈炯明，陆荣廷让其入据要津，省议会大哗，议员甘绍湘在梧州《广西日报》发表拒龙文章，被龙济光捕杀。

△广西省议会正式成立，议员76名，选举姚健生为议长，何英彦、张一气为副议长。选举国会参议员。

3月

△广西教育司派黄树芬7人留学日本，冯介4人留学美国，雷沛鸿留学英国，苏希洵、麦焕章留学法国，练毓璜留学德国，叶镜潞留学比利时。

△桂林、梧州、南宁、龙州十所专科学校和师范学校复课。

△总统府公布国会参众两院议员名单。广西参议员10名：马君武、曾彦、梁士谟、梁培、黄绍侃、严恭、郭椿森、卢汝翼、黄宏宪、易文藻。广西众议员19名：王乃昌、肖晋荣、罗增麒、黄宝铭、覃超、王永饧、蒙经、凌发彬、梁昌浩、翟离文、程修鲁、程太璋、龚政、赵炳麟、陈绳虬、蒋可成、钟业官、陈太龙。

20日 选举结果国民党为国会第一大党，宋教仁准备组阁，发表反袁演说，是日在上海车站被刺杀。

23日 龙济光由梧州来南宁，逗留一周，与陆荣廷密商宋案事，决定投靠袁世凯。

4月

△袁世凯命各省军政分离，设立民政长。特任陆荣廷以广西都督兼民政长。

19日 起桂林连刮三天风雨冰雹，水东门外毁船数百，文昌门外民房一扫而空，大树连根拔起。23日桂东北15县受风雹袭击，方圆十余里片瓦无存，古树拔起，地赤无草，禾苗卷上天，亭盖飞数十里外，压死人畜甚多。漓江、郁江河水泛滥，临桂、灵川、龙胜、全州、永福、恭城、苍梧、贺县田禾尽没，庐舍为圩，为有史以来少见奇灾。

26日 袁政府未经国会同意，与五国银行团签订善后大借款2500万两，利高丧权，举国大哗。

5月

3日 袁世凯发布通令，对宋案、大借款引起的舆论，诬为"欲酿成绝大风潮，以倾覆政府，扰乱大局"。令各省督军、民政长"通行晓谕"，不容"散布浮言"。

△陆荣廷派宋尚杰进京见袁世凯，表明宋案借款态度，桂省军警绝无开会抗议之事。

△陆荣廷与龙济光函电交驰，据称"同维大局，意见相同"。

17日 由陕西都督张凤翔领衔的七省都督发出通电，诬黄兴、李烈钧、胡汉民为"不爱国家，才说殄行，甘为戎首。始以宋教仁案牵诬政府，继以借款冀逞阴谋。……倘有不逞之徒，敢以讹言起难端，以阴谋破大局者，当戮力同心，与国民共弃之。"广西都督陆荣廷继其后列名参与。

18日　广西政治促进会支部在梧州成立，选刘崛为部长，谭育麟、区立彦为副部长。

△广西废府厅州，归并为县，恢复道制。全省分置邕南、镇南、田南、柳江、漓江、郁江六道，每道辖10至20县。

△广西公布全省军队3.65万人，年军饷226.977万两。

6月

17日　桂东、桂北风灾、水灾奇重，陆荣廷请准北京政府拨银5万元急赈。桂林大饥，请准开仓平粜，发陈谷数万斤，救活万人。

△广西派遣谢华嵩、黄公、何瑞麐、许剑虹、李作屏、张任民、周扬五、廖祖寿、马英武、杨冀10人赴日本学习军事。

△袁世凯下令免去江苏都督李烈钧、安徽都督柏文蔚、广东都督胡汉民职务。

7月

1日　广西行政公署在南宁成立，设内务、财政、教育、实业四司，教育司尚留桂林，三司在南宁合署办公。

3日　广西省议会决议成立广西殖业银行、广西储蓄银行，资金分别为300万、200万，行址在南宁，各县酌设分行。

12日　李烈钧响应孙中山号召，在江西湖口宣布独立，起兵讨袁，接着南京、安徽、上海、广东相继响应，是为二次革命。在湖口首举义旗者，为广西著名同盟会员林虎旅长，其所率的南京警卫团，前身是广西编练的首批新军。

19日　陆荣廷、龙济光电请袁世凯派军舰到广东，桂军、济军即分道夹攻。但济军只有六千，请汇款到香港募足一师。陆荣廷即拨6营军队和饷械助龙攻粤。

26日　袁世凯任命龙济光、龙觐光为广东正副镇守使，令他们从梧州率部驱逐广东陈炯明。

29日　讨袁军大元帅岑春煊到广州，致电陆荣廷、龙济光、龙觐光参加讨袁，约"至梧州面筹一切"，遭到陆、龙冷遇。孙中山、陈炯明派潘乃德入南宁，面劝陆荣廷与广东一致行动，参加讨袁，遭到断然拒绝。而派往梧州的使者陈任平则被龙济光所杀。陆荣廷在南宁捕杀进行反袁活动的老同盟会员农达实。

31日　龙济光攻占广东肇庆后受阻，陆荣廷向袁世凯表忠："只知有国，不知有党，誓与中央共安危"，一面派兵到梧州作龙济光的后盾（实是收回梧州）；

一面派林俊廷旅驻钦州边境，与冯相荣勾结，牵制广东。

下旬 桂西南连日暴雨，左、右江同时水涨，邕、浔、梧下游尽成泽国。南宁城内水渠堵塞，全城水深数尺，水位仅比辛巳大水（1882年最高洪水记录）低3尺，为50年一遇洪灾。

8月

13日 陆荣廷破获南宁马王巷国民党机关，杀害李应元。

26日 陆荣廷杀害国民党议员梧州人区立三、甘××。国民党办的《广西日报》、《西江日报》、《民风报》、《通俗报》被迫停刊。

△广西北伐新军组成的南京陆军第八师，是二次革命的主力军队，调赴徐淮支援冷遹第三师，与占优势的北军激战，本月中旬退守南京，在黄兴、陈之骥、柏文蔚离去的情况下，北军五六万云集进攻南京，第八师官兵与张勋军争夺城外紫荆山天堡城，五进五出，力尽退守城垣，官兵团结不散，逐屋巷战，无一降者，血战两旬，演出二次革命最悲壮的一幕。

9月

1日 广西都督府被炸破后墙，时陆荣廷已去武鸣。

9日 武昌首义元勋蒋翊武参加湖南讨袁，任招抚使，讨袁失败逃往广西，行抵兴安唐家司，被秦步衡旅查获，解往桂林，陆荣廷电请处理，袁世凯回电枪毙，9日在桂林丽昌门外就义。

12日 陈炯明曾派使者到柳州约刘古香一起讨袁，时大势已去，刘犹豫不决。11日晚，主战官兵刘麻六发动兵变，释犯夺械。12日，刘震寰任讨袁军总司令，宣布柳州独立，率军向南宁进发。陆荣廷已得到王狮灵密电，命陈炳焜从桂林领兵进攻柳州，沈鸿英叛变，诱擒刘古香。刘震寰闻变兵溃，出走香港。陆荣廷亲到柳州处理，杀害广西辛亥革命元勋刘古香、王冠三以及刘成甫、刘麻六等十多人，通缉省议员刘名世，摧毁了广西最后一块革命根据地。

24日 袁世凯任命前清两广总督张鸣岐为广西民政长，授予陆荣廷一等文虎章。

11月

4日　袁世凯下令解散国民党，饬各省都督、民政长将国民党所设机关——支部、分部、交通部，限三日内一律解散。嗣后，以国民党名义发布的印刷品、公开演说、秘密集会，均属乱党，应即拏办。陆荣廷遂令解散国民党广西支部和各个分部，查封南宁《民风报》和桂林《民报》。国民党员纷纷宣布退党，只有少数坚持者进行秘密联系。

同日　袁世凯公布国民党议员助乱证据，点了广西众议院议员龚政、蒙经、王永锡、覃超、马如飞、梁昌诰的名字，饬令追缴国民党国会议员300多人的证书和徽章。广西十多名国民党籍的参、众议员被解送回籍。陆荣廷还把国民党籍广西省议员数十人除名。

△广西水师改组为广西水上警察厅，分三厅：梧州厅长陈凯，辖桂林、昭平分署；浔州厅长李立廷，辖柳州、贵县分署；南宁厅长马德龙，辖驮卢、平塘分署。

28日　广西蚕业以浔、梧两府成效显著，清末全省有蚕业讲习所30多处。民国元年迁江、来宾、崇善续办。民政署通令各县，明年二月一律成立蚕业讲习所。

△沈鸿英奉命到贺县姑婆山招抚二百多绿林武装，诱至八步集体枪杀，陆荣廷升沈为统领。

12月

22日　黎元洪领衔22省电请袁世凯，取消国会参、众两院。广西都督陆荣廷、民政长张鸣岐签名。

是冬　广西实业协会提倡官商合股，制造兴安竹纸，纸质好。行政公署通令全省，公文书籍一律采用兴安纸，销量大增。

是年

梧州、南宁、龙州三个海关进出船舶6510艘，82.9277吨。进口洋货1140.4518海关两，进口国货226.6406两，出口土货705.3184两。

第三编

广西辛亥革命人物传

第三編

原書き生命人の話

第一章　广西籍革命者

一、龙泽厚

　　龙泽厚（1860—1945）　字积之，临桂人。父亲乾言是翰林院庶吉士，桂林经古书院山长。其自幼勤勉好学，博研图籍，攻读周礼儒学。清光绪戊子科（1888年）优贡，朝考签发四川知县，调任广东翁源县知事。1892年拜康有为为师，入万木草堂学习，被委为学长，倾向新学和变法维新。1893年受康有为之邀往上海，策划变法事宜，与章炳麟、梁启超等人结识，参加张祝君倡导的天足会，宣传妇女解放。1894年、1897年两次邀请康有为到桂林讲学，参与组织圣学会，创办《广仁报》和广仁学堂，宣传变法维新。变法失败后，因与康有为关系密切，入狱两年。1900年参加唐才常召集的国会，被推举为干事，事败被通缉。后任上海商务局会办，为不缠足会发起人、旅穗广西学会副会长，加入兴中会。1903年他召集在上海的广西人士集会，声讨广西巡抚王之春出卖桂省路矿、借法兵平定会党的罪行，并发表通电。辛亥革命后，历任广东潮汕国文学堂监督、广东教育厅课长、广东工商业局局长等职。抗日战争爆发，举家迁回桂林，任广西省政府高级顾问，组织"抗日老子军"，慰问前方将士，将变卖祖屋所得款项全部捐给红十字会，作为医治抗战伤病员的费用。1940年日机滥炸桂林，迁回老家居住，日行十多里，向乡亲们宣传抗日救国、努力生产、支援前线的道理。1944年6月18日，桂林举行国旗献金大游行，其不顾85岁高龄，参加长老团，站在游行队伍最前头，号召社会各界为国献金，并绘画义卖。生平热衷慈善事业，光绪年间捐资修孔庙，开办乞丐院，创办广仁善堂。民国初年又办平民学校。1926年在上海协助康有为创办天游学院，担任教务长，鼓吹以孔学为国本。著有《易经八卦》、《河图洛书》等书。

二、马君武

马君武（1881—1940） 原名道凝，字厚生，号君武，原籍湖北蒲圻。曾祖马丽文任御史，弹劾耆善鸦片战争误国，被贬为广西思恩知府，遂落籍桂林，家道衰落。其幼年侍母苦读，聪敏好学，适康有为来桂，崇信康的世界大同理想，改名马同。入广西体用学堂，受维新思想影响，兼习外语西学。戊戌政变时抢救被焚维新书刊。1900年赴新加坡谒康有为，奉命回广西策应唐才常起义未果。1901年自筹经费赴日，为广西留学之带头人，与梁启超办《新民丛报》，半工半读。1902年结识孙中山，深受革命思想影响，曰"康梁过去人物，孙公则未来人物也"。遂放弃保皇立场，转向革命，成为孙中山的亲密助手。

1902年与章太炎在东京发起"支那亡国二百四十二周年纪念会。1903年入日本京都大学学应用化学。1905年中国同盟会成立，参加起草同盟会章程，被选为执行部书记长。1906年愤日本禁止留学生，回上海创办中国公学。1907年赴德国入柏林工业大学获工学博士学位。

辛亥革命前夕回国，值上海起义，出任《民立报》主笔，呼号革命。被推为江苏省代表，出席独立各省都督府代表联合会，创建"中华民国"，推举孙中山任临时大总统，参与起草《"中华民国"临时政府组织大纲》。民国始元，任南京临时政府实业部次长和临时参议院参议员，参与起草《"中华民国"临时约法》。"二次革命"失败后再赴德国入柏林农科大学，1916年回国。次年随孙中山南下护法，任军政府交通部部长和广州石井兵工厂总工程师。1921年任非常大总统府秘书长，随军入桂讨陆，7月任广西省长；次年被迫撤退，从此转入学界。1924年任上海大厦大学校长，1925年任北京工业大学校长。1926年1月任北京政府司法总长。1928年回广西创办广西大学，任校长。1932年兼任两广硫酸厂厂长。1937年抗战爆发，任最高国防会议参谋和第一届国民参政会参政员。1939年再任广西大学校长，次年病逝于任上。生平译著甚丰，主要有《物种起源》、《达尔文》、《民约论》、《弥勒约翰之学说》、《赋税论》、《唯心派巨子黑智儿之学说》、《代数学》、《矿物学》等书。

三、邓家彦

邓家彦（1883--1966） 字孟硕，桂林人。出生于书香之家。初入桂林培风书院就读，1899年入广西体用学堂读书，受唐景崧爱国思想的熏陶，立志救国。

次年因与同学马君武议论维新，被学堂记大过，遂与君武出走澳门，就读于储才学堂。后考入四川高等学堂留学预备班，1904年自费入日本法政大学速成科学习。1905年同盟会在东京成立，为首批同盟会员，当选司法部判事长（部长）。派到四川发动革命，在隆昌、成都中学任教，组织成立同盟会四川分会，被四川总督下令搜捕。1906年得两广总督岑春煊许给官费赴美国留学，入伊利诺伊州立大学学习铁路机械，并在华侨中宣传革命。1907年冬衔命回桂林联络蔡锷响应镇南关起义，因起义迅速失败未果，重回美国完成学业。

辛亥革命武昌起义前后回国。1912年元旦"中华民国"成立，当选临时参议院参议员。在上海创办《中华民报》宣传三民主义，鼓吹共和。1914年与黄兴共赴美国，入纽约哥伦比亚大学研究政治经济学。1916年袁世凯称帝，护国战争起，与黄兴回国参战。1917年孙中山到广州发动护法运动，邓南下佐助。1919年返回北京筹办中美通讯社，首先透露北洋政府对日借款和签订卖国条约的消息，引发北京学生的"五四"爱国运动。1920年随孙中山重返广东筹划北伐，被广西同仁选为改造广西同志会总务干事，代表同志会与军政府联系。1921年被孙中山委为国民党广州特设办事处宣传部长。同年5月随孙中山率师入桂讨伐陆荣廷，任最高会议十参议之一，参与决策。7月国民党广西支部成立，被任命为支部长，肩负重建广西国民党组织的任务。1922年4月孙中山离桂返粤，6月被派赴德国谋求中德合作，争取援助。

1924年国民党改组，经孙中山提名，当选中央执行委员。1934年推为国民政府委员。1937年抗日战争爆发，回广西动员桂军出兵抗日，并参加1938年国民党中央全会汉口会议和重庆会议。1939年当选国民党中央常委和国防最高委员会常委，参与军国大计。1947年被蒋介石派到美国争取援助，1949年入美国林肯大学学习，获哲学博士学位。1952年到台湾，任中央评议委员和总统府"国策顾问"。著述颇丰，有《一枝庐诗抄》、《民族语源流》、《学镆录》、《西诗学述要》、《国际联盟规约》等。

四、刘 崛

刘崛（1878—1964）字尊权，容县康塘村人。1902年入桂林体用学堂学习，接受维新变法主张。1904年刘崛在黄宏宪推荐下到陈协五办的梧州国民学堂工作。时胡汉民受聘到梧州中学堂任总教习，大力宣传革命。陈、黄、刘志趣相投，与胡结成密友。刘崛放弃改良主义，热心革命。梧州知府庄蕴宽派他官费赴日本留学，初入速成政法学院，后入早稻田大学。

1906年5月31日，刘崛经邓家彦介绍加入同盟会，孙中山指定他为同盟会广西分会首任会长兼主盟人。在刘崛主持下，1906年至1907年，在日本的广西同盟会从40多人发展到120多人，先后派遣回国工作，为广西播种革命种子。他又发动会员和华侨捐资，创办广西第一个革命刊物——《粤西》月刊，出版七期，发行于海外，部分偷运回广西，起了发动革命的作用。

为配合粤桂滇武装起义和收回西江航权的群众斗争，1908年刘崛回广西工作，因清朝严密监视无法立足。孙中山派他为专使到新、马、泰、越、缅、印尼等国向华侨宣传革命和募捐经费；后又深入两湖、云贵做联络工作，历尽艰险。

1911年刘崛参加三二九广州起义，失败后径回梧州，以浔郡中学位落脚点，领导浔、梧、邕的同盟会，并亲入大瑶山联络绿林武装，在象州被捕，幸得同盟会员营救释放。但容县又行文追捕他，只得逃出香港。

武昌起义后刘崛潜回广西，发动桂东数县人民起来夺权，迫使梧州知府沈林一于11月1日宣布"独立"，成为广西首先响应者。陆荣廷当上广西都督后，乘机推选刘崛为南京临时参议员，"礼送"出境，致使广西同盟会群龙无首，随即大肆捕杀党人，消灭民军，夺取了广西辛亥革命的成果。

"二次革命"失败后刘崛流亡日本，参加中华革命党在香港活动被捕入狱。讨袁之役孙中山任他为中华革命军广西司令长官。1924年出席国民党第一次代表大会，被委为广西省党部指导委员。孙中山逝世后，刘崛在国民党党史编撰委员会任闲职，一直到南京解放，携家眷返回容县。新中国成立后，任广西政协委员，撰写辛亥革命文史资料，过着简朴生活，1964年逝世，终年87岁。

五、卢汝翼

卢汝翼（1878—1918）又名云邨、云川，民国后改名卢天游，字壮魂，桂平人。清末拔贡生。受名士庄蕴宽在浔阳书院倡导新学的影响，于光绪三十年（1904年）自费留学日本，入法政大学速成科学习。次年加入同盟会，并继刘崛之后担任同盟会广西分会会长兼主盟人。1908年回国，在桂平组织秘密机关开展革命活动。宣统二年（1910年）到桂林广西自治讲习所任教员，是桂林同盟会支部的骨干。1911年春经浔州补选为广西谘议局议员，辛亥革命时参与促成广西独立，以民意代表身份向当局请愿，晓以革命大义，说明利害关系。广西独立后参与起草《广西临时约法》，任都督府法制局局长、国民党广西支部长、国会参议员、宪法起草委员会候补委员，兼广西法制、财政两校校长。1912年支持迁省南宁，被桂林保守势力哄闹都督府，扬言驱逐卢汝翼和蒙经。

"二次革命"失败,袁世凯驱逐"助逆"国会议员。卢汝翼返回桂平从事教育工作,先后创办光华小学和女子小学,开办专修班,带领群众毁庙建校,采用新课本教学,次年又把秀一里小学改为两里高等小学。1915年陆荣廷就任两广巡阅使,出任秘书长。次年讨袁之役,任护国军两广都司令部和军务院秘书。袁世凯死,黎元洪恢复国会,复任参议员。1916年复任国民党广西支部长、广西财政学校校长。1918年孙中山召卢汝翼到广州护法,甫抵即病逝,终年40岁。

六、蒙 经

蒙经(1871—1943) 又名绥初,字民伟,藤县人。清光绪辛丑(1901年)科举人。在籍办镇澜学堂和积光女子小学堂,署理藤县学务。1906年赴日本留学,入法政大学速成科政治部就读,加入同盟会。次年毕业回国,在梧州办报纸。1908年到桂林,任广西自治局文书课员兼桂林优级师范法制教员。1909年被选为广西谘议局驻局议员,多次出席各省谘议局代表会议,参加要求召开国会的请愿运动,是立宪活动在广西的负责人。次年桂林军政学界的同盟会员联合成立广西同盟会支部,为谘议局同盟会分部长。军界《南报》被禁,他组织《南风报》社继续出版。辛亥革命时力促广西独立,起草《广西临时约法》,被委为都督府铨叙局局长。1912年桂林保守势力哄闹都督府,扬言驱逐支持迁省的"祸首"卢汝翼和蒙经。1913年当选国会众议院议员。袁世凯许给十万金,要其上表劝进,其星夜逃回广西,任国民党广西支部长。

"二次革命"失败,蒙经是袁世凯出布告指明驱逐的"助逆"国会议员,国民党被解散,回家深居避难。1916年袁世凯败亡,黎元洪恢复国会,仍任众议院议员。1917年孙中山发动护法,应召到广州参加非常国会,任护法国会议员,选举孙中山为大元帅。1920年冬参加改造广西同志会,被选为总务干事,支持孙中山平桂讨陆。1922年出席第二次国会,拒绝曹锟贿选,同"猪仔"议员绝交。1927年任梧州市长。抗日战争期间担任广西临时参议会参议员、国民参政会参政员、广西省政府高等顾问、藤县修志委员会委员长,著有《书法指南》、《艺海一针》等书。

七、曾汝璟

曾汝璟(1875—1908) 壮族,字慕宋,归顺(今靖西)人。清光绪恩贡生。1889年广西巡抚马丕瑶从外省捐得经史刻本十套,发给归顺一套,供士子借阅,得以涉猎经史诸书。其潜心研读《数量精蕴》，对数学发生浓厚兴趣。1894年广西体用学堂成立，其跋山涉水到桂林求学，得名师唐景崧教诲，与马君武、邓家彦同窗，中西学业均有长进。毕业后回归顺掌管道南书院数年，采用新书教授，开数理化课程，培养出第一批新学学生。又邀集邑中文士成立益友书斋，把家中藏书拿给大家研习，还带头捐款买书，大家纷纷赞助，广购中外图籍，俨然成为图书馆。广西学政汪贻书为此手书"边地先觉"匾额奖赠。

1905年清朝废科举，兴学堂，为邑中新学带头人，由地方公费保送日本留学，入法政大学速成科就读。甫到日本即写信给当局，力请从归顺考送一批优秀学子出省出国留学，为新学培养师资。

曾汝璟1906年学成回国，接任归顺劝学所所长。其充实提高已办的小学和幼儿园，各区小学和村校次第成立，成绩显著。谒见两广总督岑春煊，痛陈归顺苛例，凡新官上任民间要送伕马费数千两，人民不堪重负。岑行文广西官府，永远革除该苛例，惠及桑梓。后到龙州任法政学堂监督兼总教习。孙中山发动镇南关起义，其力促边军统领陆荣廷响应，广西提督龙济光派人监视未果。1908年因病返回故里，郁郁而亡，英年早逝。

八、曾　彦

曾彦（1886—1966）　壮族，又名植铨，字其衡，号拙庵居士，靖西人。1904年自费东渡日本，入中央大学法律科就读，为广西边疆留学第一人。次年加入同盟会，为同盟会广西分会第三任会长兼主盟人。1906年回国，任靖西劝学所所长。曾彦不顾封建势力反对，拆毁庙宇，改建为两等小学堂。后曾汝璟回国接任劝学所所长，曾彦受聘入上海商务印书馆，编辑数学、代数、几何、动植物、地理、文学等教科书近十种，被上海学人称为"广西半个人才"，另"半个"指马君武。1909年参加京试，被清廷授予法政举人头衔。

1912年1月被推为南京参议院议员，4月为北京临时参议院议员，1913年被选为国会参议员。"二次革命"爆发后，袁世凯解散国民党，驱逐国民党国会议员。曾彦投靠旧桂系，任广西民政司司长兼国会选举监督。1915年袁世凯称帝，陆荣廷派其为密使，到云南、香港联络反袁势力。1916年3月广西宣布讨袁，出兵湖南，旋下广东。6月岑春煊在肇庆组织护国军两广都司令部，被委为饷械局局长兼护国军旅长。不久袁世凯死，黎元洪恢复国会，复任参议院议员。

1924年孙中山仍聘其为大本营谘议。1927年任李宗仁第七军秘书，之后历任广西赈灾委员会委员、国民政府赈灾委员会委员、国民政府参议。1937年被派赴甘肃任禁烟特派员。1941年后连任国民政府立法院立法委员。1949年迁居台湾。曾彦工书法，尤以左腕写倒字为一绝。后半生居闲职爱作诗词，选编有《耐庐词》、《耐庐诗》。

九、王和顺

王和顺（1872—1934）字德卿，号寿山，壮族，邕宁（今南宁）二塘那造村人，衙役出身。清末广西会党大起义的著名首领，1905年失败突围走香港，得党人援助，转赴西贡。

1907年3月孙中山到河内发动中越边境武装起义，以国士礼接见王和顺，委为中华国民军南军都督，潜入钦州"三那"组织武装起义。9月4日举二百多起义军袭占防城，进逼钦州，围攻灵山，队伍壮大到三千人，声威大振。

1908年初根据孙中山分图滇粤之策，王和顺率正兵六百沿滇越铁路直攻，占领南溪，推进到78公里处，清军纷纷来降。清朝立即调集重兵分三路反攻。王和顺设大营于泥巴黑，独挡中路、东路，坚守20余日，终因弹尽粮绝而退入越南。

王和顺在南洋渡过三年，值武昌起义爆发，1911年10月他由香港潜回广东东江淡水组织惠军，发动惠州起义，11月9日广州光复，率惠军进驻广州，威慑降军，为广东民军之首。1912年春，正准备北伐，广东代都督陈炯明出动军队包围惠军驻地长堤，惠军战败，其逃往香港。1913年王为报仇倒陈，被袁世凯策动，聘为总统府军事顾问，在京年余，目睹袁阴谋称帝，去职南返。1916年与徐勤组织广东护国军讨袁，任副总司令，攻打广州，驱逐龙济光。1922年陈炯明叛变孙中山，其受命入桂联络滇军杨希闵、桂军刘震寰起兵东下讨陈。1923年初迎孙中山由上海回广州，成立大元帅府。同年因病辞去军职，隐居广州，领恤金度日。1934年病故，有挽曰："论功不下黄近年，当道何忘介之推。"

十、黄明堂

黄明堂（1870—1939）原名文福，字德新，人称八哥，钦州大寺人。壮族农民，桂越边境的游勇头目，抗法反清。

1907年孙中山到河内发动中越边境武装起义。黄明堂接受招编加入同盟会，派赴越南左州建军，委为镇南关都督。12月1日，率军一举占领镇南关右辅山三炮台，威震中外。孙中山大喜，率黄兴、胡汉民等亲赴参战。黄明堂坚守五天待援，与十倍于己的清军血战七昼夜，粉碎敌军三次强攻，予敌重大杀伤，安全撤入燕子山休整。

1908年初，孙中山订立分图滇粤之策，委黄明堂为云南都督。黄与王和顺、关仁甫乘法国招工修滇越铁路之机，率三百革命军潜赴老街，4月30日采取奇袭内应办法攻占河口，乘胜进逼蒙自，招降清军三千多人。

辛亥革命爆发，黄明堂派妻子欧阳丽文入阳春策动清军，联络民军，组织明字顺军，光复新会、江门，与各路民军进逼广州，广东乃于11月9日宣布"独立"。

广东"二次革命"失败，黄明堂逃澳门，龙济光勾结葡萄牙当局捕其入狱。1916年出狱后黄明堂召集余部，任讨袁护国军旅长，会同滇军、桂军讨伐龙济光。1918年渡海消灭龙济光军阀顽军，任琼崖道尹。1921年参加讨伐陆荣廷桂系，驱逐出广东；接着进军广西，其率南路军由钦廉直趋龙州，大获全胜，任广西边防对汛督办。因陈炯明叛乱，孙中山回粤讨陈。黄明堂退回钦廉，被任命为讨贼军南路总司令，进占廉江。1923年任钦廉绥靖处处长、中央直辖第二军军长。1925年孙中山病逝，该军被蒋介石包围缴械，黄明堂闲居广州、香港十多年。

抗日战争爆发，黄明堂请缨抗日；但年已古稀，力不从心。1938年广州沦陷，其抱病回钦州，次年终于里第。

十一、关仁甫

关仁甫（1875—1958）原名嘉善，字炳南，祖籍广东南海，生于上思县城。少年目睹清朝腐败，法国侵凌，于1896年加入十万山洪门，为中越边境会党头目。20世纪初率部入滇南据红河上游山地，联合临安周迎祥反清，转战滇桂，声名大著，1905年失败逃往越南。1907年3月孙中山到河内设立总机关，招关等会党首领加入同盟会，委关仁甫为西路军都督，负责策动镇南关起义，入龙州运动清军黄瑞兴、易世龙以及左江土司反正，事泄逃越南，被法警拘禁20多天释放。9月，王和顺在防城起义，关仁甫在上思组织二百多革命军开往东兴、防城与王和顺回合。12月2日黄明堂举行镇南关起义，关仁甫参与活动，激战7天，随军退入越南燕子山待命。1908年4月30日云南河口起义，关仁甫为副都督，率一军沿红河直上，连克坝沙、田防、安定、新街，清军纷纷投降，进攻蛮耗半月，降兵哗变，清军反攻，遂与黄明堂、王和顺放弃河口，率六百多将士退入越南，被法国解除武装，押往新加坡安置。

关仁甫受孙中山委托，团结部众待日后起义，以开石山做工度日，任工厂长。

在南洋时加入尤烈的中和团，活动于曼谷、金边等地。1911年初奉命回新加坡，挑选河口起义将士110人为敢死队，参加广州起义，甫抵香港，起义已失败。

武昌起义爆发，关仁甫任中和团广东支部长，组织民军光复四会，称仁字军统领。1912年2月，尤烈令关仁甫仁军、王和顺惠军、杨万夫协军、黄明堂明军、李福林福军联合组成中合团北伐军，以关仁甫为总指挥。广东代都督陈炯明忌民军功高难制，突然包围进攻仁军、惠军，战于广州繁华之区，关、王循商会善堂之请，缴械罢战而去。1915年讨袁之役，关仁甫任东路军总指挥兼护国军第五军军长，与龙济光战于惠州一带，次年袁败亡，再度解甲。1919年驱桂战争，关仁甫为西路军总司令，沿西江下顺德，驱逐桂军出粤，陈炯明再主粤政，关愤而隐退。1922年陈炯明叛乱，关仁甫任讨逆军南路总司令，从钦廉起兵靖乱。孙中山逝世后，关仁甫漫游海外，曾回任上思县长、汕头沿海保安总队长。1936年尤烈逝世，关仁甫继任中和堂总理，居住在香港办理堂务，以迄去世。

十二、刘梅卿

刘梅卿（1882—1920） 钦州那丽人。1905年在越南参加兴中会。1907年被派回国参加"三那"抗捐，随南军都督王和顺破防城，围钦州，攻灵山，率二三十人攀梯先冲入灵山城，被困城内与敌人巷战一夜，表现勇猛。次年黄兴率二百多名革命军人再入钦防，刘梅卿冲锋在前，退却在后，深得黄兴器重。

1911年春，刘梅卿参加广州起义，为黄兴的贴身侍卫，与何克夫、李文甫首先冲入总督署，搜捕张鸣岐不获；清援军至，奋勇冲杀，掩护黄兴脱险。1912年南北议和后，黄兴留守南京，刘梅卿任卫队营营长，不久留守府被袁世凯裁撤，遂辞职返粤。

"二次革命"失败后，刘梅卿出走港澳。1914年投南方讨袁军，运动旧属与朱执信等进行讨袁活动。1916年刘梅卿任林虎第六军独立团团长，在湖南青州集与北军对峙三年。1920年陈炯明粤军受命由闽回粤驱逐桂军，刘梅卿潜入两阳运动旧部响应，广东光复后被委为粤军翁式亮旅第二路统领，调防阳江。陈炯明谋叛孙中山，忌其为革命党人中坚，且握有兵权，遂指使翁式亮以宴请为名，将其秘密杀害。

十三、唐浦珠

唐浦珠（1850—1915） 防城大菉人。1907年在河内加入同盟会，被派回国，率大菉团练和三个儿子，共30余人，参加钦廉防城起义。9月1日导引王和顺革命军一举占领防城，负责留守，主力东进钦、灵后，被郭人漳乘虚袭陷。次年黄兴率革命军再入钦防上思起义，唐浦珠率部参加马启山之战。在两次起义中，其毁家纾难，13名亲人牺牲。起义失败后，带儿子潜伏在越南芒街、新街等地，坚持斗争。

1911年武昌起义爆发，唐浦珠由越南前往香港，参加光复广东，被广东都督胡汉民委为钦防民团部长兼荣军统领，组织一百多武装，于年底开进钦州，可是土霸冯相荣拒不交出军队，双方僵持。1912年3月，遭冯相荣袭击，率少数人逃往广州，向孙中山报告。"二次革命"失败后，逃往香港、澳门进行反袁活动。

1915年唐浦珠被邹鲁委为第一路军司令，准备在钦防发动起义。到越南芒街进行组织发动时，钦防督办冯相荣通过东兴洋务局要求法国将其引渡回钦州杀害，曝尸三天。

十四、刘古香

刘古香（1869—1913） 原名刘起今，字古香，马平（今柳江县）人。1906年考入广东将弁学堂，与邓承绪等创办龙城求是学会，宣传、探求救国之道。次年刘古香在香港加入同盟会，奉派潜入广州进行革命活动；不久潜回广西，联络梧州、浔州、柳州各属防军和会党。刘古香在柳州先后开办柳郡中学堂、柳郡师范、马邑两等小学堂和蒙养小学堂，并兼任马平劝学所总董，负责管理教育行政事务。1908年其参与策划武装起义，被当局侦知，革命党人被大肆屠杀，遂出走香港。

1909年夏初，刘古香与甘乃纲等由香港回到柳州，联络防军军官陈晓峰、张铁臣等以及桂林新军军官冷御秋，拟举行起义，被警察局长获悉。当会党、民军抵达柳城县太平镇时，遭到右江镇总兵李国治部攻击，起义失败。刘古香与李德山、李子廷连夜离开柳州，乘船往广州、香港。

1911年4月27日，刘古香率广西志士20人参加广州起义，随黄兴向两广总督府进攻，全歼守卫。因寡不敌众、弹尽粮绝，于次日出走香港，到同盟会南方支部工作。

武昌起义爆发后，刘古香与胡汉民、姚雨平指挥新军光复广州，任广东军政府秘书长；旋即应柳州革命党人要求，回任柳州军政分府总长。1912年春，军政分府被撤销，刘古香改任第五路统领，掌握柳州府各县实权。陆荣廷怕其实力日益强大，遂任其为田南道观察使，其识破陆的意图，不就任。1913年"二次革命"爆发，柳州。酝酿起兵讨袁，叛徒告密，被诱捕，10月13日就义于柳州。

十五、王冠三

王冠三（1880—1913）　字植槐，马平县（今柳江）人。柳州府学生员。后就读于浙江警察学堂，参加徐锡麟、秋瑾领导的革命活动，加入光复会。1907年因徐锡麟在安庆起义失败，与秋瑾等19人在浙江绍兴大通堂被捕。以无实据获释后，奔赴广州，遂被派回柳州开展活动。

1910年王冠三被推举为同盟会柳州支部长，参加同盟会策划的广州起义，任主攻总督衙门的敢死队队员。武昌首义后，王冠三召集革命党人发动柳州起义，并在随后成立的右江国民军总机关中担任司令官，兼任柳州民军征集所所长，组织北伐军，加强地方治安。柳州军政分府成立后，王冠三任新军第四营营长，驻防北郊马厂，训练新军。1913年9月，在响应"二次革命"的柳州讨袁举义中被陆荣廷杀害。

十六、柯汉资

柯汉资（1886—1913）　字銮臣，马平县（今柳江）人。1907年加入同盟会，在柳州城内开设"一乐也"俱乐部掩护反清活动。1909年因避官府清查而赴广州。次年夏返柳，后因策谋民军突袭柳州城之事泄露而出走香港。1911年奉命赴越南，在边境一带活动，为同盟会南疆起义作准备；又赴南宁，与同盟会南宁支部筹划柳、邕、桂起义事宜。

辛亥武昌起义后，柯汉资与王冠三等组织柳州武装起义。右江国民军总机关成立，任执法部执法长官，后赴广东依附陈炯明。"二次革命"爆发后，承担革命党人除掉盘踞梧州的龙济光的任务，因亲袁派侦知被捕，1913年9月牺牲于广州。

十七、李德山

李德山（1868—1911） 号泽三，名亭昭，桂平人。自幼习武，是县内有名的拳师。爱打抱不平，深受乡人尊重。1885年投清军，参加抗法战争。次年被裁遣回家后，参加反清秘密组织三点会，成为首领之一。1895年与广东会党述善堂首领左麟书联络，计划率会党攻打柳州，事泄被官府通缉，化名谭三，举家迁居罗城。1904年夏参加游勇首领陆亚发柳州起义，先后攻占柳城、罗城、庆远（今宜州）、永福等地。清政府急调粤、湘、黔、滇、鄂数省军队围攻，起义失败，化名德林潜回罗城。1906年联络会党，计划再攻柳州、庆远，事泄被捕，入狱数月后获释。次年在柳州加入同盟会，任联络员，与革命党人创办樟脑公司和华熙客栈作为联络机关。参与石龙、穿山、柳州等地反清斗争。失败后被通缉，逃往香港，又到广州继续从事革命活动。

1911年参加广州起义，率领广西志士冲在最前面，从小东营出发，攻入督署，击散卫士，击毙管带金振邦，两广总督张鸣岐闻讯逃走。不久，千余清兵包围督署，奋战通宵率队占领源盛米店，以米包作掩护，激战一昼夜，突围时中弹被俘，从容就义，葬于黄花岗七十二烈士墓。

十八、罗佩珩

罗佩珩（1888—1914） 字楚仓，贵县（今贵港区）人。清末附生。浔州中学堂毕业。1906年留学日本，毕业于同文书院，加入同盟会。1908年派回广西开展革命活动，在浔州府城设立机关，联络桂平、贵县、武宣、藤县、平南的会党武装和进步人士，积聚了相当力量。1911年春准备响应广州起义，未果，等待时机。武昌起义爆发，罗佩珩被推为浔洲起义军总司令，11月5日夺取平南，会合浔洲五县上万民军围攻府城。这时广西已宣布"独立"，陆荣廷派龙觐光以"调解"为名攻击起义军，诱迫遣散。1912年罗佩珩任怀集县长，处决土霸议长和团总以平民愤。陆荣廷以违法擅杀为由，诱其至南宁杀害，年仅26岁。

十九、刘锡镐

刘锡镐（1880—1913） 字侠吾，怀远（今三江县）人。家道贫寒，幼年从师课读，17岁考中庠生。1905年赴香港、澳门，接触刘古香、陈晓峰等革命志士，参加同盟会。后与刘古香返回柳州，开展革命活动，发展同盟会组织。

1911年刘锡镐秘密赴香港，被选为广西特派员，回柳州后，与刘震寰、王冠三和军界人士策划起义，联络柳州、融县（今分属融水、融安）、怀远（今三江）等地革命志士，组织团练待机行动。11月10日，集合革命党人在三江丹州起义。广西全省光复后，其任广西国民革命军参谋长。1913年在"二次革命"柳州举义失败后，其取道贵州入滇，拟向蔡锷、唐继尧争取援助，恢复革命势力，途中被土匪杀害。

二十、陆宠廷

陆宠廷(1864—1911) 原名劭荣，容县人。清光绪三十年（1904年），在梧州集资创办广西第一所民办的国民学校，聘陈协五任校长；结识胡汉民，接受革命主张，之后回籍倾产集资创办师范学堂、塾师讲习所、容明伦女子小学等，并送其子涉川和二侄留学日本。在其倡导和捐助下，清末民初容县兴办公私学校300多所，输送赴日本留学生70多人，为全省之冠。因其办新学宣传革命，1907年清政府强迫国民学校解散，陆宠廷前往南洋，在新加坡会晤孙中山，加入同盟会。1911年回广西策动起义，并发动妹妹陆书蕉等家属参加革命。武昌起义爆发后，率民军攻打北流，事败被捕就义。后被国民政府追认为革命烈士。

二十一、刘 屹

刘屹（1886—1922） 号剑工，容县人。1905年自费东渡日本，入体育会学习体操技艺，以强身救国，次年加入同盟会。1907年毕业回国后，清廷授予县丞衔。1908年受聘任广西优级师范学堂附设体操专科教员，为广西培养出第一代体育师资。教学之余，刘屹常写文章宣传革命。

辛亥革命武昌起义后，刘屹积极参与促成广西"独立"。1912年任梧州国民党支部评议员兼《梧江日报》主笔，宣传民主共和，同立宪派的《广西新报》针锋相对。1913年"二次革命"失败后被陆荣廷通缉，逃往香港，追随孙中山继续革命。1916年讨袁护国军兴，由海外回国，奔走运动，到梧州任《南方时报》主笔，宣传孙中山的革命思想和主张。1917年9月，孙中山到广州组织军政府，领导西南各省反对北洋军阀的护法运动，任大元帅府佥事。1921年平桂讨陆之役，奉派打进驻梧州桂军刘震寰部当参谋，帮助刘震寰运动梧州镇守使韦荣昌反正，使粤军不战而克梧州，长驱直入广西。同年10月孙中山莅临梧州，被委为广西陆军第一师参谋长；率部进军平乐、桂林，转向柳州，扫荡旧桂系残部所向克捷。桂局抵定，被委为融县（今融水、融安）县长。到任数月，整顿地方秩序，恢复生产不遗余力。1922年11月沈鸿英残部窜犯柳州，围攻融县县城，率县兵警察坚守抵抗，血战三昼夜，弹尽粮绝，援兵不至，城陷殉职。

二十二、林 虎

林虎（1887—1960）原名伟邦，又名荫清，字隐青，陆川客家人。1905年，随郭人漳到桂林练新军，任督练官、营长。1906年1月由黄兴吸收入同盟会（一说是"兴汉会"）。辛亥钦廉独立率外籍军团1700人北伐，编为南京陆军部警卫团，林任团长。1912年初，应江西都督李烈钧之请，林团调往江西，林虎升任赣军第一旅旅长。1913年宋案和大借款爆发，孙中山号召"二次革命"讨伐袁世凯，江西李烈钧首先响应，7月1日在湖口首举义旗的是林虎。林部与李纯部在湖口至南昌一线多次激战，奋力抵抗，突出重围，率部撤到湖南醴陵后遣散部队，只身潜往日本。

在日本谒见孙中山，加入中华革命党。1915年春往新加坡；冬回到香港，共商第二次讨袁护国事；与钮永建潜回南宁，策动陆荣廷响应云南起义。1916年任讨袁护国军两广都司令部第六军军长。1917年12月，被陆荣廷任命为讨龙（济光）军第二军总司令，消灭龙军。1918年，任广东护法军政府陆军部次长、第二军军长。1920年桂系在粤桂战争中失败，率部撤回桂林，辞去军职，赴上海居住，与陆荣廷桂系脱离关系。

1922年陈炯明背叛孙中山，林虎误投陈炯明，与东征军战于惠州失败，陈炯明通电下野后，林虎到上海居住。1927年得李宗仁资助前往法国暂避。1929年返回香港居住。1936年两广事变，拒绝蒋介石收买，卖掉香港的房产回到广西，到柳城沙塘办农场。抗日战争期间任国民参政会参政员。1947年被选为国民党立法委员。长期住在农场。新中国成立后，毛主席询问林彪下落，张云逸派人到沙塘请其出来工作，先后任广西省第一届、第二届人民代表和政治协商委员会委员、省政府参事室参事、省政协副主席。1957年为全国政协委员。1959年当选广西壮族自治区政协副主席，同年当选全国政协常委。

二十三、周毅夫

周毅夫（1868—1921）原名采藻，字泮芹，恭城县西岭圩人。性聪敏刚毅，

15岁（1891年）考上秀才，目睹清朝腐败，国家垂危，说"不考举人了，考中也当亡国奴"。遂投笔从戎，与县人欧阳文等赴日留学，1906年经封祝椿介绍加入同盟会，奉派回国进行革命活动。1909年入桂林陆军干部学堂，成为优秀军事人才。1911年春广西各地同盟会代表集议于柳州高岭塘，决定响应广州起义，指定周毅夫为平乐地区的负责人，因起义提前并很快失败，响应未果。武昌起义爆发，罗佩珩任浔州起义军总司令，急需军事人才，把周毅夫从平乐调来任参谋长，11月2日占领平南，会合桂平、藤县、武宣、贵县民军万人围攻浔州时，广西已经"独立"，陆荣廷派龙觐光率兵威迫利诱起义军解散，周毅夫愤恨离去。1913年7月二次革命，广东都督陈炯明派周毅夫为代表到柳州约请刘古香共同起兵，时讨袁形势已逆转，刘古香犹豫未决。府长王狮灵反对讨袁，并向陆荣廷告密。刘震寰多数官兵主张举义讨袁。周毅夫见状示意卫队长刘士雄首先发难，造成事实。于是推举刘震寰为讨袁军总司令，宣布柳州独立讨袁，刘、周率军向南宁进发，途中闻沈鸿英叛变，诱擒刘古香献诚，讨袁军回救兵溃。周毅夫潜回恭城，经湖南逃往香港。

1916年5月，两广护国军都司令部在肇庆成立，周毅夫任林虎第六军第十三团团长（归属旧桂系），回恭城募兵，即开往广东讨伐军阀龙济光，边战边训练，以老带新，渐成劲旅。护法战争开始，1917年10月周随林虎进兵湖南衡阳，驻防攸县，阻击来犯之北洋军。次年兵败调回广东，看见旧桂系跋扈，抑制军政府，便辞职归里闲居，曾任恭城高小校长。1921年孙中山平桂讨陆，周毅夫复出，奉派往刘震寰师任副师长，为刘疑忌，被害死于平乐舟中，时年53岁。

二十四、刘震寰

刘震寰（1890—1972） 原名瑞廷，字显臣，柳江县人。1909年在广州由刘古香介绍加入同盟会。次年派回柳州工作，他变卖田产，充作运动绿林、组织民军经费。武昌起义后，他率领千余民军包围柳州城，城内同盟会员冲进衙署，迫使清吏交军交印离境。柳州于11月9日宣布"独立"，成立右江国民军总机关，他任柳州民军第一支队司令，柳州成为同盟会唯一掌权的地区。

1917年刘震寰被陈炳焜收用，任广西巡防营副司令，驻防平乐，后调梧州。1921年粤军驱逐桂军出境后，孙中山命入桂讨陆，刘阵前反戈，粤军不战而得梧州，直入广西驱逐陆荣廷。陈炯明委刘为广西陆军第一师师长，收编土匪、民团，扫荡残余势力，孙中山委刘为广西绥靖处督办。1922年陈炯明叛乱围攻总统府，孙中山登永丰舰作战五十多天后,赴上海,12月遣密使委刘震寰为西路讨贼军总司令,与杨希闵滇军东下讨伐陈炯明,击败沈鸿英,孙中山得以回粤重建大元帅府。1923年刘先后任粤桂联军总司令、东征军中路总司令,参加三打惠州,消灭陈炯明军。

抗战初期龙云聘他为云南省顾问,推荐为国防委员会委员。其在昆明期间,主张团结抗日,实行民主,联合苏联,利用与龙云的关系掩护过一些共产党员和进步人士。抗战胜利后,蒋介石削平龙云政权,刘震寰到香港定居,与顾孟余、左舜生等搞第三势力,撰有《第三势力宗旨》小册子。

第二章　外省籍革命者

一、孙中山

孙中山（1866—1925）字德明，号逸仙，化名中山樵，广东香山（今中山）人。1894年上书李鸿章，提出革新政治主张，被拒绝，遂赴美国檀香山组织兴中会，提出"驱除鞑虏，恢复中国，创立合众政府"的政纲。1905年在日本东京创建中国同盟会，被推为总理，提出三民主义学说；确定"两广首义，各省响应"的战略方针。1907年3月孙中山驻节河内亲自领导中越边境武装起义。1907年9月委王和顺发动防城起义，12月委黄明堂举行镇南关起义，1908年春派黄兴率军再入防城、钦州、上思之役。孙中山第一次亲临镇南关起义现场参战，发炮攻击清军，救护伤员。他说："余自乙未广州失败以来，历十有四年，至是始得履故国之土地，与将士宣力行阵间。"（《革命源起》）表现了伟大革命家的爱国情怀和战斗热情。

武昌起义后各省纷纷响应，孙中山被17省代表推为中华民国临时大总统。1912年元旦在南京就职；2月因革命党人与袁世凯妥协，被迫辞职；3月主持制订《"中华民国"临时约法》，经临时参议院通过公布；8月同盟会改组为国民党，当选理事长。1913年发动"二次革命"，失败后到日本组织中华革命党，继续领导讨袁，直至袁世凯败亡。而北洋军阀继续掌政，1917年在广州组织护法军政府，当选大元帅。1921年任非常大总统兼陆海空大元帅，决定出师北伐；10月偕胡汉民、许崇智等率北伐军3万余人从广州溯西江而上，先后在梧州、南宁、昭平、平乐、阳朔演说十次，宣传革命主张和建设方略，号召广西全省广辟道路，开发财富，振兴实业，并推及全国，中国之福可敌于世界。孙中山以桂林王城为北伐大本营，驻跸4个多月，期间会见共产国际代表马林和中共党员张太雷。因陈炯明叛变，率部迁大本营于韶关，后退居上海。

孙中山1923年回到广州,重建大元帅府。次年召开国民党第一次全国代表大会,通过宣言,实行联俄、联共、扶助农工三大政策,把旧三民主义发展为新三民主义。1925年在北平病逝,享年59岁。其革命一生,著作甚丰,收进《孙中山选集》、《孙中山全集》和台湾《国父全书》。

二、黄 兴

黄兴(1874—1917) 原名轸,字克强,湖南善化(今长沙市)人。华兴会创建者,1905年在东京与兴中会、光复会联合组成中国同盟会,被选为执行部庶务长,地位仅次于孙中山,积极参加历次反清武装起义,身体力行,出生入死。1906年初,化名张守正,秘密经香港入桂林郭人漳军中,策动"桂中革命",郭以受蔡锷牵制推脱。黄兴便在郭军中吸收郭人漳、蔡锷、林虎等九名将佐加入同盟会。然后南下龙州,访时任广西边防教导团总理钮永建和政法学堂监督覃毓鋆,策动边防军起义。钮、覃告之督办庄蕴宽无实力。黄兴发动广西革命虽无成,但建立了组织和联络渠道,取道海防返日。

1907年3月孙中山在越南河内建立粤桂滇武装起义总机关,电召黄兴南来。9月王和顺举行防城起义,派黄兴入钦州郭人漳军中策反,郭临阵爽约,以兵相攻,黄内应不果,脱险返回河内。12月黄明堂占领镇南关炮台,黄兴陪同孙中山赶赴前线参战,为打开前进道路,返河内组织援军,途中孙中山被法军驱逐出境,镇南关力战后撤退。

1908年2月,根据孙中山临行前制订分图滇粤之策,黄兴组织华侨和防城起义余众,配备炸弹驳壳新枪,从东路芒街进入防城、钦州、上思,图取南宁。孙中山赞扬说:"克强以二百余人出安南,横行于钦廉上思一带,转战数月,所向无敌,敌人闻而生畏,克强之英名因而大著"(《革命源起》)。但是没有根据地依托,流动作战,弹尽粮绝,最后溃散。黄兴经历艰危脱险回到河内,还未洗去征尘。5月接孙中山从新加坡发来急电,又赶赴云南河口督师,指挥广西健儿奋战在滇越铁路线上,但法国断绝粮饷运输,驱逐黄兴出境,河口起义因而失败。

1911年广州起义,同盟会集中全党之力进行背水一战。虽然计划周密,但是情况突变,敌情险恶,黄兴决定提前起事,临时集中130多人,从小东门出发,荷枪实弹,吹号前进,攻入两广督署,张鸣岐逃走,焚衙门,转攻水师督署。时已天黑,大队清军进城,发生混战,起义军被冲散,各自为战,死亡被俘大半,有姓名可考者72人,合葬黄花岗。黄兴身负重伤,得徐宗汉救助脱险,结为革命夫妻。

黄兴总结失败教训，转谋长江，加强新军工作，故双十武昌起义石破天惊，清朝以优势兵力攻占汉口，黄兴赶到武昌督战，力挽狂澜，站稳脚跟，各省纷起响应，一举推翻清朝政府。"二次革命"中，黄兴深入南京指挥讨袁，力尽而去，忧愤成疾，1916年10月31日病逝于上海，年仅46岁。

三、胡汉民

胡汉民（1879—1936） 原名衍鸿，字展堂，广东番禺人。出身于没落小吏之家。1903年以官费留学日本，入弘文学院师范速成科，因清公使勾结日警镇压留学生，愤然回国，由改良转为革命。1904年胡汉民受聘为梧州中学堂总教习兼师范讲习所所长，热心教学，知识新博，宣传民主自由思想，深受学生欢迎，与黄宏宪、陆宠廷、刘崛、陈协五等议论时政，结为密友。时值梧州反统税罢市，要求罢免知府程道元。胡汉民拒开中门迎程入校，提倡学生穿制服，废跪拜礼，让女生旁听。程道元向两广学务处诬告胡汉民"伤风败俗"、"宣传革命莠言"。学务处判无罪，胡汉民愤然离去，学生罢课，派代表到广州要求挽胡罢程。

1905年胡汉民再赴日本入法政大学。7月同盟会在东京成立，胡汉民担任庶务部书记长兼《民报》副主编。1907年3月孙中山率胡汉民、汪精卫到河内设立总机关，发动粤桂滇三省反清武装起义，胡化名陈同，积极协助筹划，负责招纳广西会党游勇，组织起义武装，并陪同孙中山到镇南关前线督战，表现了旺盛的革命热情。1908年初孙中山被法国驱逐，移驻新加坡，黄兴在前线作战，胡汉民负责河内机关部工作，做了三件事：①秘密接见陆荣廷的营务处陈炳焜、文案林绍斐来会。林表示仰慕革命，不作满奴。陈表示革命事起，陆荣廷边防军决不为天下后。但没谈具体行动。②当黄兴率革命军进入钦防上思连战皆捷、准备进入广西时，胡以中华革命军南军大营名义，投书陆荣廷、陈炳焜、林绍斐要求实践诺言，杀龙济光据龙州起义。但没有回音，荣军只作壁上观，相遇不开枪。③力促黄明堂等发动云南河口起义，筹措支前粮饷，向孙中山报告军情。起义失败后，与法方谈判，把六百多名退入越南的起义将士移送到新加坡安置。

辛亥革命爆发，新军、民军光复广州，胡汉民被推荐为广东省都督，旋赴南京辅佐孙中山创立"中华民国"。1913年被袁世凯免去广东都督职务。1914年随孙中山组织中华革命党。1924年国民党改组，成为右派首领，孙中山北上后，代理大元帅职务，旋任国民政府外交部部长，因涉嫌廖仲恺被刺案解职。1927年胡汉民与蒋介石合谋发动"清党"政变，任国民党中央政治会议主席、"立法院"

院长。1931年被蒋介石囚禁，释放后赴香港，标榜抗日、反蒋、反共，支持两广与蒋介石对立，1936年病死于广州。

四、赵 声

赵声（1879—1911） 字伯先，江苏丹徒人。清光绪二十四年(1898年)中秀才，入江南水师学堂、陆师学堂肄业，曾赴日本考察军政。1904年任江宁督练公所参谋官，教练江阴新军。翌年受郭人漳邀请，到桂林任新军第二营营长。1906年黄兴秘密来桂林，在郭军中建立革命组织，吸收赵声等加入同盟会。

1907年春钦州"三那"（那彭、那丽、那思）抗捐，赵声奉命率新军一营、炮一队，随郭人漳到钦廉。6月，孙中山派胡毅生入廉州约赵声起义，派王和顺入三那收集抗捐武装，王居赵声营中商量好响应计划，由赵护送王入三那。9月，王和顺在防城起义，进军钦州，郭人漳爽约，遂转攻灵山，赵力单不敢响应，起义遂告失败。赵见郭血洗三那，不依约同革命党联系，悲愤至极。镇压三那抗捐和防城起义后，赵声升为副将，这对革命者是辛酸的讽刺。其痛苦内疚，借酒消愁，在廉州海角亭宴请将佐，赋诗曰："临风吹角九天闻，万里旌旗拂海云。八百健儿多踊跃，自惭不是岳家军。""决战由来堪习胆，杀人未必便开怀。宝刀持向灯下看，无限凄凉感慨来。"（载《南风报》第六期）。赵责郭负义，宣布绝交，出走香港。

宣统元年（1910年）赵声发动广州新军起义。1911年同黄兴领导"三二九"广州起义，负责总指挥，被阻于城外。起义失败，悲愤疾发，死于香港，年仅32岁。

五、蔡 锷

蔡锷（1882—1916） 字松坡，湖南邵阳人。1899年考入梁启超的长沙时务学堂。1902年留学日本陆军士官学校，与杨度交从甚密，思想介于立宪与革命之间，主张军国主义。1904年毕业回国，任湖南兵备道提调和武备、弁目学堂教官。1905年桂抚李经羲奏调到广西教练新军，任新军随营学堂、陆军测绘学堂监督。1906年黄兴秘密入桂林郭人漳军中策动起义，郭推说与蔡锷不睦受牵制，黄兴做蔡锷工作，蔡锷表示个人意见不妨碍大事，郭仍不从。黄兴乃吸收郭军中蔡锷等九名将佐加入同盟会（有学者考证叫"兴汉会"）。同年蔡锷筹建广西陆军小学堂，新桂系将领多出自该校。蔡锷军学优秀，城府甚深，深得桂抚张鸣岐倚重，靠其练新军。1908年随张巡边，调蔡锷任龙州讲武学堂监督、总办，后迁校南宁，训练邕、龙两标新军士官，为广西培养了大批军事人才。蔡锷还利用办校机会，把湖南学生雷飚、岳森、彭新民、苏鹏、袁华选、曾广轼、石陶钧等二三十人（大多是同盟会员）安排到各校和测绘局中，增强了广西的革命力量。1910年初，张鸣岐参革兵备处总办庄蕴宽招纳革命党人，外省革命志士多人被赶走。蒋尊簋接任兵备处总办，调蔡锷回桂林任干部学堂监督和学兵营营长。广西同盟会支部误认为蔡锷是张的红人，为夺取新军领导权，抓住蔡锷甄别学生一事，说他任用湖南人、排斥广西人，发动干部学堂、陆军小学堂罢课，学兵营罢操，桂林各学校罢课，商会罢市，谘议局弹劾。蔡锷被迫离开广西，临行前告诫革命党人好自为之。

1910年蔡锷受聘到云南任新军协统。次年武昌起义，蔡锷率新军于重阳（10月30日）举义，被推为云南军政府都督，并电促广西响应"独立"。"二次革命"时，蔡锷等滇黔桂都督以维护统一为由，拒袁拒孙，按兵不动。1913年冬，蔡锷请释兵权入京，袁世凯委以总参谋长之职，暗中监视。袁世凯暴虐日露，帝制自为，蔡锷忍无可忍，微服出京。1915年12月22日蔡锷在云南首举讨袁护国义旗，进军四川，各省纷纷响应，袁世凯内外交困，1916年6月6日忧愤暴卒。蔡锷立下再造共和之功后，于11月8日病逝于日本福冈，生平著述收进《蔡松坡遗集》。

六、庄蕴宽

庄蕴宽（1866—1932） 字思缄，号抱闳，又号抱阙、抱宏，江苏武进（今属常州）人。生于书香望族，少年饱读诗书，聪颖有悟性。庚子科副贡，1891年今广西任浔阳书院山长，讲新学，主变法。1899年任百色直隶厅同知，勤政忧民，政声鹊起。1901年任平南知县，创办平南武城学堂。1902年冬奉派前往越南河内参观博览会，巧遇香港《中国日报》主笔陈少白，表示倾慕革命。次年任梧州府知府，毁寺观，收庙产，创办冰井学堂、绿漪初级小学堂、文澜初级小学堂、女子初等小学堂等，将梧州府中学堂扩建为广西第一所正规的新式学校，并派遣梧州各属20多名学生出国留学，鼓励学子自费赴日留学。

1905年升太平思顺兵备道兼广西对汛督办，行使督办职权，兼统领广西边军，驻守龙州。先后创办广西陆军测绘学堂、边防陆军教导团、边防法政学堂、边防初级师范学堂、龙州实业学堂、崇信女子高等小学校等，聘请留日同盟会员钮永建、覃毓鎏担任教导团、法政学堂监督。

1909年任广西兵备处总办，兼管参谋、教练两处。引进留日士官生和保定军校毕业生80多人到桂，任职于兵备处、陆军小学堂、陆军干部学堂和学兵营，这些人都是同盟会员和革命志士。他们创立军国指南社，出版《武学报》、《南报》（后改《南风报》）。因招徕革命党人，掩护黄兴等人在广西从事革命活动，庄为当局不容，遂请假离职。1910年被广西巡抚张鸣岐参劾，勒令回省交清账目。次年任上海商船学堂监督，参加立宪活动。辛亥革命后，历任代理江苏都督、浦口商埠筹备处督办、北京政府平政院肃政厅肃政史、审计院院长、故宫图书馆馆长、江苏修志局局长等。

七、钮永建

钮永建（1870—1965）字惕生，号天心，上海县马桥镇人。清光绪庚寅（1890年）秀才，调江阴南菁书院，与庄蕴宽共事。1901年派赴日本留学，愤俄军入侵东北，1903年与黄兴发起组织拒俄义勇队，被日警解散；再组织军国民会，被派回国发动，在上海张园集会拒俄。次年入湖北将弁学堂，加入同盟会。

1905年冬受庄蕴宽聘请，到龙州任广西边防营务处文案兼教导团监督，训练新军军士280人。次年黄兴秘密入桂林郭人漳军中活动后，南下请钮永建和覃毓鎏（法政学堂监督），策动庄蕴宽率边防军起义，钮、覃告以庄实力单薄、边地贫苦乃罢。1908年庄蕴宽调任广西兵备处总办。钮永建任帮办，筹设广西陆军小学任总监，赴日本参观秋操，约请留日士官生、同盟会员李书诚、王孝缜、陈之骥毕业后来广西编练新军。1909年留日士官生和保定军校毕业生80多人到广西，安排在新军各部队、学堂、机关任职。1909年冬桂抚张鸣岐指责庄蕴宽"招纳革命党人，恐酿大祸"去职。

钮永建不自安，微服出走香港，次年赴德国考察军政。1911年9月回国，适武昌起义，参加光复上海，任沪军都督府军务部长；11月6日松江独立，被推举为松江军政分府府长。民国成立，任南京临时政府参谋部次长，参加南北和谈。此后，钮永建参加了"二次革命"、护国、护法、北伐诸役，历任大元帅府参谋次长、江苏省主席、国民政府铨叙部长、"考试院"副院长。1965年病死于台湾，终年96岁。

八、陈之骥

陈之骥（1882—196？）河北省人，清直隶总督陈夔龙之子，冯国璋之女婿，虽出身豪门贵胄，却是激进革命者。1906年官费派赴日本留学，入陆军士官学校，加入同盟会。1909年钮永建到日本参观秋操，嘱其与李书诚、王孝缜等毕业后到广西工作。1909年留日士官生和保定军校毕业生80多人,结伴应聘来广西编练新军。陈之骥初在干部学堂任步兵科长,旋调兵备处任总教练,李书诚走后接任干部学堂监督。这批外省志士革命热情很高,锋芒毕露,1910年在一次桂抚张鸣岐招待的宴会上,尹昌衡扬言排满,鸣枪示威。张鸣岐下令拘捕杀人,经过同仁们多方恳求转圜,作冷处理,参加宴会者一律解职,其中陈之骥4人限三天离境。

1911年初陈之骥赴北京入军谘府工作,与李书诚共事。武昌起义后,李南下武昌任黄兴起义军参谋长,陈到石家庄吴禄贞第六镇秘密活动。南北和议达成,陈之骥被召到南京留守处任陆军第八师师长。该师由桂林新军混成协和邕、龙标新军组成,军政素质俱优,装备精良,人员充足,是革命军的主力。因军情需要,林虎率一团到江西,赵恒惕率一团到湖南,致使实力大减。1913年"二次革命",黄兴入南京任讨袁军总司令,命陈之骥率第八师到蚌埠支援冷遹第三师,与冯国璋北军作战,伤亡很大,退守南京。时湖口、南昌已陷,敌援大集,黄兴离去,第八师下级官兵主战,陈之骥与北军谈判不成,出走日本。八师官兵团结不散,与敌血战两旬,无一降者,重演太平天国天京殉城的壮举。陈之骥内心愧疚,从此离开政界,即使冯国璋当了总统,也不为官。新中国成立后,为北京文史馆馆员。

九、何 遂

何遂(1889—196?)字叙甫,福建闽侯县人。保定陆军军官学校二期毕业生。1908年广西计划增编练新军一协,派王孝缜到北京招聘留日士官生李书诚、陈之骥等数十人来桂,但人数不足;又聘请保定陆军学堂毕业生何遂、耿毅等20多人。1909年外省志士80多人结伴来到广西,留日士官生待遇较优,李书诚任干部学堂监督、陈之骥任兵备处总教练、王孝缜任学兵营营长。保定军校生地位较低,何遂任兵备处一级科员,后升科长,兼做调查、筹略两科工作,还兼任干部学堂教官。外省志士年青,热情很高。例如,一次出操,何遂高呼继承金田起义精神,率领学生从二丈多高的天桥跃下,以示勇敢和决心。

1910年4月何遂随张鸣岐巡边,任桂越边防调查长,考察沿边地势、炮台、民情;并乘机经越南海防到香港,向黄兴、赵声报告请示。9月桂林军、政、学界成立广西同盟会支部,推选耿毅为支部长、何遂为总参议,开展驱逐蔡锷的斗争。蔡锷临行前设宴告别,对何遂说,本人是老资格革命党人,有我在尚可暗中保护你们,请君等戒骄戒躁,送炮筒子作纪念。何遂生活简朴,月薪100元,是保定生中最高的，除寄给母亲 30 元外，全部交给同盟会支部统一管理，这是当时支部的规定。何遂积极支持支部长耿毅工作，参加响应广州起义、桂林新军起义、广西独立、桂林新军北伐援鄂渚役，抵达南京后合编为第八师，何遂任三十二团团长。新中国成立后，1961 年何遂任全国政协委员。

十、耿　毅

耿毅（1890—1962）　字鹤生，河北人。保定陆军速成学校毕业生。1908 年 7 月随同留日士官生李书诚、陈之骥、保定军校毕业生何遂、冷遹等 80 多人来广西编练新军，任职于督练公所兵备道，为二级科员。1910 年 4 月任桂越边防调查副长，参加调查沿边国防和到香港与黄兴、赵声取得联系。是夏庄蕴宽因招纳革命党人去职，外省志士被迫离开过半，留下的多是保定生，耿毅团结各方力量，努力工作，成为核心人物。9 月桂林军、政、学界同盟会员二十多人联合成立广西同盟会支部，推举耿毅为支部长。在其领导下，各方面工作大有进展。一是开展驱逐蔡锷的斗争，取得桂林新军的领导权。二是派赵正平、梁史办《南报》、《南风报》，成为全国有影响的革命刊物。三是大力发展同盟会组织，会员由 20 多人扩大到 200 多人，在干部学堂、陆军小学堂、学兵营、谘议局、政法学堂、商会先后建立起分部。四是联系柳、浔、梧同盟会组织，协同行动。并派专人联络桂北会党。打下了推动广西"独立"的武力基础。

1911 年，桂林新军准备响应广州起义未果。武昌起义爆发，桂林同盟会由秘密转向公开，会员扩大到数千，掌握了新军。10 月 30 日晚耿毅调动新军各部进城起义，因洪水阻隔停止。转而采取谈判，达成协议，迫使巡抚沈秉堃、布政使王芝祥宣布广西"独立"。耿毅又迅速率领桂林新军北伐援鄂，任参谋长，并先到武昌探听情况，面见黎元洪，商定桂林新军驻守金口，为右路军，稳定了武汉战局。新中国成立后，耿毅任河北省文史馆长。1962 年逝世前，这位广西辛亥元勋撰写了《辛亥革命时期的广西》、《广西出师援鄂经过》等珍贵史料传世。

第三章　清朝官吏

一、岑春煊

岑春煊（1861—1933）　字云阶，广西西林县人。壮族，清云贵总督岑毓英之子。少年浪荡。1885年纳捐得举人，授五品京堂候补、光禄寺少卿、大理寺正卿。甲午战争时，派赴山东布防，愤战败，称病回桂林。1897年以缙绅身份，支持康有为来桂林开展维新活动，加入圣学会。1898年被光绪帝召见，授广东布政使，后调甘肃布政使。1900年八国联军入侵北京，帝后西逃，岑春煊率兵勤王护驾有功，得慈禧欢心。1901年升任山西巡抚，后任广东巡抚，署四川总督。1903年广西会党起义震动全国，清朝打破省籍成例，调岑春煊署两广总督，督办广西军务，率兵入桂。岑春煊整顿吏治，参革四省吏和文武官员一百多人，把偏将龙济光、陆荣廷和幕僚张鸣岐晋升为文武大员，奠定两广地盘基础；又奏调七省数十万军队来桂，费饷380多万两，历时两年，把广西会党起义镇压下去，声名鹊起，有"南岑北袁"之称。

辛亥革命前夕岑春煊奉命率兵入川，适武昌起义各省纷起，其顺应时代潮流，电劝清帝退位。1913年加入国民党，参加"二次革命"，被袁世凯通缉，逃亡南洋。1916年护国战争，岑春煊策动陆荣廷讨伐袁世凯称帝，入肇庆任护国军都司令、军务院副抚军长，成为西南军阀名义领袖，支持旧桂系入据广东。1918年参加护法运动，与北洋军阀对抗，但又伙同陆荣廷改组广州军政府，排斥孙中山，任总裁主席。1920年驻闽粤军回粤讨伐陆荣廷桂系，岑春煊通电取消军政府下野，寓居上海租界。1933年病逝。著有《乐斋漫笔》一书。

二、张鸣岐

张鸣岐（1875—1945）字坚白，号韩斋，山东无棣人。清光绪甲午科（1894年）举人，次年会试落选，留南学读书。1906年张鸣岐任广西布政使，署理广西巡抚，次年实授，独揽全省大权。其任上全面推行新政，开办广西女子师范学堂、优级师范学堂、政法学堂、土司学堂；又划全省为三个区，分别开办初级师范学堂，培养人才；创办广西讲武堂，开办学兵营，成立兵备处，招揽外省军事人才，训练新军；兴办实业，设立贺富官矿局，采用机械开采煤矿；开办广西农林试验场，附设农林讲习所；设立劝业道；改革司法，设立广西谘议局，推行地方自治。在其新政下，留日士官毕业生和保定军官学校毕业生80多人来桂，任职于新军机关、学校和部队，其中不乏同盟会员或进步分子。张鸣岐见势头不对，指责兵备处总办招纳革命党人，庄蕴宽被革职，两名革命党人被抓示众，许多革命党人被驱逐出广西。

1910年张鸣岐贿赂军机大臣奕劻，得署理两广总督，次年实授，并兼署广州将军。1911年残酷镇压广州起义，在广东全省清乡。武昌起义爆发，急命龙济光招募军队，对抗革命，各地民军进逼广州，驻粤军队日渐动摇，11月9日被迫交权，逃至香港，后又逃往日本。袁世凯执政后，张鸣岐到北京，挂名高级顾问。1913年出任广西民政长，后改名广西巡按使，会办广西军务。其鼓吹军政分治，策动省会迁回桂林，遭到广西都督陆荣廷抵制。1915年调任广东巡按使，与龙济光上表劝袁世凯称帝，不久辞职，脱离政界。 1937年12月张鸣岐参加汉奸王揖唐等发起的中华佛教会。1942年被汪精卫聘为伪华北政务委员会咨议委员。

三、沈秉堃

沈秉堃（1862—1913） 字幼岚，湖南善化（今长沙）人。清监生。1907年由四川成绵龙茂道迁甘肃按察使，寻调云南。1908年授云南布政使。1909年护理云贵总督，开办云南讲武堂。1910年调任广西巡抚。1911年武昌起义后，广西各地同盟会酝酿发动起义，其委王芝祥统筹全省水陆各军，调桂林新军到全州布防，企图顽抗。因桂林新军进逼，谘议局请愿，王芝祥劝说，沈秉堃召集司道等官员会商，被迫接受同盟会和谘议局关于广西独立、新军北伐的要求。11月7日，沈秉堃到谘议局宣布广西独立，改巡抚衙门为军政府、谘议局为省议院。广西成为全国第九个宣布独立的省份，沈秉堃被推为广西都督。是日中午在谘议局门前召开万人大会，其发表独立演说，下午广西军政府向全国发出独立通电，省议院和正副都督相继向全省军民、各级官员发出独立通电。独立通电发出后，各地响应，次第易帜。旋因受副都督陆荣廷的排挤，其辞去都督职，随北伐军到湖南，被推为湘桂联军总司令。1912年4月，以"巩固全国统一，建立完善共和政治"为宗旨的统一共和党在南京成立，其与蔡锷、王芝祥等被推举为总干事。8月该党与同盟会等合并组成国民党。沈秉堃任国会参议院参议。袁世凯篡权后被任命为浦口商务督办。

四、王芝祥

王芝祥（1858—1930）字铁珊，直隶通县（今属北京）人。光绪二十三年(1897年)举人。先在河南任知县，后调广西为知府监司。1903年任右江道，残酷镇压会党，诱杀柳州会党梁果周等93人于署中。1907年署广西按察使，旋改名提法使。1911年任广西布政使，兼中路巡防队统领。在辛亥广西独立中曾起重要作用，被推为广西副都督。沈秉堃离桂后代理都督。因陆荣廷煽起桂人治桂风潮，其被迫辞职，率巡防6个大队北伐到武昌，南北和议达成；转赴南京，巡防队遣散，王芝祥任南京留守处第三军军长。1912年4月，以"巩固全国统一，建立完善共和政治"为宗旨的统一共和党在南京成立，其与蔡锷、沈秉堃等被推举为总干事。8月该党与同盟会等合并组成国民党，其为国民党领导成员之一。南京临时政府以第八师、第十七师编为陆军第三军，王任军长，代理北伐军总司令兼陆军部顾问官。袁世凯迁都北京，国民党推王芝祥为直隶总督，被袁世凯所拒，到北京任虚职。1914年夏袁派他任南方军宣慰使，赴宁处理解散南方民军事宜，之后历任四川检察使、北洋政府侨务局总裁、京兆尹、中华红十字会总会会长。晚年寓居家乡，书工北碑。

五、陆荣廷

陆荣廷（1859—1928）原名亚宋，字干卿，广西武缘（今武鸣）人。壮族，幼年孤苦无依。中法战争时其到龙州投军，后遣散流落边境当游勇小头目。1893年率队袭击越南那兰杀法军23人，声名鹊起，为广西四大游勇首领之一。1894年受清朝招抚，任健字前营管带。陆荣廷剿杀游勇有奇招，屡立战功，升督带、分统、统领，建荣字军驻守桂边。1906年边道庄蕴宽派其赴日本考察军事，与留日学生曾彦过从甚密，接触到革命思想。1907年孙中山驻河内发动镇南关起义和钦防上思之役，陆荣廷采取投机手法，一面致函遣使向孙中山、胡汉民表示仰慕革命；一面力抗革命军，谎报战功，骗取清朝升赏，任左江镇总兵，形成旧桂系军事集团。

　　1911年广州起义，龙济光率军援粤，陆荣廷接任广西提督，掌握全省兵权。辛亥革命广西独立，陆荣廷被推为副都督，他以"桂人治桂"的口号，逼走沈秉堃、王芝祥，当上广西都督。其分化广西同盟会，镇压民军，起用旧官僚，确立了旧桂系在广西的统治。"二次革命"时，其投靠袁世凯，镇压柳州讨袁，杀害革命者，支持龙济光攻粤，被袁授予宁武将军、耀武上将军衔。袁世凯称帝，重龙轻陆，矛盾激化。1916年护国战争起，陆荣廷密谋讨袁，3月15日宣布广西独立，解除经桂攻滇的龙觐光军武装，出兵湖南、广东，参加组织两广军务院任抚军，迫使袁世凯取消帝制，获得再造共和称誉。他任广东都督、两广巡阅使，把旧桂系势力扩张到湖南、广东。1918年护法运动开始，陆荣廷欢迎孙中山南下广州开府，出兵湖南抗击北军南侵；旋即排斥迫害孙中山，控制广东地盘和财富。1920年驻闽粤军和广东民军驱逐桂军出境。次年孙中山命粤军、滇军、赣军入桂讨陆，旧桂系土崩瓦解，首领纷纷弃巢逃跑。1923年乘粤军回粤征讨陈炯明之机，陆荣廷卷土重回广西，收集残部。次年被沈鸿英围困在桂林三个月后，其逃离广西，通电下野，避居上海。1928年死于苏州。

六、龙济光

　　龙济光（1868—1925）　字子澄，云南蒙自人。彝族世袭土司。在滇南一带办团练，镇压当地人民反清斗争，任广南县续备营补用同知。1903年清朝令三省会剿滇黔桂边区游勇会党，龙济光任云南济军统领，与兄龙觐光进入西隆、西林、泗城，任各军总指挥，攻破桂西会党所有山寨，遂留广西镇压会党，得岑春煊器重，1905年升任右江道，1907年署太平思顺兵备道，领兵30营，驻守广西边防。其镇压镇南关起义，1908年升任广西提督。1911年"三二九"广州起义，其奉调率军10营援粤，任广东陆路提督兼新军统制。龙觐光留广西任防营统领兼邕标新军标统。

　　辛亥革命爆发，龙济光被迫参加"独立"，为广东军民不容，移驻高雷钦廉，通过龙觐光和陆荣廷旧桂系勾结。"二次革命"时，袁世凯委其为广东副军使，调驻梧州，监视陈炯明。其请缨攻粤驱陈，在陆荣廷支持下占领广州；残酷屠杀革命党人，袁世凯委其为广东都督兼民政长。1914年授振武上将军，督理广东军务。帝制议起，龙济光上表劝进，封为一等公爵，旋加封郡王。1916年蔡锷在云南发动护国首义，龙济光派龙觐光经桂攻滇被缴械，迫于讨袁形势，宣布广东"独立"，任两广军务院抚军。因积怨太深、本性不改，龙济光被桂军、滇军、广东民军驱逐到海南岛。1917年北洋段祺瑞政府任命其为两广巡阅使，渡海进攻高雷。1918年龙军被护法各军消灭，龙济光只身逃往天津投靠段祺瑞，重建振武军，1920年被奉军缴械解散。1925年病死北京。

七、郭人漳

郭人漳（生卒年不详）清末民初官僚。湖南湘潭人，为淮系垂臣郭嵩林之子。1903年到日本学军事，与黄兴结识，侈谈革命。回国后在江西任军职，经桂抚李经羲奏调，其1905年任桂林巡防营统领，编练新军。年底，黄兴秘密来桂林策动起义，郭人漳以蔡锷牵制而推却，但参加黄兴在郭军将佐中发展的革命组织。1907年5月，其奉命率军赴钦廉镇压"三那"起义，因滥杀邀功，被革职留任。9月防城起义，郭临阵爽约，派兵袭陷防城，攻打革命据点。1908年黄兴率革命军重入钦防，郭不依约资送弹药，还起兵相攻，是以得复原职，任钦廉兵备道，督办边防，领兵20营。

1911年（辛亥）11月广东独立时，14日郭人漳在钦州宣布"独立"，成立钦廉军政府，自任一等行政官。旋接黄兴请援电，其遂抽调外省籍官兵1700人组成北伐军，余部和钦廉交给土霸冯相荣统治。1912年3月到达南京后告假回籍。1913年当选国会众议员。"二次革命"时，袁世凯委其为湖南查办使，率军入长沙，因湘人反对，阻于岳阳，旋即返京，被授予陆军中将衔。1917年其南下广州参加护法国会，此后退出政界。

八、陈炳焜

陈炳焜（1868—1927）字舜琴，广西马平（今柳江）人。1885年前往龙州谋事，在广西提督衙门当卫士，与陆荣廷结为拜把兄弟。1891年投靠统领马盛治，被委为镇南营哨长，后升任熙字营管带。1904年并入荣军，升营务处帮统兼附中营管带。1907年孙中山发动镇南关起义，占领右辅山三座炮台，因失关被龙济光奏斩，得陆荣廷保护，令其率部反扑，伪称击溃起义军、夺回炮台。旋与林绍斐秘密赴河内会见胡汉民，表示荣军仰慕革命之意，但无实际行动。次年春，其入龙州广西陆军讲武堂受训，毕业后任新军龙标标统，为旧桂系二把手。

辛亥革命广西独立后，陈炳焜通电拥陆荣廷为广西都督，1912年任都督署军政司司长，驻桂林，代行都督职务。1913年任广西陆军第一师师长，后授陆军中将。"二次革命"时，其奉命杀害原武昌革命军临时总司令蒋翊武，镇压响应"二次革命"的柳州起义，杀害同盟会员刘古香、王冠三等多人。1914年兼任桂林镇守使，主管军政民政。1915年被袁世凯册封为一等男爵。1916年与陆荣廷等通电参加护国战争讨袁，为两广护国军都司令部（后改军务院）七名抚军之一。同年6月被黎元洪委为广西督军，创办陆军模范营，选派从日本陆军士官学校毕业的马晓军为营长。1917年任广东督军，在陆荣廷授意下，通电两广自主参加护法战争，迎接孙中山南下广州设大元帅府，与北洋政府对抗。但是，旧桂系意在扩大地盘，陈炳焜在广东开烟赌，把持各项税收，拒绝担负军政府和非常国会经费。因民怨大，陆荣廷不得不调其督办广西军务。1918年任广西省长。次年辞职。旧桂系解体后，回到柳州闲居。

九、谭浩明

谭浩明（1871—1925）　字月波，广西龙州人。1886年加入其姐夫陆荣廷游勇武装，活动于中越边界一带，袭击法军。1894年，这支游勇武装被广西提督苏元春招安。谭浩明在陆荣廷的麾下随之升迁，是陆荣廷的心腹干将、旧桂系的三把手。1911年，升为广西巡防营统领，驻守南宁，参加独立反正。

1913年任桂军第二师师长，随陆荣廷拥护袁世凯，镇压"二次革命"，杀害同盟会员甘尚贤。护法战争爆发，谭浩明受陆荣廷派遣，任两广护法军总司令，率军进入湖南，将湖南护法军统归其指挥，改称湘粤桂联军总司令；与北洋军王汝贤、范国璋部在衡山、萱州激战12日，占领衡山、双峰、湘潭、醴陵、长沙，北军败退，程潜被迫辞去湖南省长。1918年2月联军占领岳阳后，遭到直系吴佩孚军进攻，大败，逃回南宁，仍为广西督军。

1921年，陆荣廷破坏广东军政府，桂系被驱逐出粤。孙中山命令粤、滇、赣各军入桂讨伐陆荣廷。响水一战失败后，谭浩明随陆荣廷从龙州入越南赴上海暂居。1923年末随陆荣廷回到南宁、龙州，卷土重来。1924年春率部救援在桂林被围困的陆荣廷，行至永福被沈鸿英部击溃，逃到上海闲居。1925年被其卫士情杀。

十、莫荣新

莫荣新（1853—1930）字日初，广西桂平人。1871年在族兄莫昆甫部当伙夫，补为哨兵。1872年赴贵州进剿苗民起义。1884年参加中法战争，后在百色、靖西、岑溪等地参与镇压反清起义和抗捐税斗争。其每战必杀俘虏，曾日斩俘虏24人，人称"莫屠户"。1907年升任督带、游击衔，赏戴花翎。1909年任广西巡防队帮统，驻兵梧州。

1911年辛亥革命爆发，11月9日莫荣新在庆远宣布"独立"，被广西军政府委为庆远府府长。1912年陆荣廷把他调任梧州府府长、广西中区第一司令，接替黄榜标把守要区。1913年参加镇压响应"二次革命"的柳州起义。次年升任广西陆军第一师第二旅旅长兼苍梧道道尹。1915年任桂平镇守使。1916年3月15日，其与陆荣廷等联名通电宣布广西独立，参加讨袁护国运动，为护国军第三师师长兼肇庆卫戍司令，与李烈钧击败龙济光部于广州外围；任护国军第三军军长兼广惠镇守使。1917年莫荣新升任广东省督军，在陆荣廷指使下，极力扩大桂系在粤的势力，控制粤籍官兵，反对护法军政府；逼迫孙中山辞大元帅职；逮捕陆军部长张开儒，枪杀代理次长崔文藻。孙中山炮击观音山莫营后离去。莫荣新自兼军政府陆军部长，执掌广东军务，放纵桂系军官包烟包赌，贪污勒索，走私牟利。1919年7月，广东各界举行国民大会，罢工、罢市、罢课，主张废除不平等条约，反对桂系统治。其下令镇压，逮捕一批工人、学生代表和报社人员。

1920年孙中山令驻闽粤军陈炯明等部回广东驱逐桂系。8月粤桂战争爆发。10月下旬，莫荣新宣布下野，潜逃上海，化名高崇民。其在家乡购置田地2000多亩，兴建巨宅。1928年新桂系让其回乡定居。

十一、李静诚

李静诚（1867—1944） 又名宣国，字洁斋，广西武缘（今武鸣）人。清光绪甲申科（1884年）秀才。1892年起，先后在怀集县、上思州、泗城府（今凌云）、镇安府（今德保）等衙署任幕僚，掌管刑名、钱粮、文案。1911年随提督龙济光到广州，仍掌文案。

辛亥革命后，李静诚回广西，追随广西副都督陆荣廷，任南宁军政分府秘书。1912年任龙州统税局局长。次年任广西都督府秘书，经手处理柳州刘古香案。1914年任谭浩明第二师参谋长。1915年任广西督军署参谋长、中将,为陆荣廷的心腹助手,参与反袁决策与执行。1916年任陆荣廷广东督军署顾问,为旧桂系统治广东出谋献策。1917年作为陪员随陆荣廷往北京,周旋于府、院、清室与各军阀之间。同年7月,陆荣廷反对段祺瑞篡权,接受孙中山护法号召,两广宣布"自主",与北洋政府对抗,其出任广西省财政厅厅长,为旧桂系筹措军费。9月,广西省长刘承恩被逐回北京,其任代理省长、省长,引起舆情反对,被省议会指责庸碌无能、任用同乡、广置田产,被迫辞职。1919年陆荣廷再委其为广西省长。次年因旧桂系被陈炯明粤军驱逐出广东,其受岑春煊、陆荣廷指使,宣布广西自治,服从北洋政府,企图牵制入桂粤军。1921年孙中山命各军入桂讨陆,旧桂系瓦解,陆荣廷在南宁通电下野,李静诚随陆逃到龙州,经越南潜逃上海。1922年秋其随陆荣廷乘粤军退出广西,潜回龙州、南宁,企图重掌广西大权,失败后又随陆荣廷再逃上海。1926年随陆荣廷迁居苏州,陆死后得新桂系允许,1932年回南宁居住。1944年11月日军入侵南宁逃避时客死隆山(现马山)。

编后语

辛亥革命史是国内外研究的热门课题，而广西研究者较少，论著不多，除广西政协大力征集出版文史资料，文献记载和民间口碑没有深入发掘整理。1980年我在广西博物馆开始研究辛亥革命史，从收集资料入手，写论文，编年表，实地考察，征集文物办展览，对广西辛亥革命史形成了基本观点和思路。不久我调到广西通志馆，主要精力放在编写地方志上。90年代调到广西社科院，参加编纂《广西百科全书》，历时一年多。紧接又突击写作《广西抗日战争史》，以纪念抗战胜利50周年。这些公务做完后，我离休了，正在筹划做几件未竟之事时，一场恶疾袭来了。2002年我罹患直肠癌，幸好手术成功得以康复，然而身体受了重创，不得不停止写作计划，只能写论文，承担《广西通志》《广西党史》少量写作任务，帮助老同志写回忆录、家史等，过着半文半养的生活。

去年我八十寿辰，亲友们祝福老当益壮，老有所为，使我感悟到若不趁头脑清醒时，把生平学识和心得写出来回报社会，将会随着年暮而消失，故重燃起了我的辛史梦。我的想法得到社科院领导的重视支持，除嘱我注意身体、量力而行，还把该书列为社科院科研项目，经学委会评议，给予科研经费补助。广西人民出版社把它列为重要项目，精心编辑，承担出版发行。原广西政协副主席梁超然教授为本书作序评介，奖勉有加。原广西区党委秘书长、区政协副主席钟家佐为书名题字。在此谨向他们表示衷心感谢！

《广西辛亥革命史记》是一项总结性的工作,我力图运用历史唯物主义的观点,以认真严谨的态度,简明扼要的文字,真实地记述辛亥革命在广西的历程。全书结构采取史志结合的形式,立叙史、记事、人物三编,便于阅读、查检和容纳史料。这些想法、做法是否可行,能否达到预期目的,要通过社会去检验,敬请读者批评指正。我更希望此书能够抛砖引玉,引起人们学习、研究辛亥革命史的兴趣,写出更多精品佳作来。

谨以此书纪念辛亥革命103周年

作者写于2014年建军节